城市轨道交通操作岗位系列培训教材

URBAN
RAIL TRANSIT

Integrated Supervisory Control System Repairman

城市轨道交通综合监控检修工

主　编　汪国利
副主编　郭瑞丽　张志鹏
主　审　张华英

China Communications Press Co.,Ltd.

内 容 提 要

本书为城市轨道交通操作岗位培训教材,全书共两篇:第一篇为基础知识篇,介绍轨道交通综合监控系统与综合监控系统设备;第二篇为实务篇,首先介绍综合监控专业设备维护、故障处理、通用维修工具及仪器仪表的使用,然后通过模拟平台的搭建,建立实操培训平台,最后通过典型故障分析,加深对基础知识、故障处理方法的理解与应用。

本书可作为城市轨道交通综合监控检修岗位培训教材,也可供相关运营维护工作人员、职业院校师生及轨道交通工程技术人员参考。

图书在版编目(CIP)数据

城市轨道交通综合监控检修工/汪国利主编. -- 北京:人民交通出版社股份有限公司,2017.5
城市轨道交通操作岗位系列培训教材
ISBN 978-7-114-13432-6

Ⅰ.①城… Ⅱ.①汪… Ⅲ.①城市铁路—交通监控系统—检修 Ⅳ.①U239.5

中国版本图书馆 CIP 数据核字(2016)第 261696 号

城市轨道交通操作岗位系列培训教材

书　　名:	城市轨道交通综合监控检修工
著　作　者:	汪国利
责任编辑:	吴燕伶　周　凯
出版发行:	人民交通出版社股份有限公司
地　　址:	(100011)北京市朝阳区安定门外外馆斜街3号
网　　址:	http://www.ccpress.com.cn
销售电话:	(010) 59757973
总 经 销:	人民交通出版社股份有限公司发行部
经　　销:	各地新华书店
印　　刷:	北京市密东印刷有限公司
开　　本:	787×1092　1/16
印　　张:	15.25
插　　页:	6
字　　数:	320 千
版　　次:	2017年5月　第1版
印　　次:	2019年7月　第2次印刷
书　　号:	ISBN 978-7-114-13432-6
定　　价:	42.00元

(有印刷、装订质量问题的图书由本公司负责调换)

PREFACE 序

著述成书有三境：一曰立言传世，使命使然；二曰命运多舛，才情使然；三曰追名逐利，私欲使然。予携众编写此系列丛书，一不求"立言"传不朽，二不恣意弄才情，三不沽名钓私誉。唯一所求，以利工作。

郑州发展轨道交通八年有余，开通运营两条线46.6公里，各系统、设施设备运行均优于国家标准，服务优质，社会口碑良好。有此成效，技术、设备等外部客观条件固然重要，但是最核心、最关键的仍是人这一生产要素。然而，从全国轨道交通发展形势来看，未来五年人才"瓶颈"日益凸显。目前，全国已有44个城市轨道交通建设规划获得批复，规划总里程7000多公里，这比先前50年的发展总和还多。"十三五"期间，城市轨道交通发展将处于飞跃发展时期，相关专业技术人才将面临"断崖"处境。社会人才储备、专业院校输出将无法满足几何级增长的轨道交通行业发展需求。

至2020年末，郑州市轨道交通要运营10条以上线路，总里程突破300公里，人才需求规模达16000万人之多。环视国内其他城市同期建设力度，不出此左右。振奋之余更是紧迫，紧迫之中夹杂些许担心。思忖良久，唯立足自身，"引智"和"造才"双管齐下，方可破解人才困局，得轨道交通发展始终，以出行之便、生活之利飨商都社会各界，助力国家中心城市和国际商都建设。

郑州市轨道交通通过校园招聘和订单班组建，自我培养各类专业技术人员逾3000人。订单班组建五年来，以高职高专院校的理论教学为辅，以参与轨道交通设计、建设和各专业各系统设备生产供应单位的专家实践教学为主，通过不断创新、总结、归纳，逐渐形成了成熟的培养体系和教学内容，所培养学生大都已成为郑州市轨道交通运营一线骨干力量。公司以生产实践经验为依托，充分发挥有关合作院校的师资力量，同时在设备制造、安装商和设施设备维修维保商的技术支持下，编写了本套城市轨道交通操作岗位系列培训教材，希望以此建立起一套符合郑州市轨道交通运营实际且符合轨道交通行业发展水平的教材体系，为河南乃至全国轨道交通人才培养略尽绵薄之力。

教材编写过程中,得到了西南交通大学、大连交通大学、石家庄铁道大学、上海地铁维护保障有限公司、郑州铁路职业技术学院以及人民交通出版社股份有限公司的大力支持,在此一并表示感谢。

以羽扣钟,既有总结之意,也有求证之心,还请业内人士不吝赐教。

是为序。

张 洲

2016 年 10 月 21 日

FOREWORD 前言

随着社会的发展,城市化建设进程越来越快,现代城市交通问题成为各大城市重大难题,城市地铁和轻轨是解决大城市交通紧张、市民出行困难、汽车污染环境等严重问题的有效方式。近年来,城市轨道交通建设在我国发展迅猛,我国已经进入到城市轨道交通的大发展时期。

综合监控系统是城市轨道交通的重要组成部分。综合监控的主要目的是用系统化方法将各分散的自动化系统连接为一个有机的整体,实现地铁各专业系统之间的信息互通、资源共享,提高各系统的协调配合能力,高效实现系统间的联动,提高地铁全线的整体自动化水平。为培养多系统应用的综合性运营人员,特组织编写本书,以满足地铁运营公司岗位培训需求,以及各大院校培养城市轨道交通综合监控系统相关人才的需要。

本书按照由理论到实践的思路编写,主要介绍了综合监控系统的含义、国内外现状及发展趋势、各子系统或设备基础理论知识、各子系统设备维护和工器具使用的相关内容和要求以及常见故障处理方法等。

本书由汪国利担任主编,郭瑞丽、张志鹏担任副主编,张华英担任主审,由孙富平担任参审。其中,第一章由张志鹏编写,第二章由孙富平、徐淑超、魏琦编写,第三章由刘耕儒、张瑞宁编写,第四章由党明杰编写,第五章由王文峥编写,第六章由孙富平编写,第七章由党明杰编写,第八章由张志鹏、徐淑超编写。张华英来自上海地铁维护保障有限公司,其余人员来自郑州市轨道交通有限公司。

本书把综合监控系统、环境与设备监控系统、门禁系统划分到综合监控专业当中,以综合监控系统、环境与设备监控系统、门禁系统为研究对象,主要供综合监控专业岗位培训使用,亦可供有关专业技术人员参考。

由于城市轨道交通综合监控系统的技术发展快、技术新,资料收集齐全较为困难,加之编者技术水平有限,书中存在不足在所难免,敬请广大读者不吝赐教,提出宝贵意见和建议。

本书在编写过程中,得到西南交通大学、大连交通大学、石家庄铁道大学、上海地铁维护保障有限公司、郑州铁路职业技术学院以及人民交通出版社有限公司的大力支持,在此表示诚挚的感谢!

编者
2016年10月

INTRODUCTION 学习指导

一、岗位职责

综合监控专业操作岗位人员主要从事城市轨道交通综合监控系统设备安装调试、运行维护、操作检修、故障处理、技术改造等工作。其岗位职责包括安全职责和工作职责。

(一)安全职责

(1)对相应的生产工作负直接责任,做好生产第一现场的安全把控工作。
(2)保证安全生产的各项规章制度贯彻执行。
(3)组织学习并落实公司的各项安全管理规定和安全操作规程。
(4)负责所辖范围内各种设备的安全管理工作,确保各种操作人员持证上岗。
(5)参加公司组织的各项培训工作,努力提高业务技能水平,增强安全意识。
(6)定期开展自查工作,落实隐患整改,保证生产设备、安全装备、消防设施、救援器材和急救用具等处于完好状态,并能够正确使用。
(7)及时反映生产过程中存在的各类问题,及时找到解决途径确保安全生产,保障人身、设备安全。
(8)负责综合监控系统设备的巡视、维修维护以及应急抢险工作。

(二)工作职责

(1)积极学习安全政策和规章制度,参加各项安全操作规程培训;协助班组做好安全检查和其他各项安全工作。
(2)对所辖范围内各种设备的日常巡视、值班,数据及故障统计、汇总、上报等工作。
(3)按计划对设备进行日常维护、检修、保养工作,参与设备缺陷整改、整治。
(4)设备故障处理、配合设备抢修。
(5)积极参与班组建设,定期参加班组组织的各种会议。

（6）积极参与工班和科室开展的各种培训，不断提高个人业务水平和技术能力。

（7）积极完成上级领导交办的临时性工作任务，做好班组宣传工作，参与党、工、团组织的各项活动。

（8）科研技改：配合设备的技改、工程整改工作开展实施。

（9）新线建设：参与新线介入工作，及时提报工程问题，并配合上级管理部门督促承包商进行整改；参与新线供电设备的验收工作。

二 课程学习方法及重点、难点

学习本书时，应具备一定的自动化基础知识，包括电路原理、微机原理、PLC、网络、信息系统等基础知识，了解地铁设计规范中相关的条款，然后从基础知识篇的系统概述入手，学习轨道交通行业综合监控系统的形成、功能、发展趋势等，重点学习综合监控系统设备、工作原理，从硬件到软件，从本专业系统到与子系统接口；实务篇重点学习综合监控专业设备维护及故障处理方法，通过通用的维修工器具、仪器仪表的学习，动手搭建综合监控系统仿真培训平台，进一步熟悉巩固理论篇的知识，最后学习设备典型故障，达到学以致用的目的。

本书基础知识篇的学习难点是掌握设备的工作原理，软件安装、操作及编程，与其他专业的接口；实务篇的学习重点是设备维护，难点是仿真系统平台搭建及典型故障处理和分析。这部分内容需要先理论后实务再理论的方式反复学习，学以致用，工学结合，以求熟练掌握、灵活运用。

三 岗位晋升路径

根据人员情况，定期对满足职级要求（工作年限、职称、学历、绩效考评）的人员，按照一定比例进行晋级。员工晋升通道划分如下。

（一）技术类职级序列

由低到高依次为：技术员、助理、工程师一、工程师二、工程师三、主管。

（二）操作类序列

由低到高依次为：初级工、中级工、高级工一、高级工二、技师一、技师二、高级技师。

CONTENTS 目录

第一篇 基础知识篇

第一章 轨道交通综合监控系统概述 ········ 2
第一节 城市轨道交通综合监控系统概述 ········ 2
第二节 城市轨道交通综合监控系统功能及其实现 ········ 3
第三节 城市轨道交通综合监控系统技术的发展趋势 ········ 5
第四节 城市轨道交通综合监控系统主要技术标准 ········ 7

第二章 城市轨道交通综合监控系统设备 ········ 8
第一节 综合监控系统设备 ········ 8
第二节 BAS 设备 ········ 70
第三节 门禁系统设备 ········ 124

第二篇 实务篇

第三章 综合监控专业设备维护 ········ 142
第一节 综合监控专业设备巡检流程及方法 ········ 142
第二节 综合监控设备维护 ········ 146
第三节 BAS 设备维护 ········ 164
第四节 门禁设备维护 ········ 172
第五节 IBP 盘设备维护 ········ 178

第四章 综合监控设备故障处理 ········ 183
第一节 综合监控设备常见故障及处理方法 ········ 183
第二节 BAS 设备常见故障及处理方法 ········ 186
第三节 门禁设备常见故障及处理方法 ········ 189

第五章 综合监控专业通用维修工具及仪器仪表的使用 ·············· 192

第一节 常用维修工具及使用 ·············· 192
第二节 常用仪器仪表 ·············· 199

第六章 综合监控专业模拟平台的搭建 ·············· 211

第一节 综合监控系统模拟平台 ·············· 211
第二节 BAS 模拟平台 ·············· 212
第三节 门禁系统模拟平台 ·············· 214

第七章 综合监控专业设备典型故障 ·············· 216

第一节 综合监控系统典型故障分析 ·············· 216
第二节 BAS 典型故障分析 ·············· 222
第三节 门禁系统典型故障分析 ·············· 226

结束语 ·············· 229

附录 城市轨道交通综合监控检修工考核大纲 ·············· 230

参考文献 ·············· 231

第一篇 基础知识篇

第一章　轨道交通综合监控系统概述

> **岗位应知应会**
>
> 1. 能说出轨道交通综合监控系统的概念、主要目的、主要功能。
> 2. 能说出综合监控系统相关系统的术语。
> 3. 了解轨道交通综合监控系统的发展历史和未来发展趋势。
> 4. 了解综合监控系统的主要技术标准。
>
> **重难点**
>
> 重点：掌握综合监控系统的概念、目的和主要功能。
> 难点：综合监控系统的发展历史和发展趋势。

第一节　城市轨道交通综合监控系统概述

城市轨道交通综合监控系统是地铁自动化系统领域中的重要组成部分，对于提高运营水平起着至关重要的作用。城市轨道交通应用环境特殊，运营业务广泛，对综合监控系统的要求极为苛刻，不仅每一个子专业综合监控系统形态各异，而且全线的系统按地理分散于方圆数十公里。综合监控系统涵盖了几乎所有工业综合监控系统形态的大型计算机集成系统。

城市轨道交通综合监控系统（Integrated Supervisory Control System，ISCS）**是指对城市轨道交通线路中所有电力和机电设备进行监控的分层分布式计算机集成系统，包含了内部的集成子系统，并与其他专业综合监控系统互联，实现信息共享，促进城市轨道交通高效率运营**。作为数据采集与监视控制系统（Supervisory Control and Data Acquisition，SCADA）在城市轨道交通行业的具体应用，综合监控系统用系统化方法将各分散的综合监控系统联结为一个有机的整体，实现轨道交通各专业系统之间的信息互通、资源共享，提高各系统的协调配合能力，高效地实现系统间的联动，提高了轨道交通的整体综合监控水平，增强应对各种突发事件的应变能力，提高轨道交通的运营管理水平，提高轨道交通服务质量和服务水平，更好地为广大乘客服务，为建设数字化轨道交通打好基础，有利于改进轨道交通资源管理水平，提高经济效益[1]。

城市轨道交通综合监控专业负责维修的系统除了综合监控系统，一般还含有环境与设备监控系统（Building Automation System，BAS）和门禁系统（Access Control System，ACS）。

BAS 主要负责全线在正常、阻塞、火灾工况下的机电设备，如通风空调系统、冷水系统、给排水系统、照明系统、电扶梯系统（自动扶梯、垂直电梯）等设备运行状态的监视和控制管理。

ACS 是实现员工进出管理的自动化系统。通过 ACS 可实现自动识别员工身份；自动根据系统设定开启门锁；自动采集数据，自动统计、产生报表；可通过系统设定实现人员权限、区域管理和时间控制等功能。

ISCS 的主要目的是用系统化方法将各分散的自动化系统联结为一个有机的整体，实现地铁各专业系统之间的信息互通、资源共享，提高各系统的协调配合能力，高效实现系统间的联动，提高地铁全线的整体自动化水平。

综合监控系统相关系统的术语见表 1-1。

综合监控系统相关系统术语　　　　　表 1-1

序号	英文简称	术　语
1	ISCS	综合监控系统
2	PSCADA	变电所综合监控系统
3	BAS	环境与设备监控系统
4	FAS	火灾报警系统
5	PSD	屏蔽门系统
6	AFC	自动售检票系统
7	PIS	乘客信息系统
8	PA	广播
9	CCTV	闭路电视
10	ATS	列车自动监控系统
11	ACS	门禁系统
12	CLK	时钟系统
13	IBP	综合后备盘
14	EMCS	电力自动化系统

第二节　城市轨道交通综合监控系统功能及其实现

一、综合监控系统主要功能

（一）ISCS 基本功能

ISCS 包括数据采集与处理、数据点管理、通用图形界面、监视、远程控制和操作、联动、报警和事件列表、雪崩过滤、时间同步、系统安全与权限管理、统计和报表、历史数据存档和查询、历史和实时趋势记录、冗余设备切换、系统备份和恢复、降级模式。

1. 电力监控功能

（1）监视电力设备的运行状态，如开关位置、故障状态、电压、电流等。

（2）通过单控、顺控命令对开关设备（例如 35kV、110kV 开关设备）进行分、合操作。

（3）对开关保护装置进行保护复归操作。

（4）根据系统运行方式的需要，对供电系统设备的保护软压板进行投退操作。

2. 环境与设备监控功能

（1）远程控制功能。可对单个设备或成组设备进行单设备控制或系统组控，其中控制命令包括：风机的启动、停止控制；风阀开、关控制；照明回路合、分控制；电扶梯的启、停和方向控制；系统组控启动、停止控制等。

（2）模式控制。模式控制属于一种特定的设备组控制，与基本的遥控功能相同。当发生阻塞或紧急状况时，通过模式的执行使设备按照预先定义的模式表按顺序启动相应的风机和风阀。例如：正常模式、阻塞模式、火灾模式、夜间模式等。

（3）时间表控制。系统能够按照预先设定的时间表的控制内容，控制相应设备启动或停止。

3. 火灾监控

监视火灾设备的状态信息及火灾报警信息；必要时进行相关系统的联动，使相关系统进入火灾模式。

4. 其他集成互联系统功能

如行车监视、广播、乘客信息专用功能，以及网络管理、培训开发、设备管理、应急指挥等专业化应用功能。

（二）ISCS 联动功能

为了提高运营效率，应开发系统联动功能。例如，隧道阻塞管理功能，可在隧道阻塞情况下，通过迅速启动 BAS 隧道通风模式进入事故状态。

ISCS 汇集各个设备系统的信息，实现各个系统之间的与安全无关信息互通和联动。与安全相关的信息仍依靠底层的系统之间的安全信息通道实现。

联动的目的是减少手工操作，避免人为误操作，提高操作的速度和准确率。中心联动包括日常操作联动和紧急联动，日常操作联动一般是按照时间表自动激活或操作员手动启动执行，紧急联动一般由事故触发或操作员手动触发。

联动功能应贯彻"安全第一"的思想，坚持高度集中、统一指挥的原则；迅速、准确、逐级上报事故情况，确保信息渠道的畅通；采取有效的措施控制事态的发展，积极合理地调动人力物力投入抢险，为减少国家财产损失与保护乘客人身安全起到关键的作用。

ISCS 的联动功能是轨道交通中安全保证的核心，是缩短救援时间、减少损失、减少事故影响至关重要的一环，ISCS 能够简化各子系统之间的联系，更好地实现联动。

二、BAS 主要功能

BAS 用于监视、控制 BAS 基础设备，向操作员提供手动模控、单体控制、火灾与阻塞 BAS 联动和各站时间表管理的有效手段。可执行单点控制、模式控制、时间表控制三种控制方式。主要实现以下几点功能：

（1）机电设备点控和组控功能。
（2）执行防灾及阻塞模式功能。
（3）环境监控与节能运行管理功能。
（4）环境和设备管理功能。
（5）设备报警和趋势分析功能。

BAS 能实现对车站各种机电设备的监视和控制，并获得终端设备的报警信息，能够在灾难情况下启动相应的灾害模式控制，可通过连锁功能的设备群组控制实现应急响应。当与综合监控系统通信故障时，车站冗余 PLC（Programmable Logic Controller，即可编程逻辑控制器）可通过维护终端（维护工作站、触摸屏）完成监控范围内的状态显示、查询、设备控制功能。

BAS 的主要目的是：提高系统管理水平；降低维护管理人员工作量；节省运行能耗。

三、ACS 主要功能

ACS 用于对城市轨道交通内外的出入通道进行智能化控制管理，采用分布式控制和集中监控管理的运行方式。

中央级管理工作站能实现对各车站（区域）系统内的所有门禁设备的监控，能满足系统运作、授权（控制中心工作站不具备此功能）、设备监控、网络管理、数据库管理、维修管理及系统数据的集中采集、统计、保存、查询等功能。

车站就地级设备可实现设备状态监视、电子地图、报警事件处理、参数上传、授权接收、记录查询、报表生成等功能。

第三节　城市轨道交通综合监控系统技术的发展趋势

2002 年，北京地铁 13 号线首次应用"供电、环控和防灾报警综合监控系统"。目前，深圳、广州、北京、上海、武汉、西安、成都、重庆、天津等地铁线路均设置了以供电设备监控和机电设备监控为核心的综合监控系统。综合监控系统一般以电力监控、环境与设备监控为核心进行集成;通过与屏蔽门、广播、闭路电视等系统进行界面集成,显示其系统信息的同时,具备对其底层设备的控制功能。另外,还与列车自动监控系统、时钟系统、火灾报警系统、乘客信息系统等系统进行互联,只接收相关信息,在必要的情况下,由人机界面推出窗口进行显示,而不进行控制。

城市轨道交通综合监控系统先后经历三个阶段:

第一阶段混合半自动监控系统:电话调度系统 + 分立电气元件控制设备 + 手工操作。

第二阶段分立自动监控系统:ATC、SCADA、EMCS(Electrical Monitoring and Control System,即电力自动化系统)、FAS、AFC等各专业分别建网的计算机多方位监控。

第三阶段综合监控系统:统一的分层分布式计算机网络,统一的综合监控系统软件体系,各专业资源共享、信息互联。

由此可见,综合监控系统的集成度越来越高,对子系统的集成深度也越来越深。

综合监控系统在开发过程中的一条重要理念应是要为用户提供一套易于扩展和使用的系统。开始规模很小,但不论从短期和长远的角度,都可以方便地根据用户的需求加以在线扩充。这样的设计理念才能保证系统不会过早地失去使用价值。但是随着技术的发展、管控一体化和"信息化和工业化深度融合"以及管理的日益精细化,现有以实时监控为主要应用目的综合监控系统也无法完全满足地铁安全、高效运营管理的需要,特别是系统软件架构在调度、生产计划和工作流处理方面存在的先天不足已严重制约了系统从过程控制层向生产执行层和经营管理层的扩展,影响了从综合监控系统向智能化综合信息管理系统的发展。为解决上述问题,综合监控系统需要在现有实时监控的基础上,结合迅速发展的信息技术,通过引入面向服务架构(Service-Oriented Architecture,SOA)、多核并行处理、平行扩展的服务器集群、移动应用、安全系统等成熟的IT技术,构建新一代的综合信息智能管理系统,满足国内外用户不断增长的信息化集成要求,提供良好的用户体验[1]。

绝大部分现有综合监控系统与上层生产调度和计划、质量管理、设备管理、安全管理、办公综合监控等管理信息系统是分离的,或仅有简单的从下向上的单向简单数据传输,无法与上层信息系统融合成为一个有机的统一体。按照发展新型工业和企业信息化的要求,综合监控应该是集管理和控制于一体的,它包含低层次的控制与高层次的管理的综合监控。企业信息化对系统的综合监控程度提出了更高的要求,它包含了从经营管理层、生产执行层、过程控制层直到现场设备层的全过程,涵盖了从传感器开始到整个系统优化运行的全部低层控制及高层管理。为保证整个控制过程中的所有有用的信息不沉淀和流失,便于实现实时协调,加强对上层决策的辅助支持,应建立全局化的概念,统一信息平台,克服"综合监控孤岛"、"信息孤岛"现象,实现管控一体化的无缝集成。整个系统应采用分层分布式系统结构,软件体系应采用模块化结构,构建为开放的可扩展的系统,以利于系统灵活配置、功能扩展和性能提升,支持企业可持续的业务流程重组,适应企业的改造与升级。综合信息管理系统中包含了实时控制信息和业务管理信息,系统应保证两类信息严格分开处理,防止互相干扰或影响。

现有的城市轨道交通综合监控系统,以实时监控为主要应用目的,实现电力调度、机电设备监控、车站运营状态监视等功能,在体系架构设计和接口方面主要侧重于实时设备监控和数据处理,在生产调度、生产计划和工作流处理方面存在架构方面的先天不足。在另一方面,由于 IT 技术的迅速发展,在现有系统之中没有实现的面向服务结构(SOA)、多核并行处理、服务器集群、负载均衡、平行扩展、移动应用等技术已经趋于成熟,可以引入到新一代综合信息管理系统之中,满足用户不断增长的信息化集成要求[1]。

以新一代综合信息管理系统为平台建立融合关键基础设施、安防和应急指挥、多模式通信等系统的城市轨道交通综合监控平台,可扩展综合监控系统的范围和提升综合监控系统的层次,支撑和引领综合监控系统向智能化方向发展,实现管控一体化。

通过 10 多年的应用和发展,ISCS 已成为当今城市轨道交通建设中不可或缺的一部分。在新的发展阶段,新一代 ISCS 应在技术方案上具有前瞻性,在功能方面更加适应运营生产和管理的需要,并能有效提高乘客服务水平;在新一代 ISCS 搭建的各个阶段应注重其标准化建设,以利于工程项目的经济性[2]。

第四节　城市轨道交通综合监控系统主要技术标准

目前国内综合监控系统相关的主要技术标准有:
(1)《城市轨道交通综合监控系统工程设计规范》(GB 50636—2010)。
(2)《城市轨道交通综合监控系统工程施工及质量验收规范》(GB 50732—2011)。
(3)《建筑智能化系统工程设计管理暂行规定》(建设[1997]290 号)。
(4)《电子信息系统机房设计规范》(GB 50174—2008)。
(5)《综合布线系统工程设计规范》(GB 50311—2007)。
(6)《地铁设计规范》(GB 50517—2013)。
(7)《城市轨道交通技术规范》(GB 50490—2009)。

此外,有关轨道交通行业的其他国家标准,以及其他地方标准、行业标准、国际标准等对综合监控系统也有相关定义和规范要求,此处不再赘述。

第二章　城市轨道交通综合监控系统设备

> **岗位应知应会**
>
> 1. 掌握综合监控系统、BAS、门禁系统的组成、功能及工作原理。
> 2. 掌握综合监控系统硬件及软件操作、BAS 软件设计架构及门禁系统软件安装。
> 3. 熟悉大屏幕系统和 IBP 盘的功能和工作原理。
>
> **重难点**
>
> 重点：1. 综合监控系统功能、组成及工作原理，通用画面含义。
> 　　　2. PLC 工作原理。
> 　　　3. 禁控制器工作原理。
> 难点：综合监控系统软件操作，BAS 的 PLC 程序编程架构，门禁系统架构及数据库软件功能。

第一节　综合监控系统设备

一、综合监控系统组成

综合监控系统（ISCS）的主要目的是将各分散孤立的自动化系统联结为一个有机的整体，实现地铁各专业相关系统之间的信息互通、资源共享，提高各系统的协调配合能力，提高地铁全线的整体综合监控水平。

ISCS 为中心、车站等各级操作员提供了监视和控制所有子系统设备的手段和工具。ISCS 主体系统提供了数据收集、数据分析、决策支持功能和安全性能，系统通过 FEP 获取数据、监控现场设备，与 FEP 接口的设备包括直接监视和控制车站现场设备的就地控制器（如 BAS 的 PLC 主控制器、PSCADA 的通信控制器、PA 的控制器等）。

ISCS 主体系统集成的子系统包括：电力监控系统（PSCADA）、环境与机电设备监控系统（BAS）。主体系统互联的子系统包括：屏蔽门系统（PSD）、闭路电视系统（CCTV）、广播系统（PA）、门禁系统（ACS）、乘客信息系统（PIS）、信号系统（SIG）、售检票系统（AFC）、时钟系统（CLK）、火灾自动报警系统（FAS）等。ISCS 集成结构如图 2-1 所示。

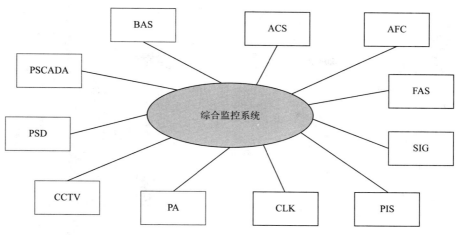

图 2-1 ISCS 集成结构

ISCS 主体系统在各个车站、车辆段和控制中心为操作员提供各项功能,从而使得操作员可以对各个集成/互联的子系统进行监控、调度管理。ISCS 主体系统的软件平台是分层分布式的结构,在上述各个地点提供各项功能。逻辑结构图如图 2-2 所示。

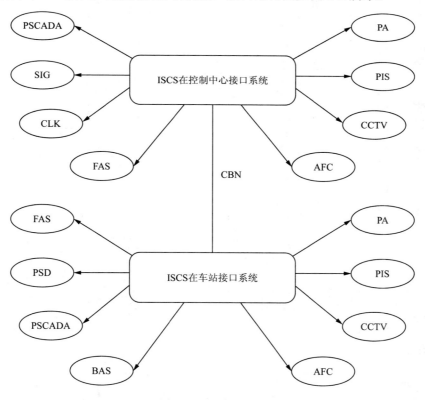

图 2-2 ISCS 接口系统

车站架构示意图如图 2-3 所示。

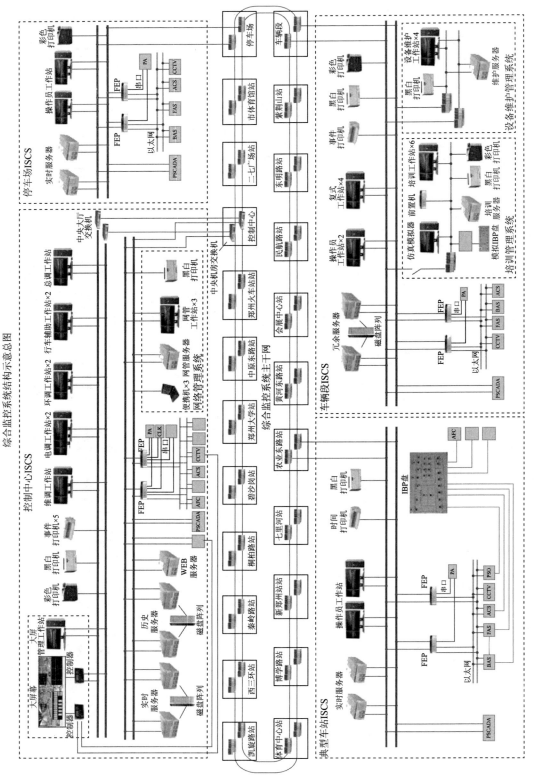

图 2-3 ISCS 硬件结构图

二、综合监控系统硬件

(一)服务器

1. 服务器概述

从广义上讲,服务器是指网络中能对其他机器提供某些服务的计算机系统(如果一个 PC 对外提供 FTP 服务,也可以叫服务器)。从狭义上讲,服务器是专指某些高性能计算机,能通过网络对外提供服务。相对于普通 PC 来说,稳定性、安全性、性能等方面都要求更高,因此在 CPU、芯片组、内存、磁盘系统、网络等硬件和普通 PC 有所不同。

服务器作为网络的节点,存储、处理网络上 80% 的数据、信息,因此也被称为网络的灵魂。做一个形象的比喻:服务器就像电信局的交换机,而微机、笔记本、PDA、手机等固定或移动的网络终端,就如散落在家庭、各种办公场所、公共场所等处的电话机。日常的生活、工作中的电话交流、沟通,必须经过交换机,才能到达目标电话;同样如此,网络终端设备如家庭、企业中的微机上网,获取资讯,与外界沟通、娱乐等,也必须经过服务器,因此也可以说是服务器在"组织"和"领导"这些设备。

服务器是网络上一种为客户端计算机提供各种服务的高性能的计算机,它在网络操作系统的控制下,将与其相连的硬盘、磁带、打印机、Modem 及各种专用通信设备提供给网络上的客户站点共享,也能为网络用户提供集中计算、信息发表及数据管理等服务。它的高性能主要体现在高速度的运算能力、长时间的可靠运行、强大的外部数据吞吐能力等方面。

2. 服务器构成

服务器的构成与微机基本相似,有处理器、硬盘、内存、系统总线等,它们是针对具体的网络应用特别制订的,因而服务器与微机在处理能力、稳定性、可靠性、安全性、可扩展性、可管理性等方面存在差异很大。尤其是随着信息技术的进步,网络的作用越来越明显,对自己信息系统的数据处理能力、安全性等的要求也越来越高。

3. 服务器分类

按照体系架构来区分,服务器主要分为两类:

(1)非 x86 服务器

非 x86 服务器:包括大型机、小型机和 UNIX 服务器,它们是使用 RISC(精简指令集)或 EPIC(并行指令代码)处理器,并且主要采用 UNIX 和其他专用操作系统的服务器,精简指令集处理器主要有 IBM 公司的 POWER 和 PowerPC 处理器,SUN 与富士通公司合作研发的 SPARC 处理器(现已被 Oracle 收购)、EPIC 处理器主要是 Intel 研发的安腾处理器等。这种服务器价格昂贵,体系封闭,但是稳定性好,性能强,主要用在金融、电信等大型企业的核心系统中。

(2)x86 服务器

x86 服务器:又称 CISC(复杂指令集)架构服务器,即通常所讲的 PC 服务器,它是基于

PC机体系结构,使用Intel或其他兼容x86指令集的处理器芯片和Windows操作系统的服务器。价格便宜、兼容性好、稳定性较差、安全性不算太高,主要用在中小企业和非关键业务中。

4. M5000/M4000服务器

(1)服务器的性能及特点

服务器采用高性能、高速度和高可靠性的Oracle公司SPARC系列服务器。避免任何可能的停机和数据的破坏与丢失,并采用最新的应用服务器技术实现负载均衡和避免单点故障。

服务器的主机系统具有很强的容错性,当主机系统的某一部件(CPU、内存、I/O设备)出现问题时,不会导致整个服务器的瘫痪。数据库服务器之间使用双机热备份技术,在主服务器万一出现故障时由备份服务器接管所有的应用,接管过程自动进行,无须人工干预。主机系统具有SMP的体系结构。

服务器配置通用的多用户、多任务64位Unix操作系统。系统具有高度可靠性、开放性,支持主流网络协议包括TCP/IP、SNMP、NFS等在内的多种网络协议,并且符合C2级安全标准,提供完善的操作系统监控、报警和故障处理。

每个服务器配备足够的内存、内部硬盘等,满足性能要求。

冗余配置的服务器采用集群技术,具有双机热备的功能,热切换稳定、有效、快速,同时不影响系统的正常运作。

服务器为机架式结构,安装于机柜内,主备服务器组在一个柜内,可共用显示器。

服务器(含软件)提供工程期间及质保期内原厂全免费保修服务。

支持中文内码,符合我国关于中文字符集定义的有关国家标准。

(2)服务器具体配置

Sun Enterprise M5000服务器,主要配置为:4个2.4GHz SPARC64 VII四核处理器,32GB内存,2个300GB硬盘,DVDRW,2个千兆以太网口,XVR-100图形卡,4个电源(N+N冗余)。

Sun SPARC Enterprise M4000服务器(图2-4),主要技术参数为:2个SPARC VII+ 4核2.66GHz处理器,8GB内存,2个300GBSAS磁盘,DVDRW,2个电源。

(3)服务器操作

没有网络连接时,可以使用操作面板启动或停止系统。操作面板上有三个LED状态指示灯、一个电源开关和一个安全钥控开关。该面板位于系统正面的右上部分。

系统运行时,"电源"LED指示灯和"XSCF就绪"LED指示灯(绿色)应处于亮起状态,"检查"LED指示灯(琥珀色)应处于熄灭状态。如果"检查"LED指示灯亮起,应查看系统日志以确定出了什么问题。

图2-4　M4000服务器

操作面板(图2-5)上的三个LED状态指示灯提供以下信息：
①一般系统状态；
②系统问题警报；
③系统故障所在位置。

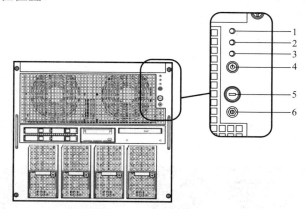

图 2-5　SPARC Enterprise M5000 服务器操作面板

图 2-5 中图注内容如下。

（1）"电源"LED 指示灯

绿色指示服务器电源状态。

①亮起：服务器已接通电源。

②熄灭：服务器未接通电源。

③闪烁：正在执行关机序列。

（2）"XSCF 待机"LED 指示灯

绿色指示 XSCF 的就绪情况。

①亮起：XSCF 单元正常工作。

②熄灭：XSCF 单元已停止。

③闪烁：NFB 开启后系统正在初始化，或正在打开系统电源。

（3）"检查"LED 指示灯

琥珀色指示服务器检测到故障。

①亮起：检测到妨碍启动的错误。

②熄灭：正常或断路器关闭（电源故障）。

③闪烁：指示故障位置。

（4）电源开关

电源开关用于控制打开/关闭服务器电源的开关。

（5）模式开关（钥控开关）

"锁定"设置：

①一般情况下采用的钥匙位置。可以使用电源开关打开电源，但无法关闭电源。

②禁用电源开关，以防未经授权的用户打开或关闭服务器的电源。

③对于一般的日常操作，建议采用"锁定"位置设置。

"维修"设置：

①进行维修时，应当设在该位置。

②可以使用电源开关打开和关闭电源。

③在该位置不能拔出钥匙。

(6)防静电接地插槽

5. 服务器维护

(1)服务器网络通信

采用通用命令 ping 对方 IP 地址的方式来确定服务器 A 网和 B 网通信正常，正常通信的状态会反馈发送数据包的大小及返回信息，如图 2-6 所示。

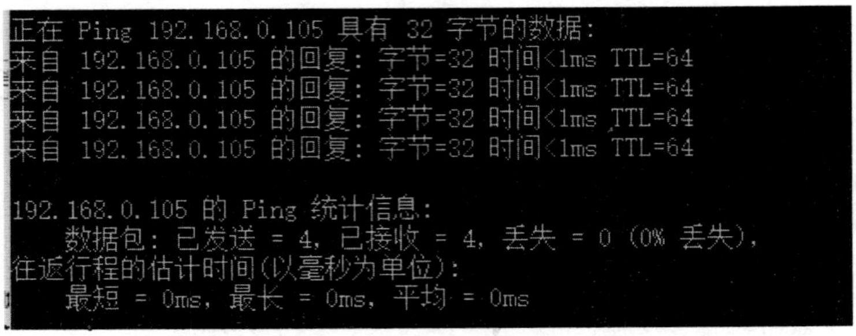

图 2-6 ping 命令反馈信息

(2)服务器硬件状态查询

服务器硬件工作是否正常对综合监控系统来说至关重要，系统是运行在硬件设备上的，因此，确保服务器安全正常的运行是轨道检修人员的一项重要工作。

M5000 和 M4000 只是在硬件配置上有所差别，相关使用和操作是相同的，在此叙述命令相互通用。

查看服务器硬件工作状态

(1)登录服务器并访问 XSCF Shell

(2)XSCF＞showhardconf

显示如下信息：

SPARC Enterprise M5000;

+ Serial:BDF1231F8D;　Operator_Panel_Switch:Locked;

+ Power_Supply_System:Single;　SCF-ID:XSCF#0;

+ System_Power:On;　System_Phase:Cabinet Power On;

Domain#0 Domain_Status:Running;

MBU_B Status:Normal;　Ver:4401h;　Serial:BD1231004N　;

```
       + FRU-Part-Number:CF00541-4360 01     /541-4360-01;
       + Memory_Size:32 GB;
       + Type:2;
*   CPUM#0-CHIP#0 Status:Degraded;  Ver:0601h;  Serial:PP122503FF;
       + FRU-Part-Number:CA06761-D205 C3    /371-4932-03;
       + Freq:2.660 GHz;  Type:48;
       + Core:4;  Strand:2;
*   CPUM#0-CHIP#1 Status:Degraded;  Ver:0601h;  Serial:PP122503FF ;
       + FRU-Part-Number:CA06761-D205 C3    /371-4932-03;
       + Freq:2.660 GHz;  Type:48;
       + Core:4;  Strand:2;
    CPUM#1-CHIP#0 Status:Normal;  Ver:0601h;  Serial:PP122402JK;
       + FRU-Part-Number:CA06761-D205 C3    /371-4932-03;
       + Freq:2.660 GHz;  Type:48;
       + Core:4;  Strand:2;
    CPUM#1-CHIP#1 Status:Normal;  Ver:0601h;  Serial:PP122402JK ;
       + FRU-Part-Number:CA06761-D205 C3    /371-4932-03;
       + Freq:2.660 GHz;  Type:48;
       + Core:4;  Strand:2;
    MEMB#0 Status:Normal;  Ver:0101h;  Serial:NN1225D9UR ;
       + FRU-Part-Number:CF00541-0545 09    /541-0545-09 ;
       MEM#0A Status:Normal;
           + Code:ce0000000000000001M3 93T5660FBA-CE6 4146-233ee4f0;
           + Type:2A;  Size:2 GB;
       MEM#0B Status:Normal;
           + Code:ce0000000000000001M3 93T5660FBA-CE6 4146-233ee56f;
           + Type:2A;  Size:2 GB;
       MEM#1A Status:Normal;
           + Code:ce0000000000000001M3 93T5660FBA-CE6 4146-233ee579;
           + Type:2A;  Size:2 GB;
       MEM#1B Status:Normal;
           + Code:ce0000000000000001M3 93T5660FBA-CE6 4146-233ee572;
           + Type:2A;  Size:2 GB;
       MEM#2A Status:Normal;
           + Code:ce0000000000000001M3 93T5660FBA-CE6 4146-233ee52c;
```

```
          + Type:2A;   Size:2 GB;

   DDC_A#0 Status:Normal;
   DDC_A#1 Status:Normal;
   DDC_A#2 Status:Normal;
   DDC_A#3 Status:Normal;
   DDC_B#0 Status:Normal;
   DDC_B#1 Status:Normal;
IOU#0 Status:Normal;   Ver:0101h;   Serial:NN1227DHG4 ;
   + FRU-Part-Number:CF00541-2240 05    /541-2240-05;
   + Type:1;
   DDC_A#0 Status:Normal;
   DDCR Status:Normal;
       DDC_B#0 Status:Normal;
   PCI#2 Name_Property:SUNW,qlc;   Card_Type:Other;
   PCI#4 Name_Property:SUNW,qlc;   Card_Type:Other;
XSCFU Status:Normal,Active;   Ver:0101h;   Serial:NN1223D23J ;
   + FRU-Part-Number:CF00541-0481 05    /541-0481-05 ;
OPNL Status:Normal;   Ver:0101h;   Serial:NN1223D638 ;
   + FRU-Part-Number:CF00541-0850 06    /541-0850-06 ;
PSU#0 Status:Normal;   Serial:465824T+1210C70820;
   + FRU-Part-Number:CF00300-2311 0150 /300-2311-01-50;
   + Power_Status:On;   AC:200 V;
PSU#1 Status:Normal;   Serial:465824T+1210C70827;
   + FRU-Part-Number:CF00300-2311 0150 /300-2311-01-50;
   + Power_Status:On;   AC:200 V;
PSU#2 Status:Normal;   Serial:465824T+1210C70830;
   + FRU-Part-Number:CF00300-2311 0150 /300-2311-01-50;
   + Power_Status:On;   AC:200 V;
PSU#3 Status:Normal;   Serial:465824T+1210C70379;
   + FRU-Part-Number:CF00300-2311 0150 /300-2311-01-50;
   + Power_Status:On;   AC:200 V;
FANBP_C Status:Normal;   Ver:0501h;   Serial:NN1209ANKR;
   + FRU-Part-Number:CF00541-3099 01    /541-3099-01 ;
   FAN_A#0 Status:Normal;
```

```
FAN_A#1 Status:Normal;
FAN_A#2 Status:Normal;
FAN_A#3 Status:Normal;

Serial:BDF1231F8D                         ——当前设备的序列号
Operator_Panel_Switch:Locked              ——面板开关状态锁
System_Power:On                           ——系统已经运行
Normal                                    ——表示硬件设备状态正常
```

(二)交换机

1. 硬件配置

根据网络容量的不同,控制中心和车站采用的交换机具体配置有所差别,一般车站交换机配置性能相对比中心交换机弱一点,但总体性能满足车站使用和通信要求。下面以赫斯曼交换机为例。

控制中心采用 MACH4002-48G-L3P 工业交换机:4 个 1000Mbps 单模光纤接口,36 个 1000Mbps 以太网接口

车站采用 MS4128-L3P 工业交换机:4 个 1000Mbps 单/多模自适应光纤接口,24 个 10/100Mbps 以太网接口

2. 网络规划

综合监控系统采用基于端口的 VLAN(虚拟局域网),其中,大多数设备都是通过双网连接到综合监控的网络的。双网的目的是为了保证在一个网络通信处于故障时,数据可以通过另外一个网络进行处理。各车站和中心采用不同的子网,通过各地的三层交换机进行通讯。

在综合监控系统中,有一些系统公用着综合监控网络,它们是:主体系统,FAS,UPS。这些应用在一定程度上相互独立,可以划分成不同的子网。

综上所述,综合监控网络可划分如下:

(1)连接骨干网的 VLAN:CBN-A、CBN-B。
(2)中心综合监控 VLAN:OCC-ISCS-A、OCC-ISCS-B。
(3)车辆段综合监控 VLAN:DEP-ISCS-A、DEP-ISCS-B。
(4)中心 UPS 系统 VLAN:UPS-OCC-A、UPS-OCC-B。
(5)FAS 的 VLAN:FAS-ISCS-A、FAS-ISCS-B。
(6)车站综合监控 VLAN(以东风南路站为例):DFNL-ISCS-A、DFNL-ISCS-B。
(7)车站 FAS VLAN(以东风南路站为例):DFNL-FAS-A、DFNL-FAS-B。

按照上面的子网划分原则,考虑到一般思维的顺序和易记性,对子网 IP 做以下的规划:

(1)**IP 地址第 1 字节(简称 A 段)**:表示 AB 网。
(2)**IP 地址第 2 字节(简称 B 段)**:表示线别。

(3)IP 地址第 3 字节(简称 C 段):表示车站。

(4)IP 地址第 4 字节(简称 D 段):表示设备。

例如:192.1.100.1,193.1.100.2 两个 IP 地址,具体含义如下:

(1)192 代表 A 网,193 代表 B 网。

(2)1 代表 1 号线。

(3)100 代表控制中心。

(4)1 代表第一台服务,2 代表第二台服务器。

3. 赫斯曼交换机配置

首先将自己 PC 与赫斯曼交换机(4128)的第一个模块的第四个网口(交换机管理口,只有网口为 vlan1 的情况下,才能为网络管理口)用网线连接,使用 HiDiscovery 工具搜到交换机初始 IP,如图 2-7 所示,双击搜索到的 IP 地址,在弹出对话框里设置要更改的 IP:192.1.200.18,子网掩码:255.255.255.0,网关:192.1.200.254 和名称,如图 2-7、图 2-8 所示。

图 2-7 HiDiscovery 搜索交换机

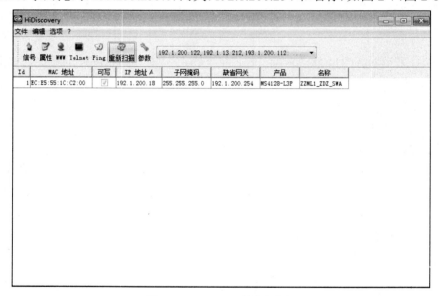

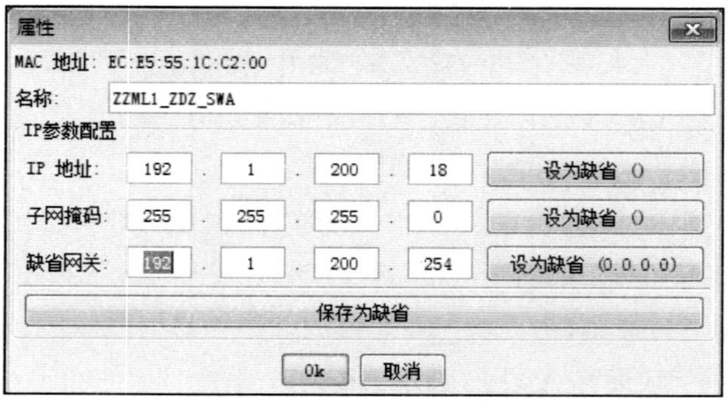

图 2-8 配置交换机管理口地址

配置过交换机管理口 IP 地址，就可以使用浏览器登录到交换机来配置和查看交换机。推荐使用火狐浏览器或者 IE6 以上浏览器登录到交换机进行配置。输入交换机管理口 IP 地址，回车，登录到交换机。交换机用户名和密码分为普通用户和管理员。普通用户只能进行简单查看，不能配置交换机。只有管理员可以进行配置。另外交换机界面提供有德语和英语两种语言，根据需求选取即可，如图 2-9 所示。

普通用户（默认）　　管理员（默认）
登录名：admin　　　登录名：admin
密码：private　　　　密码：public

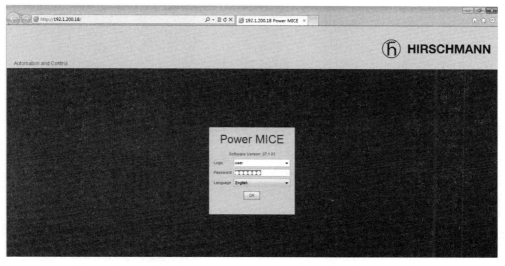

图 2-9　登录界面

登录到交换机以后，进入到 Basic Settings 的 Load/Save 选项，选中 Load 中的 via PC 选项，Restore 已经配置好的交换机配置文件，导入，如图 2-10 所示。

图 2-10　导入配置界面

保存配置，点击 Restore 下面的 save，点 set 写入文件（Save 的选项必须是 to Device），如图 2-11 所示。

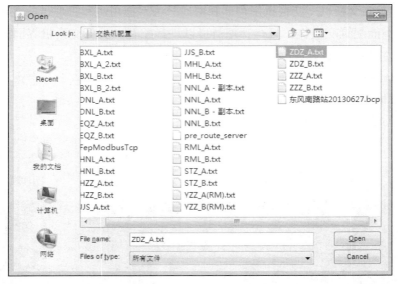

图 2-11　选取配置文件

通过以上方式可以快速便捷的对一台新的交换机配置成所需要的功能，前提是交换机的配置文件要提前备份好供需要时使用。

（三）FEP 通信前置机

综合监控系统前置处理器 FEP 用于管理 ISCS 与各被集成和互联系统的接口，负责不同物理接口的转换和接口协议的转换，并进行数据处理，通过统一的 ISCS 内部协议传送给 ISCS 实时服务器。

前端处理器是轨道交通综合监控系统及变成电站综合自动化系统等分布式数据采集系统的数据枢纽；通过自身配备的串行口、以太网以及现场总线等通信介质，按照特定的通信协议，将分布在不同地理位置的数据采集设备或专业所采集的实时数据进行集中收集，并形成统一的数据形式；然后将这些实时数据根据需要向一个或多个主站端转发；同时前置处理器可接收主站端发出的各种形式的控制指令并转发给相应的数据采集设备或控制设备。

本章节采用国电南瑞生产的 C306L 为例。

1. 技术参数

C306L FEP 主要技术参数如下：

（1）通信接口

① 16 个可配置 RS-232/422/485 串行口（两列，每列 8 个），通信速率为 300～57.6kbps。

② 4 个 10/100M RJ45 以太网口，2 个 10/100/1000M RJ45 以太网口，均为全双工自适

应网口。

③可内置一个 8 口(或 16 口)交换机模块。

④4 个 CAN 接口,支持 BasicCAN 和 PeliCAN,速率 10 ～ 500kbps。

⑤1 个 DO 输出控制点及 1 个 DI 输出控制点。

(2)工作电源:AC/DC 220V+20%。

(3)平均功率:＜30W。

(4)使用环境:

①环境温度:-10 ～ +60℃。

②相对湿度:5% ～ 95%。

③环境气压:80 ～ 110kPa。

2. 系统结构

C306L 前端处理器以 PowerPC 系列 CPU 为核心,通过总线扩展了串行口、CAN 网接口等,形成了 C306L 的硬件平台。C306L 可提供 2 个 10/100/1000M 自适应以太网口及 4 个 10/100M 自适应以太网口;串行口的数量可根据需要灵活配置,最多可配 16 个串口;4 个 CAN 网接口主要用于与测控设备通信。此外,为了便于设备维护,C306L 配备了图形点阵液晶及键盘,从而实现人机交互。

(1)电气结构

C306L 前端处理器由电源模件、CPU 模件、串口模件、ETH 内置交换机模件、MMI 模件,通过 C306L 装置背板总线将各模件连接在一起。C306L 前端处理器电气结构框图如图 2-12 所示。

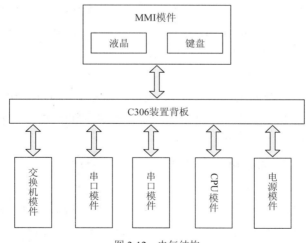

图 2-12　电气结构

(2)机械机构图

C306L 前视图如图 2-13 所示。

C306L 背视图如图 2-14 所示。

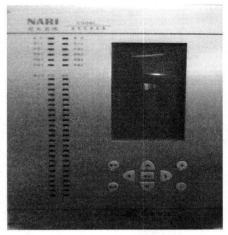
图 2-13 C306L 前视图

图 2-14 C306L 后视图

3. 模块介绍

C306L 主要由五种模件组成,其型号、名称及功能如表 2-1 所示。

C306L 模件组成 表 2-1

序号	模件标识	模件名称	功　能
1	POWER	电源模件	电源
2	CPU	CPU 模件	CPU 核心模块
3	COM-I	串口模件	串行信号转换
4	ETH-08 / ETH-16	交换机模件	内置的交换机
5	LCD306L	MMI 模件	键盘及 LCD 显示

其中,电源、CPU 模件和 MMI 模件是必配模件,串口模件的配置可根据需要选配,一个 COM-I 串口模件最多可提供 8 路串行通信接口。

（1）电源模块

电源模块用于提供装置的工作电源,本电源模块需要交/直流 220V 的输入。

①AC/DC 220V 输入端子:1、2、4 脚分别是电源输入的"+"、"-"和地线。

②电源指示灯:指出 C306L 的通电状况。

③本机是自启动设备,只要输入 220V 电压,本机即启动。

（2）CPU 模块

CPU 模件是 FEP 的核心处理单元,它采用 PowerPC 系列高效能核心处理器,Flash 容量为 32M,DDR RAM 为 512M,同时在 CPU 模件中内嵌实时时钟。CPU 模件图如图 2-15 所示。

CPU 模件的接口从上到下依次是 Debug 接口、6 个以太网接口、DO/DI 接口。其中,6 个以太网口以 RJ45 插座的形式引出,Debug 口以 9 针孔插座的形式引出,DO/DI 接口中 pin1 和 pin2 为 DO 接线,pin3 及 pin4 为 DI 接线。DO/DI 口是有电源才工作,要接入 12-24V DC 才正常运行。

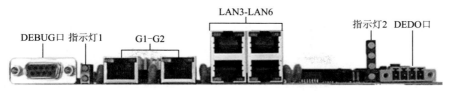

图 2-15　C306L 的 CPU 模件图

（3）串口模块

在 COM-I 模件中，提供了 8 路的串行口，串口模件的主要作用是将 CPU 模件中实现的串口进行电平转换和驱动。C306L 串口模件中各串口可以直接使用，不需要进行硬件跳线，软件设定后即可工作。COM-I 模件如图 2-16 所示。

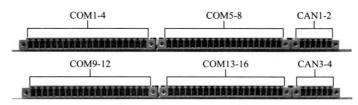

图 2-16　C306L 的串口模件图

图 2-16 显示了 COM-I 提供 8 个串行口和 2 个 CAN 口，各个串行口和 CAN 口的定义如表 2-2 所示。

各个串行口和 CAN 口的定义　　　　　　　　　　表 2-2

COMi					CANi		
Ti+	Ti-	Ri+	Ri-	GNDi	Li	Hi	GNDi

为了测试串口是否能正常进行串口通信，可以通过连接短接线的方式自测串口及 CAN 口的工作状态，图 2-17 显示了 TB 端子中各种短接线的制作线序。

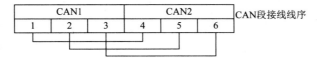

图 2-17　RS422/RS485/CAN 的短接线制作线序

（4）交换机模块

ETH-08 是内置交换机模件，该模件有 8 个 10/100Mbps 以太网口，以 RJ45 插座的形式引出。模板图如图 2-18 所示。

（5）C306L 操作

①开机界面。C306L 开机，系统进入开始界面，如图 2-19 所示，界面中显示了装置名称、厂商名称及时间等信息。

②网址查看。网络地址界面显示前端处理器各以太网的 IP 地址，网络地址界面如图 2-20 所示。

图 2-18　C306L 的 ETH 模件图

图 2-19　C306L 开始界面图

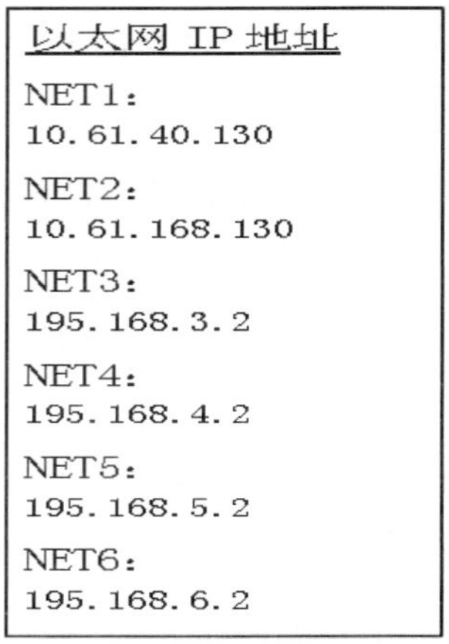

图 2-20　C306L 网址查看界面

（四）磁盘阵列

1. 磁盘阵列基础知识

磁盘阵列（Redundant Arrays of Independent Disks，RAID），"独立磁盘构成的具有冗余能力的阵列"。

把多个磁盘组织在一起作为一个逻辑卷提供磁盘跨越功能，数据分成多个数据块（Block）并行写入/读出多个磁盘以提高访问磁盘的速度，通过镜像或校验操作提供容错能力。

最初开发 RAID 的主要目的是节省成本，当时几块小容量硬盘的价格总和要低于大容量的硬盘。目前来看 RAID 在节省成本方面的作用并不明显，但是 RAID 可以充分发挥出多块硬盘的优势，实现远远超出任何一块单独硬盘的速度和吞吐量。除了性能上的提高之外，RAID 还具有良好的容错能力，在任何一块硬盘出现问题的情况下都可以继续工作，不会受到损坏硬盘的影响。

RAID 技术分为几种不同的等级，分别可以提供不同的速度、安全性和性价比。根据实际情况选择适当的 RAID 级别可以满足用户对存储系统可用性、性能和容量的要求。常用的 RAID 级别有以下几种：NRAID、JBOD、RAID 0、RAID 1、RAID0+1、RAID 3、RAID 5 等。目前经常使用的是 RAID 5、RAID 1 和 RAID 0。

（1）RAID 0

RAID 0 即 Data Stripping（数据分条技术）。整个逻辑盘的数据是被分条（stripped）分布在多个物理磁盘上，可以并行读/写，提供最快的速度，但没有冗余能力，要求至少两个磁盘。通过 RAID 0 可以获得更大的单个逻辑盘的容量，且通过对多个磁盘的同时读取获得更高的存取速度。RAID 0 首先考虑的是磁盘的速度和容量，忽略了安全，只要其中一个磁盘出了问题，那么整个阵列的数据都会不保了，如图 2-21 所示。

（2）RAID 1

RAID 1，又称镜像方式，也就是数据的冗余。在整个镜像过程中，只有一半的磁盘容量是有效的（另一半磁盘容量用来存放同样的数据）。同 RAID 0 相比，RAID 1 首先考虑的是安全性，容量减半、速度不变，如图 2-22 所示。

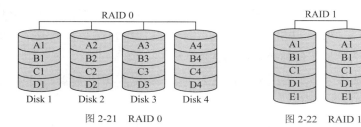

图 2-21　RAID 0　　　　　图 2-22　RAID 1

（3）RAID 3 和 RAID 5

RAID 3 和 RAID 5 都是校验方式。RAID 3 的工作方式是用一块磁盘存放校验数据。由于任何数据的改变都要修改相应的数据校验信息，存放数据的磁盘有好几个且并行工作，而存放校验数据的磁盘只有一个，这就带来了校验数据存放时的瓶颈。RAID 5 的工作方式是将各个磁盘生成的数据校验切成块，分别存放到组成阵列的各个磁盘中去，这样就缓解了校验数据存放时所产生的瓶颈问题，但是分割数据及控制存放都要付出速度上的代价，如图 2-23 所示。

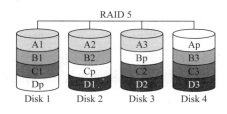

图 2-23　RAID 5

2. 磁盘阵列应用

一台磁盘阵列的构成通常包括以下模块：电源模块、控制器、管理软件、硬盘等。要配置一台磁盘阵列通常采用以下方法进行。

（1）做 RAID

Raid 的工作原理前文已经作了介绍，根据实际需要将阵列做好 RAId。其实就是把分散的硬盘做成一个逻辑上是整体的大硬盘。做之前请根据需要是否需要热备盘，一般在分配中都会分配一块热备盘，防止硬盘损坏带来数据的丢失或性能的下降。

（2）化卷（Lun）

当把分散的多个硬盘做成一个大的硬盘后，就可以根据需要分配了，化卷就是把当前的大硬盘划分成几份来分配。根据实际的需要分成几份，一份就称为一个逻辑卷。

(3)映射

当划分好卷以后就可以进行分配了,和需要阵列的服务器建立连接的关系称为映射。当前这台服务器就拥有这块磁盘空间,可以往里面写数据了。

三、综合监控系统软件

(一)通用 HMI 布局

人机界面(HMI)是图形化的用户接口,它使得操作员能以直观的图形方式看到系统所存储的数据、控制对象等等,通过此界面可进入系统并与其沟通。

综合监控系统(ISCS)通过网络提供自动、手动控制和监视 PSCADA、AFC、FAS、PA、CCTV、BAS、SIG、PIS 和 PSD 子系统的功能。设备状态在计算机屏幕里的图元上表示出来,操作员可以清楚地了解整个系统的状态。

ISCS 的工作站每个显示器的显示模式为 1920 像素 ×1080 像素,65536 色显示。中心和车站的工作站为双屏工作站。

对于双屏工作站,左侧的显示器为操作站主显示器,右侧的显示器为操作站辅显示器。每个屏幕上可以显示不同的 HMI 画面。显示屏以其左上角为坐标原点,屏幕上的每一点都有自己的坐标。HMI 画面会按照预先配置好的坐标显示在屏幕的相应位置上。

1. 系统登录

用户首先必须输入合法的用户名和登录密码,然后选择"用户类",这样才允许登录用户访问系统功能。

操作步骤:

(1)打开计算机的电源后,系统将自动进入操作系统 Ubuntu,并自动启动人机界面;在左屏内出现登录窗口,提示输入用户名,如图 2-24 所示。

(2)输入用户名,此时将进入用户类选择窗口,如图 2-25 所示。

图 2-24 登录窗口

图 2-25 用户类选择窗口

（3）登录后，左右两屏将打开本用户类默认的 HMI 画面，如图 2-26 所示。

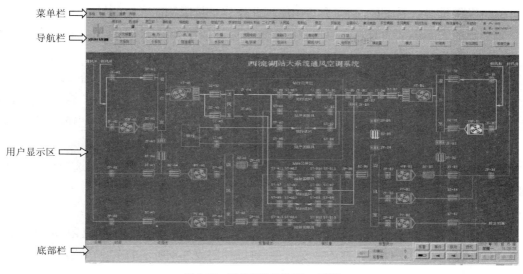

图 2-26　用户类默认的 HMI 画面

ISCS 工作站的 HMI 界面分为 4 部分，分别是：菜单栏、导航栏、用户显示区、底部栏。系统启动后，菜单栏、导航栏和底部栏会自动加载，并且在屏幕的固定区域显示，用户不能移动或者关闭这些窗口。用户显示区是除了菜单栏、导航栏和底部栏这些固定窗口以外的部分，不会被固定窗口覆盖，用户打开的 HMI 画面可以在这个区域显示。

此时，用户可以进行正常的操作。

2. 导航栏

导航栏包括子系统选择栏，功能选择栏，车站栏以及郑州地铁 LOGO，如图 2-27 所示。

图 2-27　导航栏

用户可以利用导航栏的子系统选择栏、功能选择栏、车站选择栏提供的按钮调用需要显示的 HMI 画面。导航栏中各部分的功能如表 2-3 所示。

导　航　栏　　　　　　　　　　　表 2-3

区域	功能描述
子系统选择栏	子系统选择栏用来选择接入 ISCS 的所有子系统。如：机电、电力、门禁、广播、屏蔽门、闭路电视、自动售检票等
功能选择栏	功能选择栏用来选择各子系统的功能画面。如：机电子系统的水系统、大系统、小系统、隧道通风、照明、电扶梯等
车站选择栏	车站选择栏用来选择各个车站
用户信息区	显示当前用户及用户类

3. 子系统和功能选择栏

每当操作员登入系统后,画面会自动展现此操作员权限所能操控的导航栏。

被禁用的子系统（因为当前用户权限不许可）,其按钮会自动变成灰色,不提供使用,因此,不会出现越权操作。

子系统选择栏和功能选择栏具有紧密的耦合关系,即子系统选择栏上的每一个按钮在功能选择栏上有唯一的一组按钮与之对应。用户在子系统选择栏上选择了某个子系统后,在功能选择栏上就会出现该子系统的一组功能按钮。被禁用的功能（因为当前用户权限不许可）,其按钮会自动变成灰色,不提供使用,因此不会出现越权操作。

当用户在子系统选择栏上选择了某个子系统按钮并在该子系统的功能选择栏上选择了功能按钮后,被选中的按钮会呈现棕褐色,方便用户了解当前所做的选择。

4. 车站选择栏

车站选择栏显示了整条行车线内所有车站。由于车站选择栏的空间有限,因此车站选择栏上的车站名称无法使用完整的中文名称,可以使用表2-4所示的车站中文缩写词。

车站选择栏　　　　　　　　　　表2-4

序号	方案名	车站中文缩写
0	停车场	停车场
1	西流湖站	西流湖
2	西三环站	西三环
3	秦岭路站	秦岭路
4	桐柏路站	桐柏路
5	碧沙岗站	碧沙岗
6	绿城广场站	绿城广场
7	医学院站	医学院
8	郑州火车站	郑州火车站
9	二七广场站	二七广场
10	人民路站	人民路
11	紫荆山站	紫荆山
12	燕庄站	燕庄
13	民航路站	民航路
14	会展中心站	会展中心
15	黄河南路站	黄河南路
16	农业南路站	农业南路
17	东风南路站	东风南路
18	郑州东站	郑州东站
19	博学路站	博学路
20	市体育中心站	市体育中心
21	车辆段	车辆段

根据用户的登录地点（中心或车站），车站选择栏的操作方法有所不同：

根据登入的权限，在OCC的操作员允许对各车站作监控，即可以通过车站栏上的按钮在不同的车站之间切换。

一般车站操作员的权限只允许对本车站作监控，即车站栏上的按钮不可选，固定在本站。

5. 日期时间及LOGO

日期时间框可以调用工作站的系统时间，并以一定的格式显示出来。

日期时间的格式和LOGO图标如表2-5所示。

日 期 时 间   表2-5

图　　标	描　　述
2008年 05月 04日	日期指示框，格式为：yyyy年mm月dd日，如2006年12月01日
23:02:44	时间指示框，格式为：24小时格式显示hh:mm:ss，如23:01:05

6. 底部栏

底部栏位于屏幕的底部，主要由报警区、报警计数器、按钮组等，如图2-28所示。

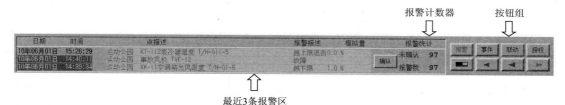

图2-28　底部栏

底部栏为用户提供了一些最常用的功能，让用户使用系统时更加方便快捷。

7. 最近3条报警区

不同操作员拥有不同的操作权限，只有其可监控的系统产生的报警才会在操作员使用的工作站上的显示器中的报警条里显示。

报警区中各部分的描述见表2-6。

报警区内容描述　　　　表2-6

名　　称	描　　述
最近3条报警文本框	3个文本行，显示报警文本信息和发生的时间日期，按时间顺序排列
报警确认按钮	点击报警确认按钮可以确认第一行报警信息

8. 报警计数器

报警计数器可以统计系统当前的报警总数和未确认报警个数。统计的方法是：

总报警个数 = 未确认报警个数 + 已确认报警个数

9. 按钮组

底部栏提供了一组按钮可以让操作员方便实现HMI画面调用和清除、打印等功能，可以将其按功能分为表 2-7 所示的几类。

底部栏按钮功能　　　　　　　表 2-7

功能分类	图　标		描　　述
画面调用	报警		当有新的未确认的报警发生时,该按钮上"报警"两个字的颜色为红色,当所有报警都确认以后按钮上的"报警"两个字的颜色为蓝色
	事件		按下该按钮后将显示事件列表画面
	联动		当与预定义的联动功能相关的报警点触发动作后,该按钮呈现红色闪烁,提示操作员按下该按钮后将显示联动功能状态画面
功能按钮	声音报警按钮	🔇	声音报警按钮是一个切换按钮,按下该按钮后可以禁用声音报警功能
		◀	声音报警按钮是一个切换按钮,弹起该按钮后可以启用声音报警功能
导航按钮	向前导航	◀	按下该按钮后以在用户显示区显示当前画面的前一幅画面
		◁	如果当前画面已经是第一幅画面,则该按钮变灰,不可使用
	向后导航	▶	按下该按钮后可以在用户显示区显示当前画面的下一幅画面
		▷	如果当前画面已经是最后一幅画面,则该按钮变灰,不可使用
	双屏导航	▣▢	按下该按钮后可以将右屏用户显示区的画面送至左屏
		▢▣	按下该按钮后可以将左屏用户显示区的画面送至右屏

(二)通用画面

ISCS 工作站的 HMI 提供通用画面完成数据对象操作、数据点信息查询、系统状态查询等功能。以下将分别介绍这些功能。数据对象操作主要通过 Palette 对话窗口和 Fascia 对话窗口完成,数据点的信息可以通过设备详情 Fascia 查询,在同一台工作站上可以查询多个设备的详情。

1. Palette 窗口

HMI 利用一种特殊的对话窗口 Palette 和 Fascia 完成数据对象的操作,并且所有的数据对象点均可以采用这种配置方式进行操作。

操作员可以在 HMI 画面上用鼠标左键单击数据对象的图元,完成数据对象的选择。

当一个数据对象被选择以后,就可以弹出该对象的 Palette,如图 2-29 所示。

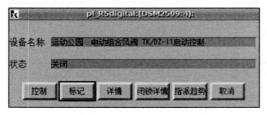

图 2-29　Palette 窗口

操作员利用 Palette 对话窗口可以对被控对象进行第一级的访问操作。在 Palette 对话窗口的介绍见表 2-8。

Palette 对话窗口内容　　　　　　　　　　　　　　　　　　　　表 2-8

分类	名称	描述
文本框	设备名称	用户选择的数据对象的点描述。字体使用宋体 14 号字，颜色为 midnightblue
	状态	用户选择的数据对象的当前状态
按钮	控制	单击该按钮可以弹出控制 Fascia
	标记	单击该按钮可以弹出标记 Fascia
	详情	单击该按钮可以弹出详情 Fascia
	闭锁详情	单击该按钮可以弹出闭锁条件的详情
	取消	单击该按钮可以关闭 Palette 对话窗口

在同一台工作站的左右屏幕上可以分别打开同一个设备（或不同设备）的 Palette 对话窗口。

操作员点击了该工作站左屏（右屏）上的 Palette 对话窗口的"控制"按钮后，右屏（左屏）上的 Palette 对话窗口的"控制"按钮自动变灰，不提供使用，即同一台工作站上同时只能打开一个设备控制 Fascia 窗口。

操作员点击了该工作站左屏（右屏）上的 Palette 对话窗口的"标记"或"详情"按钮后，仍然可以点击右屏（左屏）上的 Palette 对话窗口的"标记"或"详情"按钮，即：同一台工作站上同时可以打开两个标记 Fascia 窗口或者同时可以打开两个详情 Fascia 窗口或者同时可以打开一个标记和一个详情 Fascia 窗口。

2. Fascia 窗口

Fascia 对话窗口一般是从对象的 Palette 对话窗口上打开（当 Fascia 对话窗口被打开后，Palette 对话窗口会自动关闭），可以利用该对话窗口对被控对象进行第二级的具体操作。Fascia 按照其类型可以分为：数字量控制 Fascia，点标记 Fascia，设备详情 Fascia，以下将分别加以说明。

3. 数字量控制 Fascia 窗口

数字量控制 Fascia 允许操作员将控制指令发送给被控数字量。当操作员单击 Palette 对话窗口上的"控制"按钮时，可以弹出数字量控制 Fascia。数字量控制 Fascia 有两种类型：一种不具有预置返校功能，主要运用在 BAS、PA、CCTV 等专业中；另外一种具有预置返校功能，只能运用在 PSCADA 专业中。以下将对这两种类型的数字量控制 Fascia 分别说明。

4. 数字量控制 Fascia 窗口

数字量点有两态和三态之分，所以这两种数字量点对应的 Fascia 对话窗口也不相同。

（1）两态数字量点 Fascia

两态数字量点 Fascia 如图 2-30 所示。

操作员可以看到被控数据点的设备名称、点的当前状态。在"目标状态"选择框中，被控数据点有两个目标状态按钮，可以手动进行选择，然后单击"执行"按钮就可以将控制命令发送给被控数据点。

(2) 三态数字量点 Fascia

三态数字量点 Fascia 如图 2-31 所示。

图 2-30　两态数字量点 Fascia

图 2-31　三态数字量点 Fascia

操作员可以看到被控数据点的设备名称、点的当前状态。在"目标状态"选择框中,被控数据点有三个目标状态按钮,不可用的目标状态按钮会自动变灰,不提供使用。操作员必须要为被控数据点选择一个可用的目标状态按钮,选择了目标状态按钮后,"执行"按钮可用。

然后单击"执行"按钮就可以将控制命令发送给被控数据点。

5. 模拟量控制 Fascia 窗口

模拟量控制 Fascia 如图 2-32 所示。

操作员可以看到被控数据点的设备名称、点的当前状态,模拟量控制 fascia 中显示了该点的最大值、最小值和当前的设定值,操作员可以在"新值"栏内输入需要设定的值,按回车结束输入。然后单击"执行"按钮就可以将控制命令发送给被控数据点。

6. 闭锁条件检查 Fascia 窗口

无论是第一种数字量控制 Fascia 还是第二种数字量控制 Fascia,当用户单击 Palette 对话窗口上的"控制"按钮后,系统都会检查被控对象的相关闭锁条件。如果该对象的闭锁条件不满足,则会在弹出的 Fascia 对话窗口中显示出来,并且此时 Fascia 对话窗口上的"执行"按钮变灰,不提供使用,如图 2-33 所示。

图 2-32　模拟量控制 Fascia

图 2-33　闭锁条件检查 Fascia

7. 闭锁详情画面

当操作员单击 Palette 对话窗口上的"闭锁详情"按钮时,可以弹出该数据点的设备(一般仅 PSCADA 和 BAS 设备)闭锁条件的详情 Fascia,使操作员对该监控设备的闭锁条件内容及其当前状态一目了然,如图 2-34 所示。

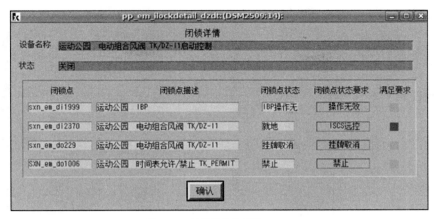

图 2-34 闭锁条件的详情 Fascia

8. 标记 Fascia 窗口

标记 Fascia 允许操作员为一个数据点设置或者清除标记（挂牌）。当操作员单击 Palette 对话窗口上的"标记"按钮时，可以弹出点标记 Fascia。

电力专业的点标记 Fascia 提供的手动标记种类包括：人工置数、接地、检修和故障，如图 2-35 所示。

其他专业的点标记 Fascia 提供的手动标记种类包括：人工状态、报警停用、暂停使用、故障设备、手动设备和维修许可，如图 2-36 所示。

图 2-35 标记 Fascia

图 2-36 标记 Fascia

图中各个标签的描述及作用见表 2-9。

Fascia 中各标签描述　　　　　　　　　　表 2-9

标记名称	描 述	作 用		
		状态更新	报警刷新	控制
人工状态	手动输入的点值	禁止		
报警停用	抑制该点的报警		禁止	
故障设备	表示此设备已经故障	禁止	禁止	禁止
维修许可	表示允许对此设备进行维护工作			禁止

操作员可以看到被标记数据点的点名、点描述。单击"人工状态"、"报警停用"、"暂停使用"、"故障设备"、"手动设备"、"维修许可"按钮后，可以弹出相应的对话窗口完成各种标记。

(1) 人工状态

操作员在点标记 Fascia 上单击"人工状态"按钮后,可以弹出如图 2-37 所示的对话框。人工状态标记对话框中的各项内容见表 2-10。

人工状态标记对话框中的各项内容　　　　　表 2-10

分类	名　称	描　　　述
项目	设备名称	被人工置数的数据点描述
	标记	标记类型为人工置数
	备注	对数据点进行人工置数标记时添加的说明文字
	状态	显示当前的人工置数状态
按钮	⬆	单击该按钮切换人工置数状态,如可以由"停止"切换为"运行"
	确定	设置好人工置数状态后,单击该按钮可以将设置应用到数据点
	取消	单击该按钮可以关闭图所示的人工状态对话框

(2) 报警停用

操作员在点标记 Fascia 上单击"报警停用"按钮后,可以弹出图 2-38 所示的对话框。

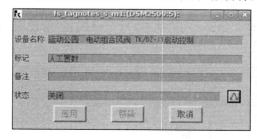

图 2-37　人工状态标记窗口

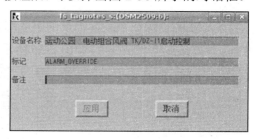

图 2-38　报警停用窗口

报警停用标记对话框中的各项内容见表 2-11。

报警停用标记对话框中的各项内容　　　　　表 2-11

分类	名称	描　　　述
文本框	点	被设置报警停用的数据点名
	描述	被设置报警停用的数据点描述
	标记	标记类型为报警停用
	备注	对数据点进行报警停用标记时添加的说明文字
	确定	单击该按钮可以将报警停用应用到数据点
	取消	单击该按钮可以关闭图所示的报警停用标记对话框

(3) 故障设备

操作员在点标记 Fascia 上单击"故障设备"按钮后,可以弹出如图 2-39 所示的对话框。故障设备标记对话框中的各项内容见表 2-12。

故障设备标记对话框中的各项内容　　　　　　　　　表 2-12

分类	名称	描述
文本框	点	被设置故障设备的数据点名
	描述	被设置故障设备的数据点描述
	标记	标记类型为故障设备
	备注	对数据点进行故障设备标记时添加的说明文字
	确定	单击该按钮可以将故障设备应用到数据点
	取消	单击该按钮可以关闭图所示的故障设备标记对话框

（4）维修许可

操作员在点标记 Fascia 上单击"维修许可"按钮后,可以弹出图 2-40 所示的对话框。

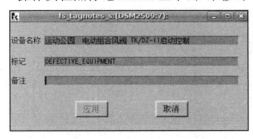
图 2-39　故障设备窗口

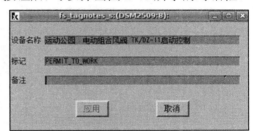
图 2-40　维修许可窗口

维修许可标记对话框中的各项内容见表 2-13。

维修许可标记对话框中的各项内容　　　　　　　　　表 2-13

分类	名称	描述
文本框	点	被设置维修许可的数据点名
	描述	被设置维修许可的数据点描述
	标记	标记类型为维修许可
	备注	对数据点进行维修许可标记时添加的说明文字
	确定	单击该按钮可以将维修许可应用到数据点
	取消	单击该按钮可以关闭图所示的维修许可标记对话框

9. 设备详情 Fascia 窗口

当操作员单击 Palette 对话窗口上的"详情"按钮时,可以弹出该数据点的设备详情 Fascia,使操作员对该监控点的各种信息一目了然。综合监控系统的每个专业都有相应的设备详情 Fascia,以下将分别说明。

（1）电力专业(图 2-41)

（2）机电专业(图 2-42)

（3）屏蔽门专业(图 2-43)

（4）门禁专业(图 2-44)

图 2-41　电力专业设备详情 Fascia

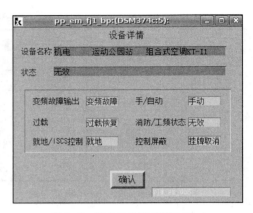

图 2-42　机电专业设备详情 Fascia

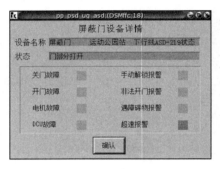

图 2-43　屏蔽门专业设备详情 Fascia

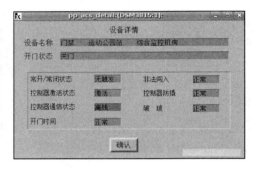

图 2-44　门禁专业设备详情 Fascia

（三）报警/事件查询

系统提供通用的报警处理功能，处理其他服务生成的报警。报警通过报警列表画面显示给操作员，包括：用颜色来表示信息的报警状态或正常状态以及报警的等级；用闪烁/不闪烁表示报警的未确认/已确认状态；提供了过滤查询的工具。报警列表画面的底部面板统计了报警信息的总数目和未确认报警信息的总数目。

1. 报警列表画面

报警列表画面如图 2-45 所示。

当新报警产生后，HMI 画面底部栏的【报警】按钮上的文字颜色会变成红色，点击后可以打开报警列表画面。新产生的报警信息被添加到报警列表 HMI 画面第一行，新添加的报警信息的日期/时间栏会不停地闪烁，操作员可以"行方式"或"页方式"加以确认，被确认的报警不会再闪烁，并被移至已确认部分。

报警列表画面会根据报警信息的确认/未确认状态自动将整个报警列表分为上下两部分：未确认部分和已确认部分。未被确认的报警信息被放在报警列表画面的上面，按时间顺序排列，最新的未报警排在最上面；已确认的报警信息，如果仍为报警状态，其日期/时间栏会停止闪烁，并被移至报警列表画面的后面，所有的已确认报警信息也按时间顺序排列，最新的已确认报警排在上面。

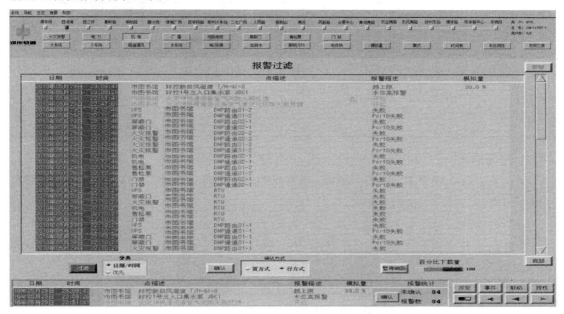

图 2-45　报警查询窗口

报警 HMI 画面上各部分的功能见表 2-14。

报警 HMI 画面上各部分的功能　　　　　　　　　　　　　　表 2-14

功能	描　　　　述	段落
过滤	可以按操作员设定的过滤条件显示报警信息	9.1.6
日期/时间 优先	报警可以按照日期/时间顺序或优先级分类。根据选择的顺序从头到尾显示报警	9.1.4
确认	可以通过页方式或者行方式确认报警	9.1.3
暂停刷新	如果出现大量的新报警,可以冻结报警屏幕(报警列表画面滚动条不再移动),而此时系统仍然可以接收新报警信息	
百分比下载量	报警 HMI 画面装载报警信息的进度指示条	
顶部	点击该按钮可以显示最近一页报警信息	
底部	点击该按钮可以显示最老一页报警信息	
滚动条	滚动条不支持鼠标滚轮操作。操作员可以点击滚动条上的向上箭头△,可以向上滚动报警行;或者点击滚动条上的向下箭头▽,可以向下滚动报警行	

报警列表中,每一条报警信息的显示从左到右分别包括以下各个组成部分日期时间栏、点描述、报警描述、模拟量值、报警状态。

2. 报警分类

报警列表画面可以将不同等级的报警信息用不同的颜色加以区分,方便操作员对报警信息作出迅速的处理。每个报警都分配有报警优先级,优先级分为紧急级或告知级。每个子系统的报警优先级的定义在各自的功能描述文件中。

各种报警等级的定义见表 2-15。

各种报警等级的定义 表 2-15

报警类别	优先级	子　系　统	声音	颜色
1	1	PSCADA1	1	红色
	2	PSCADA2	2	
	3	FAS	3	
	4	BAS，CCTV，PIS，PA	没有声音	
2	5	所有子系统的 2 级报警	没有声音	橙色
3	6	所有子系统的其他报警	没有声音	黄色

3. 报警确认

操作员可以在报警 HMI 画面上确认报警。如果报警确认后仍然是不正常状态，将留在报警画面内，并被移至已确认部分。

报警被确认后自动关闭报警声。

报警列表分成两个主要的组，确认的和未确认的报警。未确认的报警位于报警画面的顶部，新的报警加在列表的顶部。

报警可以在最新的 3 条报警栏内个别确认或通过报警列表 HMI 画面确认。如果通过画面来确认报警，可以选择"页确认"或"行确认"方式。

4. 报警过滤

报警列表 HMI 画面中的报警信息都可以通过报警过滤面板进行过滤，经过过滤后，HMI 画面只显示操作员希望看到的报警信息。报警过滤面板提供如下过滤选项，如图 2-46 所示。

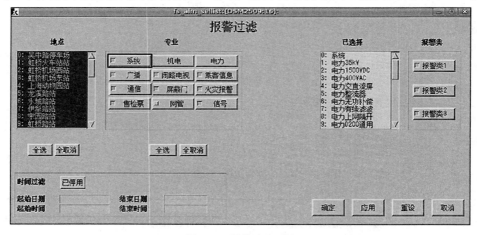

图 2-46　报警过滤面板

操作员可以选择的报警过滤条件包括：

①车站——操作员选择车站。

②专业及子系统——选择各个专业，及其子系统。

③报警类——共有 3 个报警类，可以多选。

操作员可以通过以下操作设定报警过滤的条件：

①选择需要查看报警的车站,可以选择多个车站或所有车站。

②点击某个专业的按钮,"子系统"栏会自动给出可选择的子系统或功能按钮。如上图:点击【PSCADA】按钮,会出现【110kV】、【35kV】、【1500DC】、【400V】、【顺控】等子系统及功能按钮;再选择具体的子系统或功能按钮将选中此过滤条件,再次选择将取消此过滤条件。"已选择"栏会实时列出操作员当前已选中的子系统。

③选择想要过滤的报警类,一共有 3 个报警类可供选择,可以单选或多选。

④操作员亦可以使用"时间过滤"功能,操作员输入"开始日期"、"开始时间"、"结束日期"及"结束时间",系统将根据上述过滤条件及此处设定的时间段进行报警信息的查询及显示。过滤条件中的时间和日期按照 yyyy-mm-dd 和 hh:mm:ss 的格式输入。

⑤操作员点击【重置】按钮时,过滤条件将按照操作员的权限全部选择,同时,时间过滤选项也重置成默认设置(无效)。

⑥操作员点击【应用】按钮后,设定的过滤条件即可生效,上述过滤界面不关闭,系统在报警列表中即刻显示所过滤的报警信息。

⑦操作员点击【确定】按钮后,设定的过滤条件即可生效,上述过滤界面自动关闭,系统在报警列表中即刻显示所过滤的报警信息。

⑧操作员点击【取消】按钮,系统将放弃所做的选择。过滤界面自动关闭。

(四)事件查询功

1. 事件列表画面

事件列表从数据库读取当前和历史事件最终显示在 HMI 画面中供操作员查看。操作员可以通过事件列表 HMI 画面查询系统运行过程中产生的各种事件(图 2-47)。

图 2-47 事件列表画面

事件画面可以通过点击HMI通用布局中的[事件]按钮打开,与[报警]按钮不同,在新事件产生时[事件]按钮不会改变颜色或闪烁。

新产生的事件信息可以被添加到事件列表HMI画面第一行。事件列表画面如上图所示:

该画面上各部分的功能见表2-16。

事件画面上各部分的功能　　　　　　　　　　　　　　　　　　　　　　　表2-16

功　能		描　　　述	段落
过滤		显示画面可以按操作员设定的过滤条件显示事件信息	9.2.4
日期快速切换按钮	前一天	点击该按钮可以查看当前时间(显示在事件列表上的时间)前一天的事件记录	
	下一天	点击该按钮可以查看当前时间(显示在事件列表上的时间)后一天的事件记录	
	今天	点击该按钮可以查看当天的事件记录	
事件来自 星期一 2008年08月25日 显示行 129/240		当前信息的日期及所在行数显示	
暂停刷新		如果出现大量的新事件,可以冻结事件屏幕(HMI的画面滚动条不再移动),当此时系统仍然可以接收新事件信息	
顶部		点击该按钮可以显示最近一页报警信息	
底部		点击该按钮可以显示最老一页报警信息	
滚动条		滚动条不支持鼠标滚轮操作。操作员可以点击滚动条上的向上箭头△,可以向上滚动报警行;或者点击滚动条上的向下箭头▽,可以向下滚动报警行	

根据操作员的权限,事件列表将显示该操作员权限范围内的每一条事件。事件列表中,每一条事件信息的显示从左到右分别包括以下各个组成部分日期时间栏、事件描述,见表2-17。

日期时间栏、事件描述　　　　　　　　　　　　　　　　　　　　　　　　表2-17

名称	说　　　　　明
日期时间	事件信息的日期时间标记。显示为yyyy年mm月dd日,hh:mm:ss:ccc,其中: dd=日　　（数字,01-31) mmm=月　（字符,1-12) yyyy=年　（数字,如1997) hh=小时　（数字,00-23) mm=分　　（数字,00-59) ss=秒　　（数字,00-59) ccc=毫秒　（数字,只用于SOE,如345)
事件描述	事件描述包括以下部分: 车站名或触发事件的系统模块名称,描述上述对象的文本。 描述设备的状态或测量值的文本。(设备状态及测量值描述文本与数据库中定义的点描述一致)。 操作员的用户名和进行相应操作的工作站名。 描述具体的错误信息或错误原因的文本(错误信息中使用的点描述与数据库中定义的一致)。 报警信息文本,使用与报警等级一致的颜色显示(具体的字段格式与报警一致,包括:点描述、点状态/点值、报警/返回的状态以及等级等,详见报警列表的详细说明)

2. 事件过滤

事件过滤界面如图2-48所示。

图2-48 事件过滤画面

操作员可使用的事件过滤条件包括：

①车站——操作员选择车站。

②专业及子系统——选择各个专业及其子系统。

③事件类型——可根据事件类型选择过滤。

操作员可以通过以下操作设定事件过滤的条件：

①选择需要查看的车站，可以选择多个车站或所有车站。

②点击某个专业的按钮，"子系统"栏会自动给出可选择的子系统或功能按钮。如上图：点击【PSCADA】按钮，会出现【110kV】、【35kV】、【1500DC】、【400V】、【顺控】等子系统及功能按钮；再选择具体的子系统或功能按钮将选中此过滤条件，再次选择将取消此过滤条件。"已选择"栏会实时列出操作员当前已选中的子系统。

③选择想要过滤的事件类型，可以单选或多选。

④操作员亦可以使用"时间过滤"功能，操作员输入"开始日期"、"开始时间"、"结束日期"及"结束时间"，系统将根据上述过滤条件及此处设定的时间段进行事件信息的查询及显示。过滤条件中的时间和日期按照yyyy-mm-dd和hh:mm:ss的格式输入。

⑤操作员点击【重置】按钮时，过滤条件将按照操作员的权限全部选择，同时，时间过滤选项也重置成默认设置（无效）。

⑥操作员点击【应用】按钮后，设定的过滤条件即可生效，上述过滤界面不关闭，系统在事件列表中即刻显示所过滤的信息。

⑦操作员点击【确定】按钮后，设定的过滤条件即可生效，上述过滤界面自动关闭，系统在事件列表中即刻显示所过滤的信息。

⑧操作员点击【取消】按钮，系统将放弃所做的选择。过滤界面自动关闭。

（五）摘要画面

通用摘要画面显示全线设备手动标记的信息，SystematICS提供的设备手动标记种类包括：人工状态、报警停用、暂停使用、故障设备、手动设备和维修许可。

1. 报警停用摘要画面

报警停用可以防止产生更多的报警，但不阻碍相关实时信息的正常处理。有权限的操作员可以从任何显示这个对象的画面上，对其应用报警停用。有权限的操作员亦可以从这个对象上移除报警停用。报警停用的移除使得正常报警处理恢复。每个报警停用的对象在报警停用摘要画面上均有一个单独的条目。

图2-49所示为典型的报警停用摘要画面。

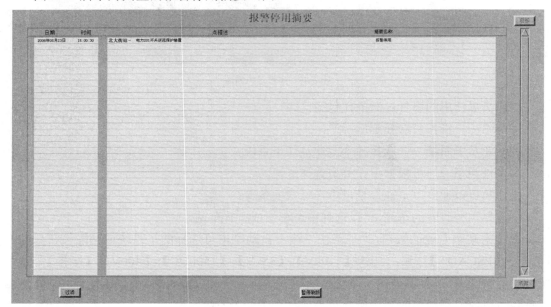

图2-49 报警停用摘要画面

报警停用画面可以按照下列属性过滤：

①位置：只有与配置了指定站属性的对象相关的报警停用才被显示。

②分区：只有与配置了指定分区属性的对象相关的报警停用才被显示。

③类别：只有与配置了指定类别属性的对象相关的报警停用才被显示。

当报警停用摘要条目超过一页时，点击画面上的"暂停刷新"按钮，可以冻结滚动条的移动，使操作员浏览当前页的报警摘要情况。

滚动条的具体使用方式及"顶部"、"底部"按钮的功能请参见9.1.1节报警列表画面。

2. 故障设备摘要画面

有权限的操作员可以从任何显示这个对象的用户画面上，标识任何设备为故障设备。有权限的操作员可以从这个对象上移除故障设备。从ISCS至任何被标识故障的设备的控制被禁止进行；同时，该设备的实时数据和报警将被暂停。每个被标为故障的设备在故障设备摘要画面上均有一个单独的条目。

图2-50所示为典型的故障设备摘要画面。

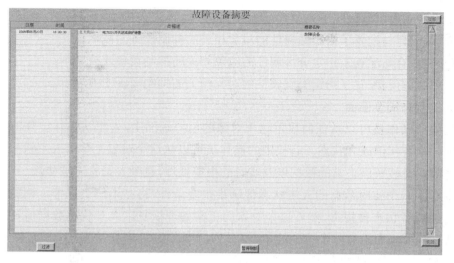

图 2-50　故障设备摘要画面

故障设备画面可以按照下列属性过滤：

①位置：只有与设置成特定站属性的对象相关的故障设备才被显示。

②分区：只有与配置了指定分区属性的对象相关的故障设备才被显示。

③类别：只有与配置了指定类别属性的对象相关的故障设备才被显示。

3. 手动设备摘要画面

有权限的操作员可以从任何显示这个设备对象的用户画面上，应用手动设备到该设备上。有权限的操作员可以从这个对象上移除手动设备标签。手动设备将禁止对该设备的控制。这个对象上的其他数据处理不受影响。每个被标为抑制的对象在抑制设备摘要画面上有一个单独的条目。

图 2-51 显示了典型的手动设备摘要画面。

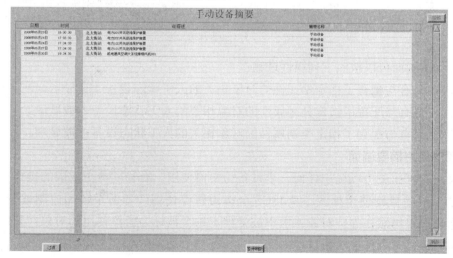

图 2-51　手动设备摘要画面

手动设备画面可以按照下列属性过滤:
①位置:只有与配置了指定站属性的对象相关的抑制设备才被显示。
②分区:只有与配置了指定分区属性的对象相关的抑制设备才被显示。
③类别:只有与配置了指定类别属性的对象相关的抑制设备才被显示。

4. 人工状态摘要画面

有权限的操作员可以从任何显示这个对象的用户画面上,人工状态标记任何一个对象以及替换一个替代值或者状态。有权限的操作员可以从这个对象上移除人工状态。标记的设备实时数据将被暂停正常的数据以及实时的报警处理,直到人工状态被移除。

如果对于一个实时数据的人工状态值满足报警条件,将产生一个报警。移除人工状态使得当前值或者状态被报告,然后这个对象的正常处理恢复。人工状态数据值和报警界限在人工状态摘要画面上有一个单独的条目。

图 2-52 显示了典型的人工状态摘要画面。

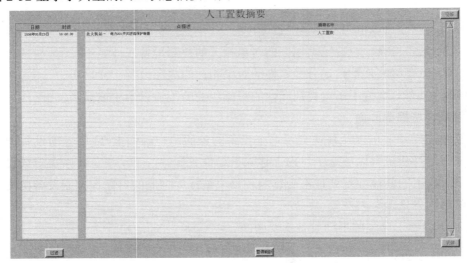

图 2-52 人工状态摘要画面

人工状态画面可以按照下列属性过滤:
①位置:只有与配置了指定站属性的对象相关的人工状态设备才被显示。
②分区:只有与配置了指定分区属性的对象相关的人工状态设备才被显示。
③类别:只有与配置了指定类别属性的对象相关的人工状态设备才被显示。

5. 暂停使用摘要画面

有权限的操作员可以标识任何一个设备为暂停使用。有相同或更权限的操作员可以从这个对象上移除暂停使用标签。从 ISCS 至标为暂停使用的任何设备的控制被禁止执行。实时数据和报警仍然在那些对象或组中被处理。每个被标为暂停使用的对象在暂停使用设备摘要画面上有一个单独的条目。

图 2-53 显示了典型的暂停使用摘要画面。

暂停使用画面可以按照下列属性过滤：
①位置：只有与配置了指定站属性的对象相关的暂停使用设备才被显示。
②分区：只有与配置了指定分区属性的对象相关的暂停使用设备才被显示。
③类别：只有与配置了指定类别属性的对象相关的暂停使用设备才被显示。

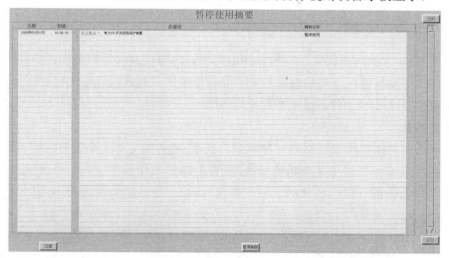

图 2-53　暂停使用摘要画面

6. 维修许可摘要画面

有权限的操作员可以从任何显示这个对象的用户画面上，标识任何一个设备为维修许可。有权限的操作员可以从这个对象上移除维修许可标签。从 ISCS 至标为维修许可的任何对象或设备组的控制被禁止执行。每个被标为允许的对象在允许设备摘要画面上有一个单独的条目。

图 2-54 显示了典型维修许可摘要画面。

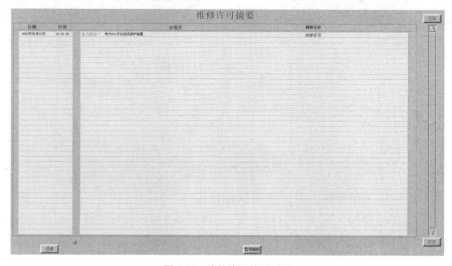

图 2-54　维修许可摘要画面

维修许可画面可以按照下列属性过滤：
①位置：只有与配置了指定站属性的对象相关的维修许可设备才被显示。
②分区：只有与配置了指定分区属性的对象相关的维修许可设备才被显示。
③类别：只有与配置了指定类别属性的对象相关的维修许可设备才被显示。

（六）历史和实时趋势

趋势图 HMI 为操作员提供了一种以图表的形式浏览历史和实时数据的方法，多个数据对象的趋势图可以放置在一幅趋势图 HMI 上，方便操作员对这些趋势进行对比分析。

操作员可以通过"系统"下拉菜单打开趋势图。

1. 历史趋势

历史趋势图是浏览历史数据的一种理想工具，在趋势图上每一个数据点都有时间标记。一幅趋势图上最多可以显示 8 个趋势曲线，所有的趋势曲线都使用同一个时间轴（水平方向），但每一个曲线都有自己独立的 Y 轴（垂直方向）。多条趋势曲线用不同的颜色进行区分，如图 2-55 所示。

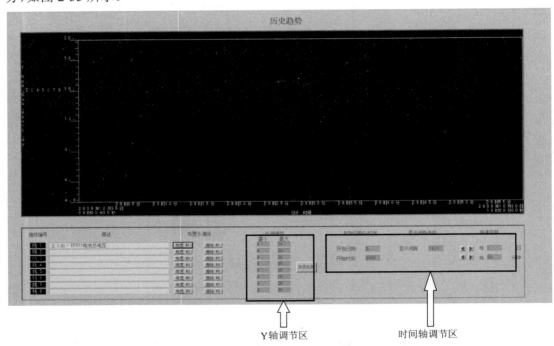

图 2-55　历史趋势 HMI

操作员可以按以下步骤查看数据对象的趋势图：

①选择需要在趋势图上显示的数据对象，选择数据对象后，可以弹出所选对象的 Palette 对话窗口。操作员需要点击 Palette 对话窗口上的"指派趋势"按钮，这个按钮主要用于将所选的数据点指派到趋势图上。

②操作员需要点击趋势图上的"布置#1"按钮,点击后所选数据点的趋势曲线就会显示在趋势图上,在"描述"文本框中会显示出该数据点的描述信息,比如"雍和宫－负极柜直流母线电压"。

③由于一张趋势图中分布了多条趋势曲线,而每条趋势曲线的 Y 轴坐标（工程量范围）不完全相同,"Y 轴调节区"主要用来对所选数据点的 Y 轴坐标进行调节,使不同工程量范围的趋势曲线都能清晰地反映在趋势图上。设置每条趋势曲线的 Y 轴坐标后（即在"Y 轴调节区"的"最小"、"最大"文本框中设置趋势曲线相应的工程量范围）,点击"改变比例"按钮,修改后的设置就会反映在趋势图上;

④"时间轴调节区"主要用来对趋势曲线的时间坐标进行调节,可以使操作员方便得查看设定时间段内的趋势图。

2. 历史表格

历史表格用于将历史数据显示在一个表格中。打印数据（包含性质）将按时间顺序列出。任何存储的属性都将按需求类型被显示出来。

历史表格可以用于任何模拟量点,将该模拟量点的值显示在一个表格中。该表格为操作员提供了以表格方式浏览历史数据的方法。

典型的两对象如图 2-56 所示。

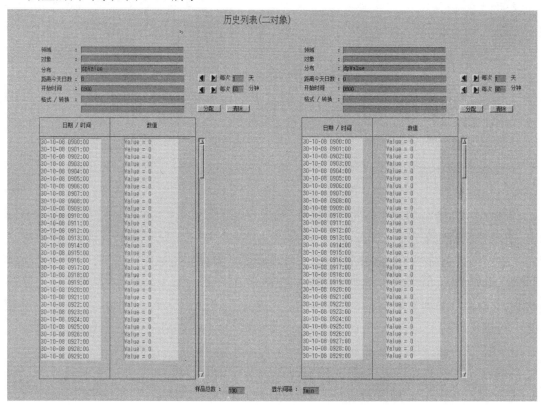

图 2-56　历史表格数据显示两对象

3. 实时趋势

实时趋势图与历史趋势图类似,也可以显示最多 8 个趋势曲线,并且这些曲线会不断地进行更新,以便与当前的实时数据保持同步。在实时趋势图中,操作员不能指定曲线的起始日期和时间,曲线时间轴的起始点会随着曲线的更新逐步的向后推移。实时趋势图如图 2-57 所示。

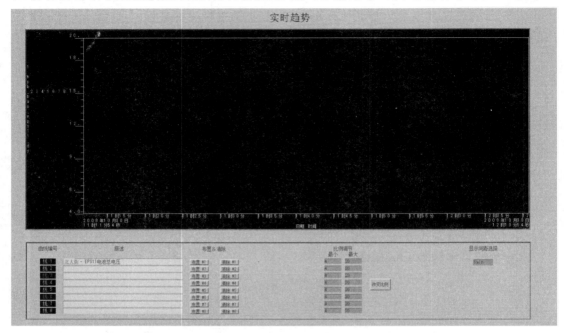

图 2-57　实时趋势 HMI

实时趋势图的具体操作方法与历史趋势图完全一致,不再赘述。

(七)PSCADA 功能介绍

1. 单独控制功能

(1)功能介绍

单独控制功能是指对单体的电力一次、二次设备进行远方控制的功能。在本系统中,主要一次设备控制对象包括:35kV 进线、环网线、馈线、母联断路器,400V 进线、母联断路器,400V 主要三级负荷开关,1500V 进线、馈线断路器,1500V 电动隔离开关,1500V 联络开关等等;主要二次设备控制对象包括:35kV 保护定值组的切换,35kV 事故信号的远方复归,1500V 事故信号的远方复归等。

(2)操作步骤

①打开变电所一次主接线图(图 2-58)。

②左键点击所控开关的图元,弹出如图 2-59 所示的图标。

③左键点击控制按钮,弹出如下的控制软面板。此时系统将进行控制条件的校验,校验通过不显示任何信息,校验不通过则在控制软面板左上角显示控制闭锁不通过的信息(图 2-60)。

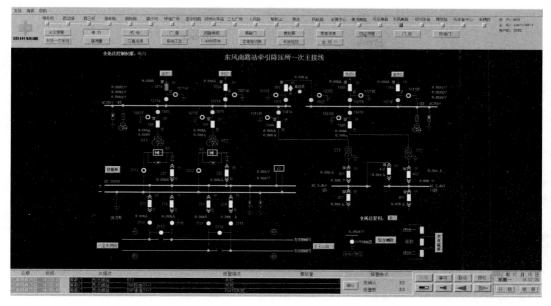

图 2-58 变电所一次主接线图

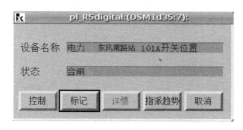

图 2-59 左键点击图元后的窗口

图 2-60 左键点击控制按钮后的画面

④控制软面板中将显示开关的当前状态,点击开关的目标状态进行预置,但是目标状态栏中仅能点击当前状态的反状态的按钮,当前状态的按钮不能点击(图 2-61)。

⑤预置成功后,执行按钮由灰色不可点击状态变为凸现可点击状态,点击执行按钮执行控制操作(图 2-62、图 2-63)。

⑥当系统接收到遥信变位的信息后,控制软面板消失,同时在告警窗中显示遥信变位的告警信息。如果系统在一定时间内没有接收到遥信变位的信息,控制软面板的左上角将显示遥控失败的信息(图 2-64)。

图 2-61 控制软面板

图 2-62 控制操作面板

图 2-63　控制操作面板

图 2-64　遥控失败信息

2. 顺序控制功能

（1）功能介绍

顺序控制功能是指按照设定好的控制序列对所控对象进行远方控制的功能。此功能主要应用于早间对供电接触网的送电、夜间对供电接触网的停电、越区供电、区间供电等控制操作。

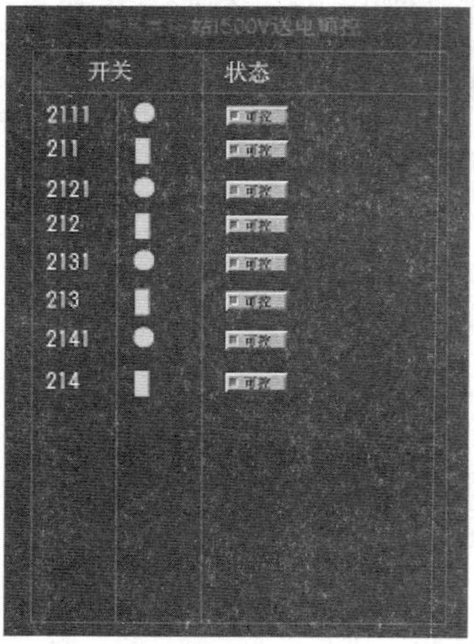

正常情况下，操作员选择好可控与不可控的开关，点击开始按钮进行顺控条件校验，校验通过后，点击执行按钮，执行顺控操作。当顺控执行当中有开关执行失败时，可由人工选择重试、跳过或中止操作。

（2）操作步骤

正常状态下送电操作：

①打开顺控送电的画面。正常情况下可以将2111、211、2121、212、2131、213、2141、214开关置为不可控状态（图2-65）。

②单击开始按钮，进行控制条件的校验，校验通过后执行按钮由灰色不可按状态变为凸现可控状态（图2-66）。

图 2-65　顺控送电的画面

图 2-66　点击开始按钮进行校验

③单击中止按钮，即可立即中止当前的顺控操作（图2-67）。

图 2-67　终止顺控操作

④单击执行按钮，开始执行顺控操作。图2-68、图2-69为执行的中间过程。

图 2-68　顺控送电的控制画面

图 2-69 执行顺控操作

⑤单击暂停按钮,顺控操作将会立即暂停,如图 2-70～图 2-72 所示。单击继续按钮,顺控操作将会立即继续进行下去。

图 2-70 顺控送电的控制画面

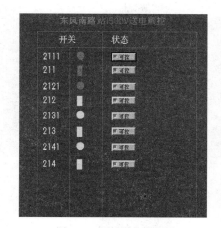
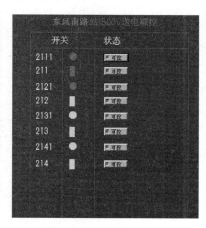

图 2-71 顺控送电的画面　　　　　　图 2-72 顺控送电的画面

⑥最终的顺控送电完成如图 2-73、图 2-74 所示。

图 2-73 顺控送电的控制画面

正常状态下停电操作:

①打开顺控送电的画面。正常情况下可以将 2111、211、2121、212、2131、213、2141、214 开关置为不可控状态。单击开始按钮,进行控制条件的校验,校验通过后执行按钮由灰色不可按状态变为凹陷可控状态(图 2-75)。

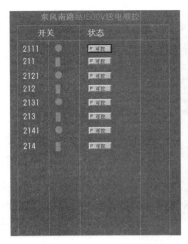

图 2-74 顺控送电的画面

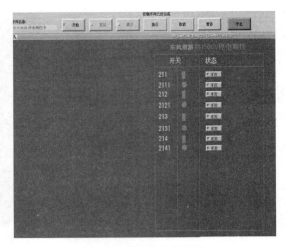

图 2-75 顺控送电的画面

②单击执行按钮,开始执行顺控操作(图 2-76)。

③单击暂停按钮,顺控操作将会立即暂停,如图 2-77 所示。单击继续按钮,顺控操作将会立即继续进行下去。

图 2-76 顺控送电的画面

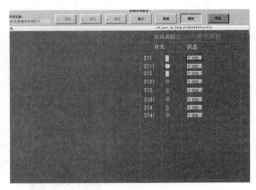

图 2-77 顺控送电的画面

④最终的顺控停电完成如图 2-78 所示。

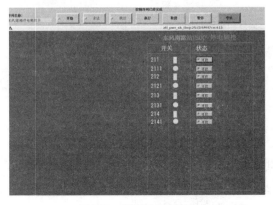

图 2-78 顺控送电的画面

(八)人工置数

1. 功能介绍

具有操作权限的人员可以手工对系统采集的数据进行置数。人工置数后的数据须有明显标志以示与正常数据的区别。在 HMI 上,通过不同的图元显示对象的人工置数状态。

2. 操作步骤

①打开变电所一次主接线图(图 2-79)。

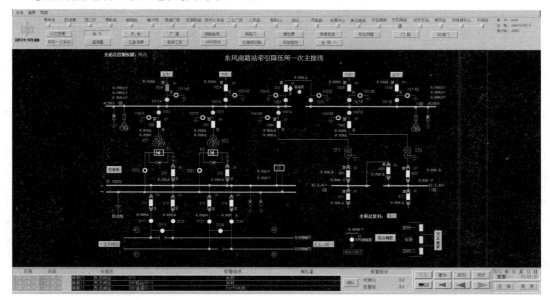

图 2-79　变电所一次主接线图

②操作员可以在 HMI 画面上用鼠标左键单击数据对象的图元,可以弹出如图 2-80 所示面板。

③操作员可以单击【标记】按钮,弹出如图 2-81 所示的对话框。

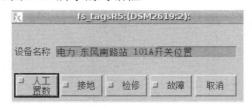

图 2-80　左键单击数据对象的图元的后面　　　　图 2-81　点击【标记】按钮后的画面

④操作员点击图【人工置数】按钮,可以弹出如图 2-82 所示的对话框。

⑤点击△按钮,可以选择人工置数的状态,然后单击【确定】按钮,这样就完成了人工置数操作。

⑥HMI 画面上可以反映出设备人工置数的状态:人工置数的设备外围有一个蓝色的边框,如图 2-83 所示。

⑦要移除人工置数,点击下图的【移除】按钮即可完成移除工作(图 2-84)。

图 2-82　点击人工置数按钮后的画面

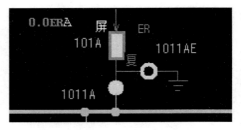
图 2-83　人工置数的状态

(九) 控制闭锁功能

1. 功能介绍

为了防止电力调度员进行违反电力操作规程的控制操作,综合监控系统提供了软件控制闭锁功能,闭锁条件主要为开关之间的逻辑联锁关系,仅当满足一定的逻辑联锁控制关系时才可进行遥控操作,否则拒绝进行该控制操作。此功能分为单个开关的控制闭锁和顺控的控制闭锁功能。单个开关的控制闭锁功能是指对单个开关控制时设置的控制闭锁条件,此条件为所控开关与其他开关之间的联锁关系,满足此条件方可进行控制操作,否则系统将提示闭锁条件不满足,无法进行执行操作。顺控的控制闭锁功能分为顺控块和顺控步两种闭锁条件,既可对每一个顺控块设置闭锁条件,满足此闭锁条件才可进行顺控块的操作,否则可选择继续或跳过该执行操作;也可对每一个顺控步设置闭锁条件,满足此闭锁条件方可进行顺控步的操作,否则可选择继续或跳过该执行操作。

2. 操作步骤

在进行控制操作时,如果不满足控制闭锁条件,在控制软面板上将提示闭锁条件不满足,无法进行控制操作(图 2-85)。

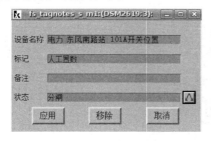
图 2-84　人工置数的移除

图 2-85　显示违背控制闭锁条件

(十) 挂牌操作功能

1. 功能介绍

挂牌操作是指当开关处于非正常运行状态时,在一次主接线图相关的图元旁设置一个标志牌,表示该开关当前的状态。依照地铁的运营经验,电力的挂牌分为接地、检修、故障三种标志牌,设置了标志牌后在开关的附近用不同的字符进行标识,且不能进行控制操作。

2. 操作步骤

（1）在一次主接线图上单击开关的图元弹出如图 2-86 所示的软面板。

（2）单击标记按钮弹出如图 2-87 所示的软面板。

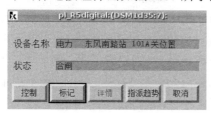

图 2-86　单击开关图元后的面板

图 2-87　单击标记按钮后的面板

（3）可以选择接地、检修、故障 3 种标志牌，如单击检修按钮将弹出如图 2-88 所示软面板，点击应用按钮，完成接地标志牌的设置。

（4）开关设置了标志牌后，在开关的旁边会用文字对各种不同的标志牌进行标识，如图 2-89 所示。

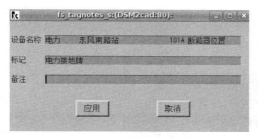

图 2-88　点击检修按钮后的面板

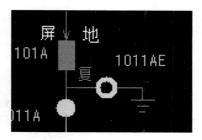

图 2-89　标志牌设置成功后显示

四、大屏幕系统

控制中心的 OPS（大屏幕系统）有 3（行）×12（列），共 36 个显示单元，投影单元的单屏对角线尺寸为 80 英寸，采用 36 个标准化、模块化的一次反射式箱体结构设计的显示单元，以 3（行）×12（列）的规模组成拼接墙，将大屏幕显示信息区划分为电调、CCTV 和 ATS 共三个基本区域。具体显示图例如 2-90 所示。

PSCADA	PSCADA	PSCADA	PSCADA	PSCADA	PSCADA	CCTV	CCTV	CCTV	CCTV	CCTV	CCTV
PSCADA	PSCADA	PSCADA	PSCADA	PSCADA	PSCADA	ATS	ATS	ATS	ATS	ATS	ATS
PSCADA	PSCADA	PSCADA	PSCADA	PSCADA	PSCADA	ATS	ATS	ATS	ATS	ATS	ATS

图 2-90　大屏幕显示画面

（一）硬件构成

1. 桌面处理器

桌面处理器又称 Magic 处理器，主要用来作为大屏信号的输入和其他信号的接口。如

果将大屏的显示单元作为显示器的话,桌面处理器就可以看做是一台电脑的主机。我们将要显示的内容的都部署在桌面处理器里,如图 2-91 所示。

2. Digicom Ark 3300SP/3300EP 多屏处理器

Digicom Ark 3300SP 是 VTRON 公司全新开发的新一代多屏信号处理器,具有技术领先、功能强大、性能卓越、稳定可靠的信号处理特点。可完成拼接显示墙系统的各类输入信号源信号处理及超高分辨率计算机图形显示信号(又称桌面信号)处理,包括标清和高清信号的采集、交换、缩放和叠加以及桌面信号等处理;Digicom Ark 3300EP 是信号扩展处理器,通过对多台信号处理器的级联完成扩展信号的功能。

图 2-91　桌面处理器

3. Digicom Ark 3300SP 多屏处理器

正面(图 2-92):信号采集板 8 个槽位,主要负责 RGB、VIDEO 等视频信号的采集;系统控制板 1 个槽位,负责整个信号处理单元业务的调度(系统控制板上有两个信号扩展交换接口,一个输入一个输出);桌面处理板 1 个槽位,对桌面信号进行处理;信号处理板 8 个槽位,主要完成信号的缩放、叠加等功能。

图 2-92　ARK 处理器前视图

背面(图 2-93、图 2-94)包括:电源、信号输入接口、输出接口、网络接口、控制接口和同步信号环入/环出接口。

在多台处理器级联时,单台处理器的设备地址通过各自的设备号拨码开关进行识别。处理器的设备号地址与其 IP 网络地址关联。IP 地址对应 192.168.××.9,其中 ×× 由拨码设置,拨码低位在上,高位在下,默认位置在左边,默认数值为 0,通过拨码可以设置不同数值,范围从 0～15,同个系统中拨码不能重复。

4. Digicom Ark 3300EP 多屏处理器

Digicom Ark 3300EP 级联处理器在整个系统充当视频信号扩展的角色,主要完成信号扩展的功能。需要与 Digicom Ark 3300SP 多屏信号处理器配套使用,如图 2-95 所示。

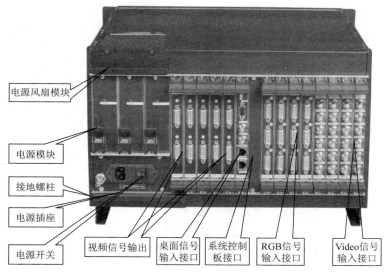

图 2-93 ARK 处理器后视图

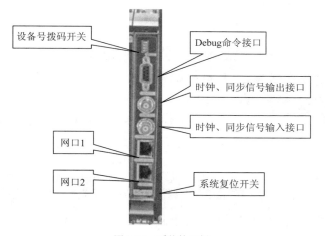

图 2-94 系统接口板

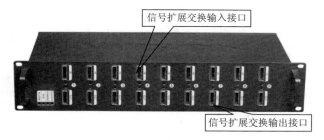

图 2-95 ARK3300EP

5. 显示单元

每个显示单元构造是一样的,具体有接口机(图 2-96)、机芯(每台机芯又有镜头、灯泡等构成,如图 2-97 所示)、反光板、显示面板构成。

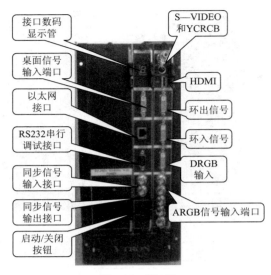

图 2-96 接口机

（二）接线原理

大屏控制机柜按设计要求一般设置两套，第一套用 A 表示，第二套用 B 表示。由于 A/B 机柜配置一样，A/B 控制机柜中的桌面处理器主网卡 IP 地址完全一致，二者不能够同时连接在大屏交换机上，系统不能实现自动切换。具体接线原理如图 2-98、表 2-18 所示。

图 2-97 机芯

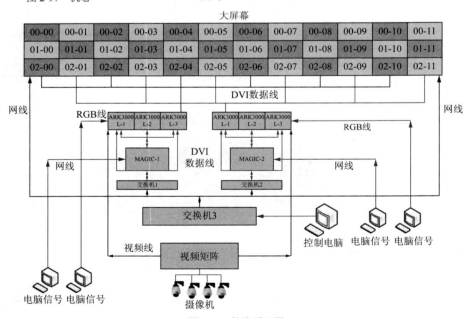

图 2-98 接线原理图

大屏设备接线配置　　　　　　　　　　表 2-18

序号	设备	数量	描述
1	Magic 桌面处理器	1×2	具有 6 根 DVI 线连接 3 个 Ark3300 处理器,每两根连一个 Ark3300 处理器；两路 RJ45,接 ISCS 中心大厅 A 网和 B 网交换机；一路 RJ45,接信号机房交换机
2	Ark3300 处理器	3×2	每个 Ark3300 处理器通过 12 个 DVI 接口连接 12 个屏幕控制器
3	H3C 交换机	1×1	36 个屏幕控制器 36 根网线,每套处理器一个设备一根网线
4	矩阵	1×1	6 路 BNC 输入,30 路 BNC 输出(6 路直接上 CCTV 显示的 6 个大屏,24 路 12 路一组分别连接两套冗余的桌面处理器)
5	PSCADA 工作站	1×1	两路 RJ45,接 ISCS 中心大厅 A 网和 B 网交换机
6	ATS 工作站	1×1	接信号交换机
7	管理工作站	1×1	通过网线连接到华三交换机
8	机芯电源	36×1	每个机芯的控制通过网线连接到华三交换机,当前 B 柜通过 36 根 DVI 数据线接到机芯 desktop 上,A 柜 36 根 DVI 数据线接在机芯 DRGB 接口上。
9	显示单元底座	12×3	
10	19 英寸标准机柜	3×1	
11	灯泡	36×2	
12	3300EP	1×2	分别接 2 根控制线缆到 Ark 处理器

(三)管理软件(VWAS)

VWAS(VTRON Wall Administration System)软件是 VTRON 公司专门为显示拼接墙系统及其多屏处理器系统开发、设计和生产的应用管理系统,其主要功能是帮助用户实现对显示墙上的各类信号窗口的控制和管理以及对显示引擎的控制,并可以实现对矩阵、摄像头和多功能设备等相关外围设备的联动控制。

VWAS 的主要功能如下:

①控制显示单元,包括显示单元的开关机操作、状态监控和对机芯窗口的各种操作。

②通过控制多屏处理器,操作多屏处理器上的各类多屏处理器窗口和多屏处理器上各种应用程序,多屏处理器窗口包括各种应用程序窗口、Video 窗口、RGB 窗口和 Vlink 窗口。

③以模式和预案的方式,实现对机芯窗口、多屏处理器窗口和多屏处理器应用程序的有序批操作,用户可以根据实际需要定制自己想要的模式和预案。

④实现对矩阵、摄像头、多功能设备、画面分割器等相关外围设备的联动控制。

⑤提供功能模块和设备的扩展功能,为第三方客户开发提供支持。

⑥提供软件注册用户分等分级控制管理,不同角色不同级别的用户登录,具备不同的功能与权限。

图 2-99 VWAS5 Panel

1. VWAS 日常管理

VWASServer 的管理是通过 VWASServer 管理程序（VWAS5Panel）实现。当安装完 VWAS V5.5 软件后，会在 Windows 中添加一个自动启动程序 VWAS5Panel，程序启动运行后，在 Windows 任务栏通知区域会显示 图标。VWAS5Panel 程序界面如图 2-99 所示。

（1）启动 VWASServer

VWASServer 包含 8 个运行时服务，各服务间存在相互依赖关系，从消息服务开始，下一个服务依赖其上的所有服务，如硬件接口服务依赖消息服务，VWAS 主服务依赖硬件接口服务和消息服务。服务间的依赖关系也决定了服务的启动顺序。VWAS5Panel 程序依据各服务间的依赖关系在服务启动时进行判断和触发依赖服务的启动。

① 双击任务栏图标，弹出如图 2-100 所示界面，选择启动"VWAS 主服务"，VWAS5Panel 将依据依赖关系，自动触发消息服务、硬件接口服务的启动。在特别情况下，为判断问题，您也可选择单个服务分别启动。

② 服务在启动过程中需要等待，启动过程中，将看到类似图 2-100 所示内容。请在服务启动完成后再开启客户端程序。

（2）停止 VWASServer

停止 VWASServer 服务即代表停止 VWAS 各服务程序，与启动 VWASServer 是个反向过程。选择服务所在行的"停止"按钮，将停止该服务。停止过程中，将看到类似图 2-101 所示的内容。

图 2-100 启动 VWASServer

图 2-101 停止 VWASServer

（3）退出 VWASServer 管理程序

VWASServer 管理程序即 VWAS5Panel，退出该程序请在任务栏 图标上右键鼠标，在弹出菜单中选择"退出"。

注意：VWAS5Panel 程序退出，并不会自动停止所有 VWASServer 中的服务。

2. VWAS 的操作

（1）在浏览器地址栏输入控制主机的 IP 地址，即出现如图 2-102 所示的登录界面。

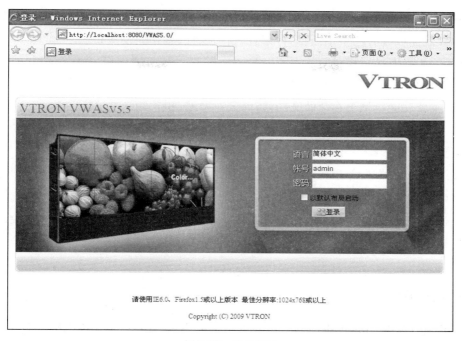

图 2-102　登录界面

（2）界面组成（图 2-103）

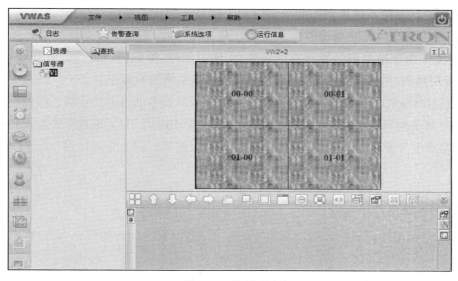

图 2-103　控制画面

（3）菜单栏（图 2-104）

图 2-104　菜单栏

文件：主要功能包括用户在线状态和用户离线状态之间的切换，用户注销。

视图:主要功能包括资源管理面板的显示与否,控制面板的显示与否和默认视图的恢复。其中控制面板设有三个子项,运行信息、窗口属性、多功能设备布局,三个选项为三选一关系,选择后主界面显示相对应的视图内容。

工具:主要功能包括修改密码,日志查询,告警查询,热键设置,系统选项设置。

帮助:主要功能包括查看帮助文档,访问公司网站,和软件版本信息的查看。

退出 VWAS:单击 按钮,退出主界面,到用户登录界面。

(4)告警查询

单击工具栏上黄色☆按钮,可以查看当前运行的设备是否有报警,灯泡是否损坏等信息,方便及时发现故障进行处理。

五、IBP 盘设备

(一)IBP 概述

IBP 集成后备盘(Integrated Backup Panel,IBP 盘)。IBP 盘是一种人机接口装置,满足应急、备份和直接的操作要求,紧急情况下由车站值班员根据具体情况及相应的操作规程进行处置。

IBP 盘设有部分系统紧急控制的按钮和关键设备的状态显示,作为紧急情况下和在车站监控系统故障造成无法通过监控系统进行监控操作时,车站监控系统的后备操作手段。在紧急情况下由车站值班员操作指令按钮,实现对信号、屏蔽门、自动扶梯、环境与设备监控、消防专用风机、消火栓泵、气体灭火、门禁、闸机等系统的紧急控制。

IBP 盘操作采用两步操作原则(除信号系统外),所有专业盘面均设置"有效/无效"或"自动/IBP 盘手动"钥匙开关,钥匙开关打到"有效"或"IBP 盘手动"位置时才能操作按钮。

IBP 盘所有专业盘面均设置试灯按钮(除信号系统外),钥匙开关打到"无效"位置时才能试灯。

(二)IBP 结构设计

根据各个车站控制室的布局及观察窗的位置,IBP 盘及附台的设计有左转、右转之分,安装的设备如下(图 2-105～图 2-108):

①ISCS 系统工作站(2 台,共四屏)及 2 台打印机。
②BAS 系统的 PLC 模块。
③ATS 系统工作站(1 台,双屏)。
④AFC 系统工作站(1 台,单屏)及 1 台打印机。
⑤FAS 系统工作站(1 台,单屏)。
⑥PIS 系统工作站(1 台,单屏)。

⑦CCTV 监视器（1 台，双屏）。
⑧广播控制盒及广播话筒。
⑨调度电话、公务电话、直通电话、外线电话等。
⑩值班操作台、无线固定台。

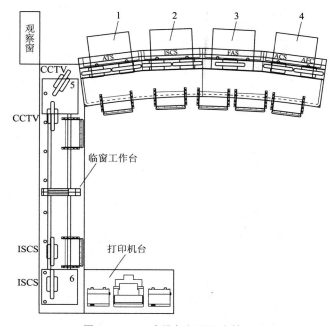

图 2-105　IBP 盘设备布置图（左转）

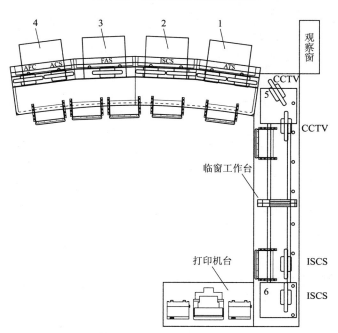

图 2-106　IBP 盘设备布置图（右转）

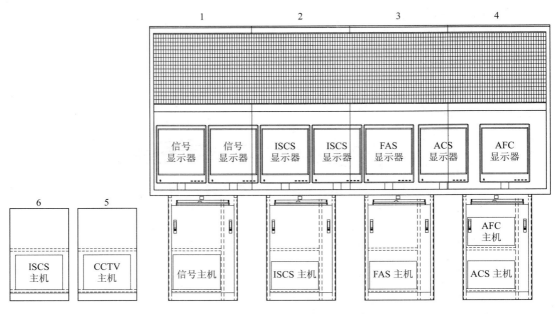

图 2-107 IBP 盘下柜设备布置图（左转）

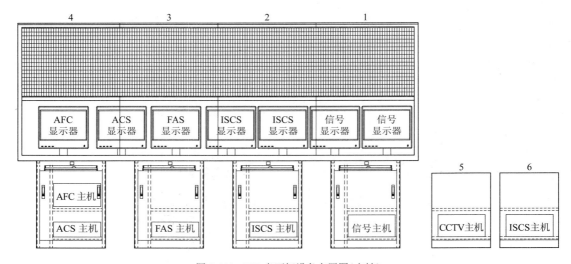

图 2-108 IBP 盘下柜设备布置图（右转）

（三）IBP 盘面布置及功能

图 2-109、图 2-110 以郑州轨道交通 1 号线为例介绍 IBP 盘面布置及功能。

（四）信号系统盘面布置及功能

1. 非信号集中站（图 2-111）

在紧急情况下，通过信号系统紧急按钮可以实现上行 / 下行的紧急停车 / 取消紧停、站

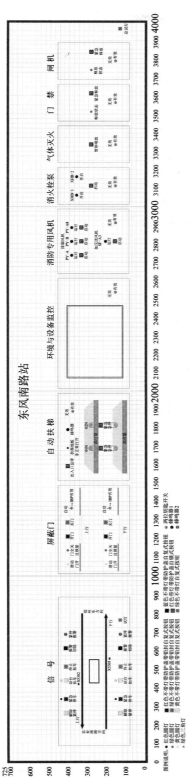

图 2-109 非集中站盘面布置图

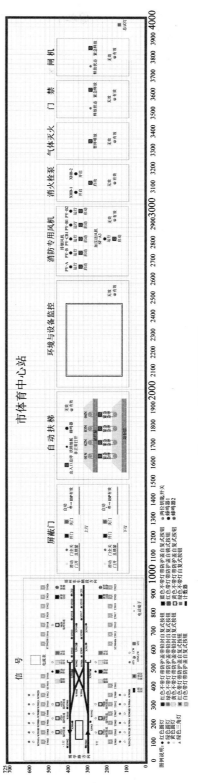

图 2-110 集中站盘面布置图

台扣车/终止扣车及报警切除功能,同时设置紧急停车指示灯、站台扣车指示灯和紧停报警蜂鸣器来显示状态信息(相关要求请参照信号系统说明)。

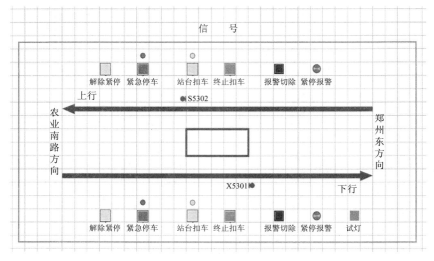

图 2-111　非信号集中站

2. 信号集中站(图 2-112)

在非信号集中站的功能基础上,增加了计数器、计轴总预复位、电话端子、ATS/LCW 切换功能及相应的状态指示灯(相关要求请参照信号系统说明)。

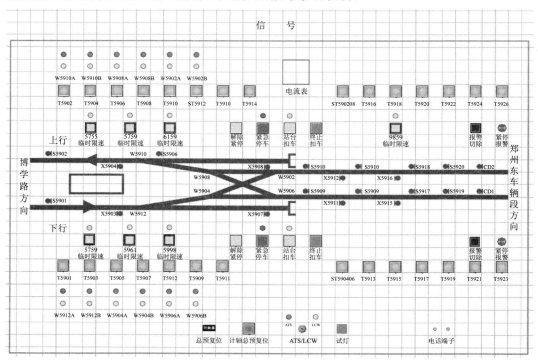

图 2-112　信号集中站

（五）屏蔽门系统盘面布置及功能（图2-113）

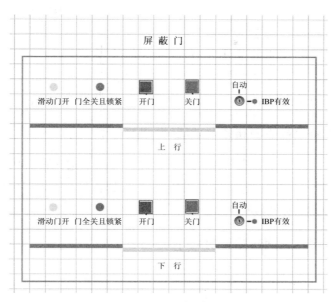

图 2-113　屏蔽门系统盘面布置

屏蔽门盘面上的开门、关门为自复式按钮，在紧急情况下，通过屏蔽门系统钥匙开关可以实现上行/下行屏蔽门的开门功能，同时设置自动/IBP盘钥匙开关、滑动门开指示灯、门全关且锁紧指示灯来显示状态信息。（相关要求请参照屏蔽门系统说明）

（六）自动扶梯盘面布置及功能（图2-114）

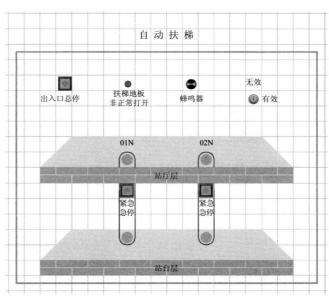

图 2-114　自动扶梯盘面布置

在紧急情况下,通过自动扶梯紧急按钮可以实现站内扶梯单台紧急停止、出入口扶梯总急停功能,同时设置站内扶梯的上行/下行运行指示灯、出入口扶梯地板非正常打开的报警指示灯和蜂鸣器来显示状态信息及有效/无效钥匙开关。

按下"出入口总停"为本站所有出入口自动扶梯均急停。

按下每条扶梯对应的"紧急急停"对该站内扶梯实施急停控制。

注:各车站的站内扶梯数量有所不同,具体数量以扶梯设置为准。

(七)环境与设备监控盘面布置及功能(图2-115)

在紧急情况下,可操作触摸屏上的相关火灾模式及隧道通风模式以达到控制火灾的功能,同时盘面设置有效/无效钥匙开关,将钥匙开关打到有效位置方可操作触摸屏(相关要求请参照环境与设备监控系统说明)。

(八)消防专用风机盘面布置及功能(图2-116)

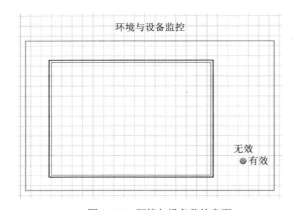

图2-115 环境与设备监控盘面

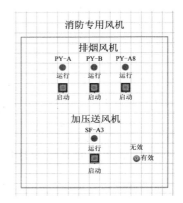

图2-116 消防专用风机盘面

在紧急情况下,通过消防专用风机紧急按钮可以实现排烟风机的启动/停止功能,按下此按钮后按钮显示红色且保持按下状态,按钮上方红灯亮起表示风机开启,弹起按钮后风机停止,同时设置有效/无效钥匙开关及相应风机的状态指示灯来显示其状态信息。

注:各车站的风机数量有所不同,具体数量以实际设置为准。

(九)消火栓泵盘面布置及功能(图2-117)

在紧急情况下,通过消火栓泵紧急按钮可以实现消火栓泵的启动/停止功能,按下此按钮后按钮显示红色且保持按下状态,按钮上方红灯亮起表示消火栓泵启动,弹起按钮后消火栓泵停止,同时设置有效/无效钥匙开关及相应消火栓泵的状态指示灯来显示其状态信息。

(十)气体灭火盘面布置及功能(图2-118)

气体灭火盘面上的暂停喷放按钮为非自复式按钮,在紧急情况下按下按钮,可让气体灭火系统实现暂停喷放,按钮显示红灯并保持按下状态,弹起按钮后将继续开启气体灭火喷放,同时设置有效/无效钥匙开关。

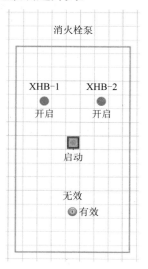 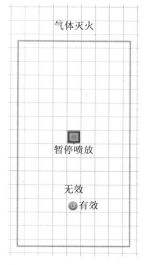

图2-117 消火栓泵盘面布置　　　图2-118 气体灭火盘面布置

(十一)门禁系统盘面布置及功能(图2-119)

在紧急情况下,通过门禁紧急按钮可以实现门禁的紧急释放功能,按下按钮后全站所有门禁均处于释放状态,弹起按钮后需将门禁系统配电箱重新上电后方可启用,同时设置有效/无效钥匙开关及相应的状态指示灯来显示其状态信息(相关要求请参照门禁系统说明)。

(十二)闸机系统盘面布置及功能(图2-120)

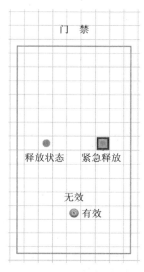 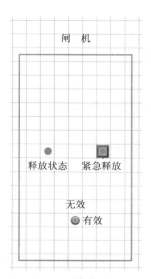

图2-119 门禁系统盘面布置　　　图2-120 闸机系统盘面布置

在紧急情况下,通过门闸机紧急按钮可以实现闸机的紧急释放功能,按下按钮后全站所有闸机均处于释放状态,弹起后闸机恢复原始状态,同时设置有效/无效钥匙开关及相应的状态指示灯来显示其状态信息(相关要求请参照闸机系统说明)。

(十三) 总试灯(图2-121)

IBP盘面设置总试灯按钮,当系统出现故障时(主要指盘面上的指示状态与现场的设备状态情况不一致),可对应急操作盘的盘面指示灯/蜂鸣器进行测试,可准确判断是IBP盘内部故障还是外部系统的故障。

图2-121 总试灯

(十四) 维护内容

1. IBP电源故障

检查输入/输出电压,电源接线部分。

2. 按钮/钥匙开关无法控制

检查触点开闭,控制电源,连接线部分。

3. 指示灯/蜂鸣器无指示

试灯测试后判断故障位置,检查输入电压,连接线部分。

第二节 BAS设备

一、BAS介绍

为了满足轨道交通的运营要求,在车站设置了保障正常运营的照明设备、通风空调设备、给排水设备、屏蔽门系统、自动扶梯等机电设备;同时,为满足在紧急状态的报警、乘客疏散、救灾等要求,在轨道交通车站还设置了火灾报警系统、水消防系统、气体灭火系统、防排烟系统、防烟设备等机电设备和系统。为了实施这些系统和设备相互间的有序联动控制和监视,在轨道交通线上设置了称之为"环境与设备监控系统"(Electrical and Mechanical Control System-EMCS 或 Building Automatic System-BAS)的自动控制系统,形成了一个强大的轨道交通运营保障系统。

BAS对全线所有地下车站、车辆段、停车场、主变电所以及区间隧道内设置的各种正常运营保障设施(包括通风空调设备、给排水设备、照明设备、自动电/扶梯等)和事故紧急防救灾设施（防排烟系统、应急照明系统等）进行实时的监控管理，并确保以上这些系统的安全可靠运行，特别是在地下车站发生火灾事故的情况下，使有关救灾设施按照设计工况及时有效地运行，从而保障人身安全。车站/车辆段/停车场/主变电所 BAS 通过冗余通信接口与综合监控系统连接，将信息集中上传至综合监控系统，实现 BAS 在综合监控系统中的集成。

BAS 不单独组建全线网络，在车站级由综合监控系统集成，由综合监控系统组建全线监控系统。

BAS 采用分层分布式现场总线结构，由 PLC 控制设备、现场传感器、维护终端（维护工作站或触摸屏）等组成。监控的对象包括车站隧道通风系统、公共区通风空调系统、车站设备管理用房区通风空调系统、空调水系统、车站给排水系统、电梯/扶梯系统、低压配电与照明系统等设备。

以郑州轨道交通 1 号线为例，在地下车站两端环控电控室内各设一套施耐德电气公司的可靠性、稳定性、安全性最高、性能最高的 Quantum 系列冗余 PLC 产品——Unity Quantum 140CPU67160，以靠近车站综合控制室端（A 端）的 PLC 为主控制器，另外一端（B 端）的 PLC 为从控制器。在车站控制室 IBP 盘（综合监控系统提供）设置一套施耐德非冗余 M340 系列 PLC 控制器与主控制器相连构成车站级 BAS。两端 PLC 下设置 Modbus Plus 双总线将各类 RI/O、具有智能通信口的现场设备和就地现场小型控制器等设备统一接入，分别对车站两端的机电设备（暖通空调、电梯/扶梯、低压配电与照明、给排水等正常和火灾情况下共用设备）进行监控管理。车站 BAS 主控制器与车站 FAS 系统建立通信接口，火灾模式下，FAS 向 BAS 下发火灾模式指令，BAS 控制器按预定工况转入灾害模式下启动相关设备。

典型车站由 A 端冗余 PLC、B 端冗余 PLC、IBP 盘 PLC 和远程 I/O 组成。ISCS 通过 A 端主 PLC 冗余通道实现对 BAS 的监控；A 端 PLC 主要负责 A 端的机电设备的监控，同时肩负 B 端 PLC 信息的上传和命令的下发；IBP 盘 PLC 主要实现 IBP 盘信号采集、显示灯控制和 FAS 信息处理功能；远程 I/O 站 PLC 主要负责信息的采集和命令的下发，同时通过通信接口与通信设备进行通信，实现监控功能，如图 2-122 所示。

A 端维护工作站主要实现对整个 BAS 的监控和维护管理的功能；IBP 盘触摸屏主要实现 BAS 的紧急控制。

FAS 通过网关与 BAS 进行通信，实现火灾模式的控制。

在车站及车站所辖区间（存在由本车站配电水泵的区间）的环控机房、照明配电室、车站各类水泵房或水泵附近、区间水泵房、区间风机房等地方设置远程 I/O 模块箱，监控现场设备。主从控制器通过冗余 Modbus Plus 现场总线连接远程 I/O 模块箱。现场级 I/O 采用 M340 系列 I/O 实现现场设备信号的采集和传输功能，M340 配置有各种类型的 DI/DO/AI/AO 模块，可接入各种硬线信号，还可以通过 M340 提供的串口通信模块的 RS485 通信接口，接入外部设备的通信信号。

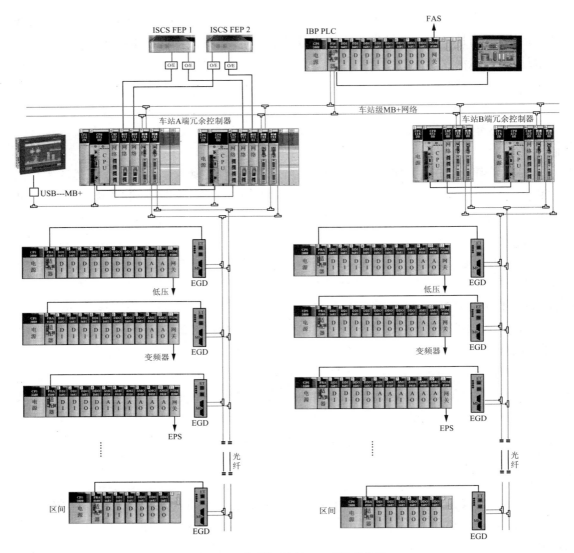

图 2-122 典型地下车站 BAS 网络结构图

二、BAS 硬件

(一) PLC

PLC 的全称是 Programmable Logic Controller，即可编程逻辑控制器，是一种采用一类可编程的存储器，用于其内部存储程序，执行逻辑运算、顺序控制、定时、计数与算术操作等面向用户的指令，并通过数字或模拟式输入/输出控制各种类型的机械或生产过程。

1. PLC 的主要功能和概述

可编程逻辑控制器具有以下鲜明的特点。

(1) 使用方便,编程简单

采用简明的梯形图、逻辑图或语句表等编程语言,而无须计算机知识,因此系统开发周期短,现场调试容易。另外,可在线修改程序,改变控制方案而不拆动硬件。

(2) 功能强,性能价格比高

一台小型 PLC 内有成百上千个可供用户使用的编程元件,有很强的功能,可以实现非常复杂的控制功能。它与相同功能的继电器系统相比,具有很高的性能价格比。PLC 可以通过通信联网,实现分散控制,集中管理。

(3) 硬件配套齐全,用户使用方便,适应性强

PLC 产品已经标准化、系列化、模块化,配备有品种齐全的各种硬件装置供用户选用,用户能灵活方便地进行系统配置,组成不同功能、不同规模的系统。PLC 的安装接线也很方便,一般用接线端子连接外部接线。PLC 有较强的带负载能力,可以直接驱动一般的电磁阀和小型交流接触器。

硬件配置确定后,可以通过修改用户程序,方便快速地适应工艺条件的变化。

(4) 可靠性高,抗干扰能力强

传统的继电器控制系统使用了大量的中间继电器、时间继电器,由于触点接触不良,容易出现故障。PLC 用软件代替大量的中间继电器和时间继电器,仅剩下与输入和输出有关的少量硬件元件,接线可减少到继电器控制系统的 1/10-1/100,因触点接触不良造成的故障大为减少。

PLC 采取了一系列硬件和软件抗干扰措施,具有很强的抗干扰能力,平均无故障时间达到数万小时以上,可以直接用于有强烈干扰的工业生产现场,PLC 已被广大用户公认为最可靠的工业控制设备之一。

(5) 系统的设计、安装、调试工作量少

PLC 用软件功能取代了继电器控制系统中大量的中间继电器、时间继电器、计数器等器件,使控制柜的设计、安装、接线工作量大大减少。

PLC 的梯形图程序一般采用顺序控制设计法来设计。这种编程方法很有规律,很容易掌握。对于复杂的控制系统,设计梯形图的时间比设计相同功能的继电器系统电路图的时间要少得多。

PLC 的用户程序可以在实验室模拟调试,输入信号用小开关来模拟,通过 PLC 上的发光二极管可观察输出信号的状态。完成系统的安装和接线后,在现场的统调过程中发现的问题一般通过修改程序就可以解决,系统的调试时间比继电器系统少得多。

(6) 维修工作量小,维修方便

PLC 的故障率很低,且有完善的自诊断和显示功能。PLC 或外部的输入装置和执行机构发生故障时,可以根据 PLC 上的发光二极管或编程器提供的信息迅速地查明故障的原因,用更换模块的方法可以迅速地排除故障。

2. PLC 的工作原理

当可编程逻辑控制器投入运行后,其工作过程一般分为三个阶段,即输入采样、用户程

序执行和输出刷新三个阶段。 完成上述三个阶段称作一个扫描周期。在整个运行期间，可编程逻辑控制器的 CPU 以一定的扫描速度重复执行上述三个阶段。

（1）输入采样阶段

在输入采样阶段，可编程逻辑控制器以扫描方式依次地读入所有输入状态和数据，并将它们存入 I/O 映象区中的相应的单元内。输入采样结束后，转入用户程序执行和输出刷新阶段。在这两个阶段中，即使输入状态和数据发生变化，I/O 映象区中的相应单元的状态和数据也不会改变。因此，如果输入是脉冲信号，则该脉冲信号的宽度必须大于一个扫描周期，才能保证在任何情况下，该输入均能被读入。

（2）用户程序执行阶段

在用户程序执行阶段，可编程逻辑控制器总是按由上而下的顺序依次地扫描用户程序（梯形图）。在扫描每一条梯形图时，又总是先扫描梯形图左边的由各触点构成的控制线路，并按先左后右、先上后下的顺序对由触点构成的控制线路进行逻辑运算，然后根据逻辑运算的结果，刷新该逻辑线圈在系统 RAM 存储区中对应位的状态；或者刷新该输出线圈在 I/O 映象区中对应位的状态；或者确定是否要执行该梯形图所规定的特殊功能指令。

在用户程序执行过程中，只有输入点在 I/O 映象区内的状态和数据不会发生变化，而其他输出点和软设备在 I/O 映象区或系统 RAM 存储区内的状态和数据都有可能发生变化，而且排在上面的梯形图，其程序执行结果会对排在下面的凡是用到这些线圈或数据的梯形图起作用；相反，排在下面的梯形图，其被刷新的逻辑线圈的状态或数据只能到下一个扫描周期才能对排在其上面的程序起作用。

在程序执行的过程中如果使用立即 I/O 指令则可以直接存取 I/O 点。即使用 I/O 指令的话，输入过程影像寄存器的值不会被更新，程序直接从 I/O 模块取值，输出过程影像寄存器会被立即更新，这跟立即输入有些区别。

（3）输出刷新阶段

当扫描用户程序结束后，可编程逻辑控制器就进入输出刷新阶段。在此期间，CPU 按照 I/O 映象区内对应的状态和数据刷新所有的输出锁存电路，再经输出电路驱动相应的外设。这时，才是可编程逻辑控制器的真正输出。

3. 施耐德 Unity 硬件体系

施耐德 Unity 协同自动化平台是一套全新的自动化解决方案，既包含 Unity 系列的软件产品，还包括专用于分布式应用的硬件产品。Unity 协同自动化平台的协同性和软件开发性通过 XML 和 COM/DCOM 实现。Unity 系统自动化平台为工业控制系统提供了一个耳目一新的设计和操作理念。

Modicon CPU 的复杂运算指令和布尔运算指令的性能可以达到最优，具备真正卓越的处理能力，并支持全部 5 种 IEC61131-3 标准编程语言。

Modicon Quantum 是专为过程控制行业打造的，具有稳定可靠的性能。

Modicon Premium 是专为制造业和离散业自动化行业打造的，具有卓越创新的性能。

4. Modicon Quantum 系统

施耐德电气公司不仅是公认的可编程逻辑控制器（PLC）的发明者，同时也是 PLC 热备系统技术的发明者和多项工业自动化技术专利的拥有者。**在 1969 年，Modicon 公司推出了世界上第一台实用的可编程逻辑控制器 PLC－084 控制器，**应用在美国通用汽车公司的喷漆生产线上，从而开创了工业自动化领域中 PLC 应用的崭新的时代。在随后的 30 多年的时间里，Modicon 公司作为工业自动化领域里面领先的专业厂商，不断地推动和领导着自动化技术的发展方向和潮流，致力于为全球的用户提供最先进和最可靠的产品以及完整的系统解决方案。

1980 年 Modicon 公司推出了完全开放的 Modbus 通信协议，Modbus 协议得到了世界上上千家设备厂商的支持，使得 Modbus 协议成为当今自动化领域里面事实的通讯标准。1984 年 Modicon 公司推出了世界上第一台可以热备的 PLC－584 控制器，因此 Modicon 公司在热备系统技术上有着超过三十多年的先进的技术和经验。

Quantum 通用综合监控自动化系统是施耐德自动化公司于 1996 年向全球推出，并且经过不断的完善和发展的工业自动化领域里面最新型最先进的新一代自动化系统平台。

Quantum 通用自动化系统是专门面向过程控制而设计的通用的自动化系统平台，适用于冶金、电力、化工、建材等各行各业的工业控制和自动化领域中，具有强大的对离散量、模拟量及过程回路控制方面的处理能力。Quantum 继承和发展了施耐德自动化（Modicon）产品一贯的特点和优点，并且融入了当今最新的 IT 技术和网络技术，具有结构灵活、功能强劲、使用简便、性价比高、集成度高、兼容性好，广泛的开放性等众多特点。

Quantum 自动化平台的特点是：基于 486、586 及 Pentium 型处理器，处理器主频达到了 266 MHz，极大地提高了扫描速度和系统的应用处理的性能。

紧密地将各种应用控制系统集成在一起，其中包括运动控制、通讯和过程控制。

为关键应用场合提供冗余电源、I/O 缆接选件及热备能力，使系统的可靠性最高。

关键应用场合，通过配置输出"故障"状态以获取更多的预置性能。

隔离级别高，恶劣电气环境下的抗噪声干扰能力强。

高精度模拟量 I/O，适用于过程的密切监视和控制。

高速开关电路和中断处理能力使系统性能更好。

所有的模板（包括 CPU、电源、网络通信、I/O 模板）均支持带电插拔功能（带电插拔模块时不影响其他单元的运行），简化系统维护，提高系统的可用性。

一些 CPU 型号带有两个 PCMCIA 内存扩展插槽，用于增加用户应用程序和数据存储空间。

一些 CPU 有内置式 Ethernet 端口及独立通讯协处理器，提供强大的通信性能（图 2-123）。

5. Modicon Quantum 模块介绍

Unity Quantum CPU 全部基于 486、586 和

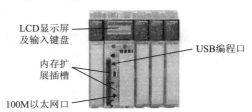

图 2-123　Unity Quantum CPU 模板

图 2-124 电源模块 140CPS 11420

Pentium 处理器，是一个具有优秀品质和极高性能的可编程控制器系列产品。本系列产品已应用于各种不同的应用场合，从简单离散控制系统到复杂过程控制应用。

（1）电源模块 140CPS 11420（图 2-124）

PLC 机柜内 230V 交流电源供电模块，位于机架第一插槽处，给右边模块及背板提供电源，输入电压为交流 230V，正常工作时 power 灯显示为 OK 状态。

（2）CPU 模块 140CPU 67160（图 2-125）

（3）140CRP 31200

高可用性 Quantum 控制系统，具有辅助（备用）PLC，可维持最新的系统状态。如果主 PLC 无法运行，则备用 PLC 取得系统的控制权，进行主备切换使用，只使用 ETH3 号和 ETH4 号端口，连接方式是将上面一套 PLC 的 140 CRP31200 的 ETH3 和下面一套 PLC 的 140 CRP31200 的 ETH4 连接，上面一套 PLC 的 140 CRP31200 的 ETH4 和下面一套 PLC 的 140 CRP31200 的 ETH3 连接。

（4）140 NOE 77101

该模块是用于 PLC 与上位机进行通讯的模块，由于是双环网，所以需要两块，通信正常时 Ready 灯常亮，如果出现通信故障是在显示屏会出现 Fault，说明硬件通信有问题，需要检查网线是否插好。

（5）140 NOM 21200

Modbus plus 通信模块，有两个 MB+ 环网，左侧的一个模块组成的环网连接的设备是大端 PLC、小端 PLC 和 IBP 盘 PLC；

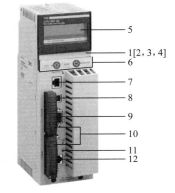

图 2-125 CPU 模块 140CPU 67160

1[2，3，4]- 电池，钥匙开关，将液晶显示屏向上推，就能看到电池及钥匙开关，一般不用操作钥匙；5- 液晶显示屏：显示 CPU 的当前状态，正常运行情况下主机显示为 RUN Prim/RUN STBY 备机显示为 RUN STBY/RUN Prim，对于热备冗余的 CPU 67160，液晶显示屏先显示自己目前的状态，斜线后面显示与其冗余的设备的状态，通过这个能够判断当前运行 CPU 哪一个是主机，哪一个是备机；6- 操作键盘；7-Modbus（RS-232）端口；8-USB 接口，通常用于连接电脑来下载程序和调试程序；9-Modbus Plus 端口；10-PCMCIA 存储扩展卡；11- 通信状态指示灯；12- 以太网端口

右侧模块组成的环网是该端 PLC 与该侧 RI/O 箱 PLC 之间的链路，在模块后面有一个设置地址的拨码，调试的时候需要根据要求进行修改，我们将大端第一块 140 NOM 21200 地址设置为 1，第二块模块地址设置为 32，小端第一块地址设置为 2，第二块地址设置为 32，IBP 盘地址设置为 3（该地址在 EDG 中设置），每一个机柜内主备设置完全一致。

(二)BAS 模块箱(图 2-126)

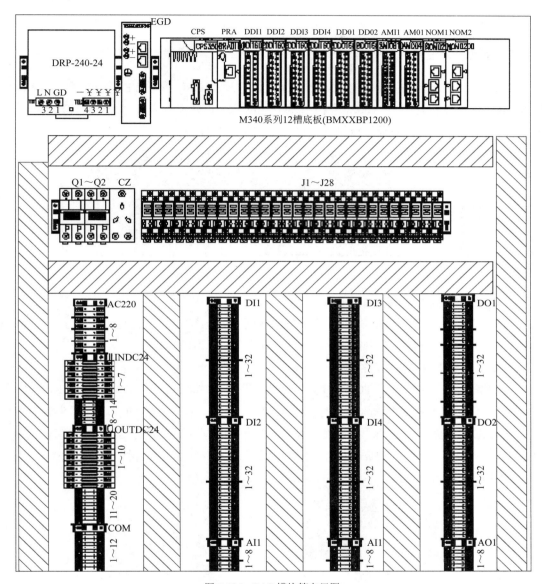

图 2-126　BAS 模块箱布局图

在车站及车站所辖区间的环控机房、照明配电室、车站各类水泵房或水泵附近、区间水泵房、区间风机房等地方设置 BAS 远程 I/O 模块箱,用于监控现场设备,主从控制器通过冗余 Modbus Plus 现场总线连接远程 I/O 模块箱。现场级 I/O 采用 M340 系列 I/O 实现现场设备信号的采集和传输功能,M340 配置有各种类型的 DI/DO/AI/AO 模块,可接入各种硬线信号,还可以通过 M340 提供的串口通信模块的 RS485 通信接口,接入外部设备的通信信号。

每个模块箱内部设置了两块电源,分别为系统设备工作电源和联动控制电源,工作电源主要为模块箱内的模件、网关供电,联动电源主要为模件外部通道、继电器、现场传感器、防火阀等供电。

(三)就地级设备

BAS 就地级设备主要包括模块箱内电源模块,CPU 模块 PRA0100,数字量输入 DDI1602,数字量输出 DDO1602,模拟量输入 AMI0810,模拟量输出 AMO0410,RS485 通讯模块 NOM0200、光纤中继器以及各类传感器(图 2-127)。

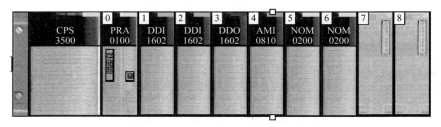

图 2-127　模块箱内 PLC 机架图

1. 电源(交流 230V 转直流 24V)

该设备是给 RI/O 箱提供 24V 直流电源模块,位于机架最左端,有的模块箱为 BMXCPS3500,根据机架的不同选择不同容量的电源(图 2-128)。

2. 以太网转 MB+ 总线转换设备

EDG 是实现 MB+ 协议 TCP/IP 协议转换的设备,它有 2 个以太网端口,2 路 MB+ 插头,正常工作的时候插头旁所对应的指示灯不亮,当有一环出现问题的时候,插头旁对应的指示灯为红色常亮或者闪烁,表明该路 MB+ 通信有问题。此时应通过万用表检查线路电阻,正常时候电阻为 60～85Ω,出现断路的时候阻值应该大于 120Ω,检查整个 MB+ 线路来查找断路的位置(图 2-129)。

图 2-128　电源模块 BMXCPS3500

图 2-129　EGD 模块前面板

EDG 底部有 MB+ 地址，在调试的时候需要调节，打开下面盖板，如图 2-130 所示。

需要修改图中 2 所对应的地址，MB+ SW1（TENS）（代表 10*X）和 MB+ SW2（ONES）（代表 1*X），可以根据 IO 点表来确认每一个 EDG 的 MB+ 地址，同时，需要对 EDG 配置以太网地址，该地址为 192.168.1.10X，其中 X 指的是对应模块箱 PRA0100 的地址。

3. PLC 机架电源模块（图 2-131）

BMX CPS 2000/BMX CPS 3500 设备是给 RI/O 箱提供 24V 直流电源模块，位于机架最左端，有的模块箱为 BMXCPS3500，根据机架的不同选择不同容量的电源。

4. CPU 模块（图 2-132）

BMX PRA0100/BMXP342020 模块是远程 I/O 模块箱的核心模块包含施耐德专用的程序存储卡，通过 RJ45 网口和 EGD 连接，当模块箱断电后再上电，模块箱内设备状态会恢复至断电前的状态。主要是该 CPU 存储卡记忆功能，如果在运行的时候将存储卡取出，再次断电上电的时候该模块以前的程序和数据将会丢失。

车控室内 CPU 模块型号为 BMXP342020 型号，与该模块连接的 EDG 另一网口和车控室内的触摸屏进行通信。该 PLC 与 FAS（消防）系统进行通信，接收 FAS 发送的火灾模式号。与区间疏散指示通信，区间火灾模式并显示该设备的运行状态。

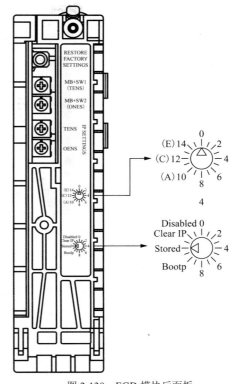

图 2-130　EGD 模块后面板

图 2-131　电源模块 BMX CPS 2000

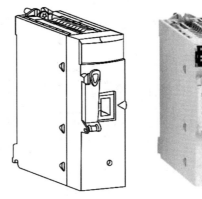

图 2-132　CPU 模块

5. 数字量输入模块（图 2-133、图 2-134）

BMX DDI 1602 模块是 16 路数字量输入模块，正常工作时 RUN 灯常亮，如果第一路有信号输入,则在最上面显示面板中第 0 路灯被点亮,通过状态指示灯就可以判断出哪一路状态有输入,如果是所有的灯都不亮,则需要检查给它供电 24V 电源接线。

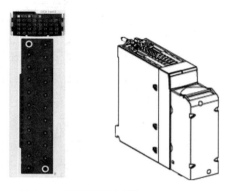

图 2-133　数字量输入模块 BMX DDI 1602

6. 数字量输出模块(图 2-135)

BMX DDO 1602 模块是 16 路数字量输出模块,正常工作时 RUN 灯常亮,如果第一路有信号输出,则在最上面显示面板中第 0 路灯被点亮,查看方法同上。

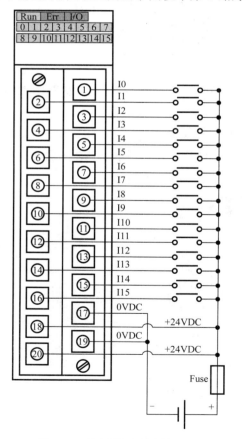

图 2-134　数字量输入模块接线图

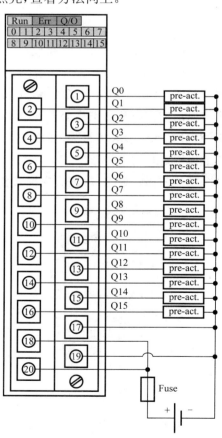

图 2-135　数字量输出模块 BMX DDO 1602

7. 模拟量输入模块

BMX AMI 0810 模块有 8 路模拟量输入,主要采集温湿度传感器、CO_2 传感器、水泵水位值、风机监测报警、水阀开度等模拟量数据。正常状态下为绿色常亮。

8. 模拟量输出模块

BMX AMO 0410 模块有 4 路模拟量输出通道,主要控制车站内的动态平衡调节阀的开度。

9. RS485 通讯模块(图 2-136)

每一个 BMX NOM 0200 都有 2 个 RS485 通信接口,根据通信设备提供的地址及通信协议进行配置通信的地址,传输波特率、校验码等参数。

图 2-136　RS485 通信模块 BMX NOM 0200

10. 光纤中继器

在 MB+ 总线数据传输过程中,当始端和末端距离超过 500m 时,由于信号衰减影响数据传输,需要采用光线中继器加强信号。光纤中继器是实现电信号转化为光信号,再将光信号转化电信号的设备,通过转化,起到增强信号的作用,可实现远距离数据传输。

11. TAP 接头

TAP 头是连接 MB+ 数据链路的中间设备,如图 2-137 所示,定义的信号是从左边进入,右边输出,在一条环线的始端我们将 TAP 头中的 120Ω 电阻接入,在末端将 120Ω 电阻接入,其余 TAP 通信线路都是左进右出,这样在环线上测量的电阻值为 2 个 120Ω 电阻的并联值,大概在 60～85Ω,如果阻值大于 120Ω,说明线路有问题。TAP 中间接线柱接至 EDG 或者光纤中继器上。

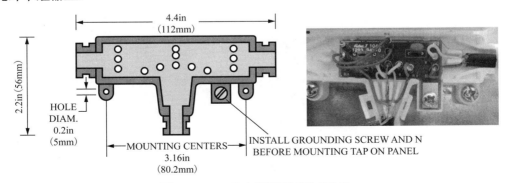

图 2-137　TAP 头内部视图及实物接线图

三、BAS 的 PLC 软件

(一) 概述

程序从总的来说分为控制和监视两大部分。

1. 控制

控制方式：

(1) 单独控制（基本遥控）。
(2) 模式控制，接受相关模式号，转入模式控制。
(3) 时间表控制，根据用户配置的时刻表启动控制指令。
(4) 焓值自动控制，通过 PLC 对环境信息的采集和工况判断，实现系统焓值自动控制。

模式控制优先级（由高到低）：

(1) 火灾模式。
(2) 阻塞模式。
(3) 正常模式。

控制方式分配见表 2-19。

控制方式分配　　　　　　表 2-19

项目	单点控制	模式控制	阻塞模式	时间表控制	时间表控制修改
中心 ISCS 操作站	√	√	√	√	√
车站 ISCS 操作站	√	√	√		
车站 BAS 维护操作站	√	√			
IBP 盘		√	√		
就地触摸屏	√				
就地操作	√				
FAS		√			

2. 监视

(1) 设备的状态、故障。
(2) 报警信息。
(3) 系统的运行状态。
(4) 系统诊断信息等。

(二) 程序组成

车站 BAS 程序主要组成部分如图 2-138 所示。

1. 车站 A 端 PLC 程序

主要实现与 ISCS 的通信、与 B 端 PLC 的通信、与 IBP 盘 PLC 通信、监控 A 端设备。
通信协议为：Mobuds Tcp/IP, Modbus Plus。

2. 车站 B 端 PLC 程序

主要实现与 A 端 PLC 通信，监控 B 端设备。通信协议为 Modbus Plus。

3. IBP 盘 PLC 程序

主要实现与 A 端 PLC 通信，采集 IBP 盘按钮信息和反馈模式信息；与 FAS 进行串口通信。通信协议为：Modbus Plus，FAS 标准 Modbus RTU 协议或自定义协议。

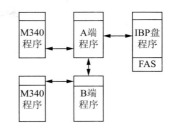

图 2-138　车站 BAS 程序主要组成

4. M340 程序

主要实现与各端主 PLC 的通信；实现与现场设备硬线监控和通信接口监控。通信协议：Modbus Plus、Modbus RTU、用户自定义协议等。

（三）程序主体结构

BAS 对设备控制，包括单体控制、模式控制、时间表控制等方式。时间表控制作为 BAS 控制设备在正常情况下运行的控制输出，它以设备、设备组或系统为单位，进行控制。在时间点开始，调出时间表将其转化成不同系统的模式号，根据模式号分析具体的设备动作，下发指令；**模式控制是系统下发模式控制指令，PLC 进行模式分析，解析出不同设备的执行动作，下发指令；单体控制是设备的最终执行单元，对单个设备进行控制。**

BAS 的 PLC 需开辟内存，保存相关信息如时间表、模式控制序列、系统及设备参数等。

PLC 将现场设备的状态信息和 BAS 的状态信息上传至监控系统。

BAS 监控功能的工作流程如图 2-139 所示。

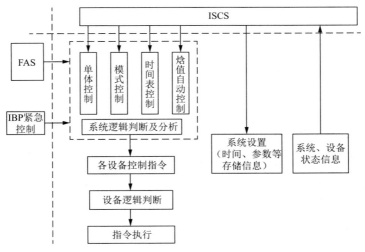

图 2-139　BAS 监控功能的工作流程图

典型的车站 BAS 的 PLC 程序主体分为：热备切换程序，对时程序，通信，权限移交，时间表提取，单体控制程序，工况判断程序，模式计算程序，PID 控制和模式判断程序等，如图 2-140 所示。

图 2-140 典型的车站 BAS 的 PLC 程序划分

(1) 热备切换程序

热备切换程序主要是对以太网模块 NOE 在发生故障时不会自动切换而编写的,通过程序主动检测 NOE 模块的状态,并决定主备 PLC 是否进行切换。

当 NOE 模块出现模块故障、链接故障和运行故障,ISCS 与 NOE 通讯故障和远程 IO 与 NOM 通讯故障,将进行切换逻辑判断并对主备 PLC 进行热备切换。

(2) 对时程序

为了保证 BAS 时间与综合监控同步,需每隔 24h 进行一次对时;综合监控在时间到达的时候对寄存器进行写值,PLC 读取寄存器的值,对该值进行检查,如果该值有效,则将该值转换为合适的时间格式写入系统中,当对时完成后,PLC 对寄存器进行清零。

(3) 通讯程序

主要包括 ISCS 与 A 端 PLC、A 端 PLC 与 B 端 PLC、A 端 PLC 与 IBP 盘 PLC 以及 PLC 与远程 IO 之间的通信,和远程 IO 机架上 NOM 与现场通信设备的通信。

(4) 权限判断

将 ISCS、BAS 维护工作站 A 及 IBP 盘实现权限的判断,谁拿到控制权限,谁就可以进行系统控制。IBP 盘具有最高权限,无论何时,IBP 为手动状态,则其他都不可控。

(5) 时间表程序

主要实现时间表的读取、分析、转换等,输出当前时刻各子系统应当执行的时间表模式号,也可实现时间表的回读。

(6) 焓值控制

根据室内外焓值和温度,确定空调运行工况,通过输出工况模式号来实时控制空调设备的运行,如控制空调新风机的运行、各种风阀的控制、冷水机组的控制等。

(7) 模式号的计算

模式号的逻辑判断,以计算出目前应该执行的模式。信号来源包含 IBP、ISCS、BAS 维修工作站、焓值控制和 FAS 等,程序应该判断优先级及目前系统工况和设备信息,从而决定当前应当执行哪个模式号。

(8) 模式状态判断

根据下发的模式号及各设备的执行状况,对模式的状态进行判断,以得出当前的模式执行状态是未执行、执行中、执行成功还是执行失败。

(9) 单体控制

最终的执行设备单元,其中包含了设备自身的逻辑关系和联锁关系等。主程序时序图如图 2-141 所示。

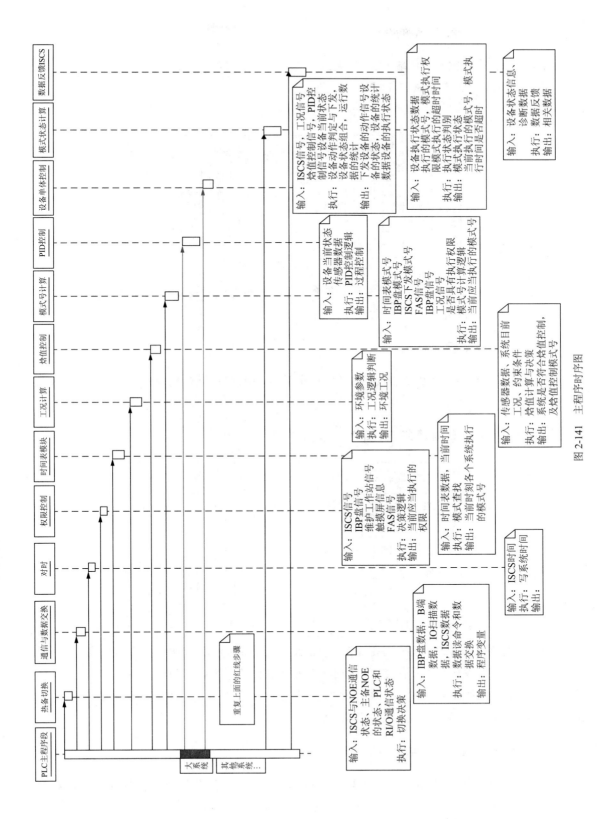

图 2-141 主程序时序图

(四)车站 A 端程序结构

A 端 PLC 为主 PLC，B 端 PLC 需通过 A 端 PLC 与 ISCS 通信。

其中 A 端的主要包含图 2-142 所示的程序。

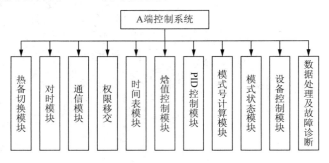

图 2-142　A 端 PLC 程序结构

由于 A 端 PLC 负责与综合监控进行通信，因此实现的功能较为复杂，主要包含权限、对时、时间表控制、模式控制、通信及数据信息采集等。

(五)车站 B 端程序结构

B 端 PLC 接受 A 端 PLC 的控制指令，主要对 B 端的设备进行控制；同时采集相关设备的状态信息。

(六)IBP 盘 PLC 程序结构（图 2-143、图 2-144）

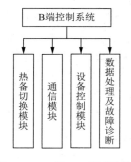

图 2-143　B 端 PLC 程序结构

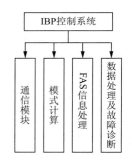

图 2-144　IBP 盘 PLC 程序结构

IBP 盘程序主要负责 IBP—IBP_PLC—BAS 之间的通信，采集 IBP 触摸屏信息，分析模式控制，将 IBP 盘模式号发送给 BAS，由 BAS 进行命令的下发。通过与主 PLC 交换设备状态信息，将设备的执行状况通过 IBP 的触摸屏界面指示灯上。执行中灯闪烁（2s 间隔），执行失败连续闪烁（1s 间隔），执行成功灯常亮。

(七)远程 M340 程序结构（图 2-145）

远程 M340 的主要作用是采集现场设备的状态信息、下发设备的控制指令以及采集自

身模块信息等,接口分为硬线和通信两种形式。它与主 PLC 的通信通过 EGD 网关,将自身内存块映射出去,供主 PLC 访问。M340 PRA1000 只需要将通过硬线 IO 采集的信号和 NOM 采集的信号以及模块错误状态信息组织到上传信息内存块中,并对控制内存块中的数据输出到 IO 控制口或通过 NOM 发给智能设备。

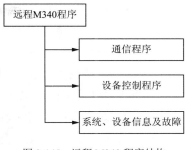

图 2-145　远程 M340 程序结构

(八)命名原则

以设备类或功能为单元建立功能块,一个功能块可以进行相互嵌套。

如:变频风机,水泵,焓值计算,数据重组等,使用时仅需实例化即可。

变量命名将以大写英文名字进行命名,如果英文比较长,则可以采用关键字所写,也可使用汉语拼音的,以便通过命名表示其含义;同时可以对关键变量进行注释。

如:时间表——TIME_TABLE。

变频器 1——BPQ1。

状态高位——STATE_H。

状态低位——STATE_L。

模式——MODE。

在程序段中,尽量以简明的注释对关键代码段的功能进行说明,可以使用英文或中文。

编写使用的语言原则上是梯形图、结构化文本和功能块图。

程序建立一个 MAST。MAST 下面包含多个程序段,程序段原则是以系统或则整块功能为单位建立,如图 2-146 所示。

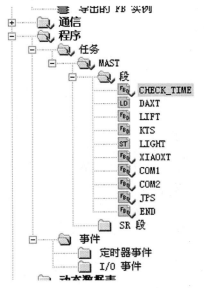

图 2-146　MAST 程序段结构树图

(九)功能模块设计

功能模块设计部分对系统程序的主体结构进行模块划分,明确各个功能模块的功能及实现,作为系统开发依据。

1. 热备切换

(1)功能描述

该功能主要是对 NOE 模块在发生故障时不会自动切换而设置的。它通过检测网络线路、NOE 模块和主备 PLC 的故障状态,进行热备切换,实现系统正常运行。

对网络线路的检测采用让 ISCS 定时向 PLC 指定内存地址赋值的方法假设赋值为 n,PLC 初始化时将该地址进行初始值赋假如赋值为 m,PLC 通过定时检测该指定地址的值。

如果发现该值不为 m，则将该地址的内存重新赋为 m；如果连续两次检测到该地址的值一直为 m，则认为网络线路故障。

对 NOE 模块的检测通过定时检测 PLC 背板统计数据来获得某个插槽的 NOE 模式是否正常，这个统计数据可以得到模块的错误状态、链路连接状态及运行状态。如果连续两个检测周期都检测到不正常状态，则任务 NOE 模块故障。

对主备 PLC 的状态检测通过定时向对方发送检测包，如果未收到数据则认为自身故障。

主备切换的依据是 PLC 会自动同步系统和内存数据，除非明确指定不需要进行同步。通过设置非传输数据区，让主备 PLC 各自检测需要检测的故障状态，并让备 PLC 将自身状态通过 %SW63 寄存器同步给主 PLC，主 PLC 对自身状态和备 PLC 的状态进行判断决策，并根据其他条件以决定是否需要进行切换，以完成切换功能。

(2) 内容设计（图 2-147）

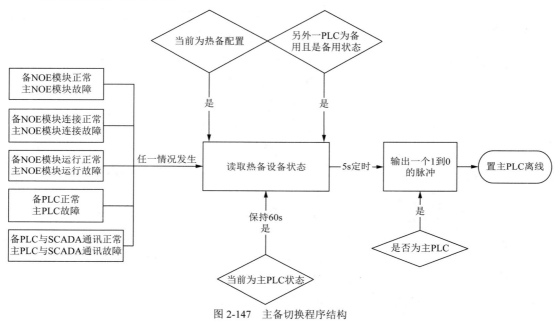

图 2-147　主备切换程序结构

当主 PLC 有 NOE 故障等错误的任一状态，同时备用 PLC 没有相同错误状态；开始读取热备设备状态：当前是否为热备配置；当前是否为主 PLC 运行状态，且另外一个为备用 PLC；若此状态保持一个脉冲时间 60s，以此来解决突发的检测异常造成切换，再次判断此刻是否为"主" PLC 在运行，则经过一个定时器延时 5s 接通，输出一个 1 到 0 的下降沿脉冲，强制使"主" PLC 离线，切换到"备" PLC 为在线状态。

如果与以上情况相反，则强制切换到"主" PLC 离线。

2. A 端 PLC 与 ISCS 的通信

(1) 功能描述

通过 A 端 PLC 冗余通道实现与 ISCS 的通信。协议为 Modbus TCP/IP。

ISCS 监视 BAS 相关的状态信息。

A 端 PLC 接受 ISCS 监控的相关控制信息：时间表控制、模式控制、单体控制等。

（2）内容设计

A 端专门开辟一块内存区与 ISCS 监控进行通信。

控制：A 端 PLC 接收 ISCS 控制指令写入寄存器中，并通过相关指令读入变量中，在条件满足的情况下，复位相关寄存器。

监视：A 端将相关监视信息，写入寄存器中，供 ISCS 读取。

其中，PLC 相关时序处理如图 2-148 所示。

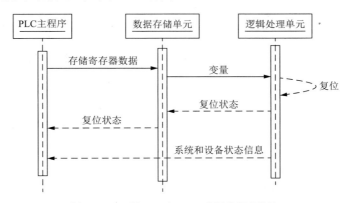

图 2-148　A 端 PLC 与 ISCS 的通信程序结构

3. 一体机与 A 端 PLC 通信

（1）功能描述

实现一体机与 A 端 PLC 通信，达到一体机对 BAS 的监控。一体机可以实现对 BAS 单体控制和模式控制，监视设备状态、报警和故障信息。

（2）内容设计

控制：A 端一体机获得控制权限后可以对系统进行单体和模式控制。

监视：A 将相关监视信息，写入寄存器中，供一体机读取。

其中，PLC 相关时序处理如图 2-149 所示。

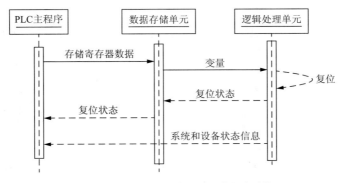

图 2-149　一体机与 A 端 PLC 通信程序结构

4. A 端和 B 端的通信

（1）功能描述

实现 A 端 PLC 和 B 端 PLC 的通讯功能。在 A 端 PLC 设置 ISCS 需要下发和需要采集的内存区块，数据的读取和写入都由 A 端 PLC 完成。

（2）内容设计

A 端接受 ISCS 的相关指令，并存储在 PLC 内存变量中，经过与 B 端相关的控制信息进行分析，并将数据封装，存储在合适的内存中，通过写寄存器指令将相关信息写到 B 端 PLC 内存中；B 端 PLC 将相关的控制信息进行解析并写入 PLC 控制变量中，在使用完毕后对相应寄存器清零。

B 端将本端的状态进行采集和封装，置于本端 PLC 寄存器中；A 端 PLC 通过读寄存器指令读取 B 端寄存器中的数据，置于 A 端 PLC 的寄存器中，供监控系统使用。

其中，A 端和 B 端通信时序如图 2-150 所示。

其中，B 中的指令读取和状态采集程序参考 A 端部分相似。

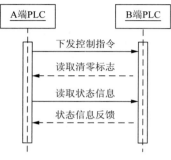

图 2-150 A 端和 B 端的通信程序结构

5. IBP 盘与 A 端 PLC 通信

（1）功能描述

通过 IBP 盘 PLC 与 A 端 PLC 的通信实现紧急控制和火灾模式控制。 对 IBP 盘与 A 端 PLC 的通信让 IBP 盘 PLC 采用读写指令的方式来完成数据的交换，而不是让 A 端 PLC 采用 IO 扫描的方式。

（2）内容设计

A 端专门开辟一块区域实现对 IBP 盘的通信。

当出现紧急情况时，IBP 盘环控系统钥匙按钮打到手动位置，获得对 BAS 的控制权限，实现盘面上的按钮控制。当按下按钮，IBP 盘采集相关信息，将相关模式号发送至主 PLC。当主 PLC 接收到 IBP 盘的模式号及控制信息，将其通过模式计算、模式查表及设备控制等过程对设备进行控制。将模式状态的执行结果反馈给 IBP 盘的 PLC，从而对响应的按钮执行控制并显示模式执行状况。

当 FAS 发送模式信号时，IBP 盘经过逻辑判断则将信息发送至主 PLC，经过模式计算、模式查表及设备控制等过程对设备进行控制。

6. 对时程序

（1）功能描述

为保证 BAS 与 ISCS 时间一致，BAS 会接收 ISCS 下发对时信息进行对时。

（2）内容设计

ISCS 每 24h 对 BAS 进行对时，对相应寄存器进行写值，包括年、月、日、时、分、秒。

PLC 读取时间寄存器中的值，当数据不为 0 时，PLC 对 3 个寄存器中的数值进行格式转换,并检测输入的时间格式是否正确,在格式无误的情况下将数值写入到系统寄存器中修改系统时间,完成对时工作后,对相应3个寄存器进行清零。

(3)流程图(图2-151)

7. 权限控制程序

(1)功能描述

界面权限主要有 ISCS 和 BAS 一体机之间的权限移交,因此 BAS 主要关心这两个权限移交指令。而 IBP 盘不存在权限移交,只要 IBP 盘处于有效状态则 BAS 和 ISCS 都没有操作权限。

至于 ISCS 的中心和车站之间的权限,由综合监控进行判断移交。BAS 一体机上显示的仅为处于 ISCS 控制还是 BAS 控制。

权限按照系统进行设置,即 BAS 各个子系统在同一时刻可以在不同的权限控制中,但是同一子系统在同一时刻必须在一个工作站的控制权限。

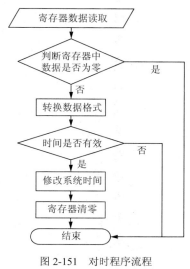

图2-151 对时程序流程

(2)内容设计

①权限来源。

ISCS 工作站主要监控车站所管辖机电设备,下发车站正常和模式等指令;A 端 BAS 监控工作站的功能可以对单个机电设备监控,也可以下发车站范围内的正常模式指令;IBP 盘上 BAS 应急操作终端主要用于后备紧急操作,仅在紧急情况时下发车站火灾、区间火灾模式指令以启动相关救灾设备。IBP 盘应急终端,仅对于通风空调系统而言,其他系统如照明、给排水、电扶梯等均不受此限制。

当 ISCS 与 BAS 通信中断时,BAS 内部权限默认在 A 端监控工作站。

②权限移交。

HMI 权限移交存在于 BAS 维护工作站和 ISCS 工作站上(ISCS 的 OCC 权限和车站的权限由综合监控进行实现,对于 BAS 来说,ISCS 作为一个权限)。

A 端监控工作站:可以向 ISCS 交权,其转移权限需要向发送交权请求,对方接受请求,权限即转移成功。

ISCS 工作站:可以下放权限给 A 端,其转移权限需要发送交权请求,对方接受请求,权限即转移成功。另外,ISCS 工作站可以直接从 A 端强制收回权限,无须 A 端维护工作站接受请求。

IBP 盘应急操作终端:仅对于通风空调系统而言,当权限在 IBP 盘上时,ISCS 和 BAS 维护工作站操作均无效。

对于单个系统而言,在每个权限所在处设置多个 DO 点,用于权限转移流程。权限转移请求在一定时间内(如30s)无回应,则自动清除请求命令,权限仍然留在原处。当有权限交接请求时,在当前权限所在处 HMI 上按下相应的交权按钮,发送请求给对方,对方的 HMI

上相应的接受按钮突出显示,一定时间内(如 30s)按下接受权限按钮,则权限转移成功。若强制收回,则无须对方接受权限转移请求,直接将权限强制收回到当前所在处,强制收回只适用于上级对下级,下级无法强制收回上级权限。

权限转移关系如图 2-152 所示。

8. 时间表程序

(1)功能描述

根据当前系统时间,检查 ISCS 下发的模式表,通过计算、转换得出当前时刻各个子系统应当执行的模式号。

(2)内容设计

时间表二进制文件的长度固定为 164 个字节,其中前 160 个字节存放了 40 条带执行时间的模式控制指令,每条指令占用 4 个字节,前两个字节表示小时和分钟,后两个字节表示模式号,模式号采用十进制的 4 位数进行表示,高两位表示子系统号,低两位表示该子系统的模式。指令和指令之间不允许有空隙,当实际指令小于 40 条时,多余的部分用填充指令(0xFF)来代替。最后四个字节存放版本号,ID 号和顺序号。

其设计如图 2-153 所示。

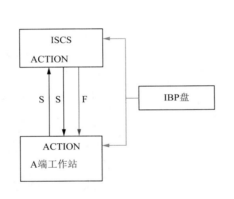

图 2-152　权限转移关系图　　　　图 2-153　内容设计

S- 权限移交;F- 强制收回权限;ACTION-工作站对工作站需要做出的反映

PLC 提供用于存储一张时间表的内存空间,ISCS 与 BAS 主 PLC 间在下发/读回过程仅使用这张完整的时间表;每个车站的 BAS 主 PLC 控制器将保持住 ISCS 下发的最新一张时间表,并执行最新的时间表。

时间表将时间划分成不同的时间段点,启动时间点与各系统的模式号相关联,启动时间到达则执行相应的模式,达到时间表控制系统的目的(图 2-154)。

正常工况下设备运行控制基本上采用时间表控制方式。时间表作为 BAS 在正常情况下对设备进行控制,它以系统为单位,确定设备在某段时间内的运行状态。

ISCS 对下发的时间表内容具有双向传输功能，ISCS 既可以将时间表传输给 PLC，也可以从 PLC 读取时间表，这两个过程分别通过设置标志位的方式来实现。在 PLC 端设置固定的内存区以存放时间表内容，当 ISCS 向 PLC 下发时间表后，只有当 ISCS 再次发送激活时间表标志时，PLC 才可以将时间表内容取走进行运算，这样可以防止只读入部分时间表的现象发生。如果 ISCS 需要读取 PLC 的时间表内容，则首先发送回读标志位，PLC 将变量中的时间表内容写入到固定的内存区中，并复位回读标志位，以通知 ISCS 可以对时间表内容进行读取。

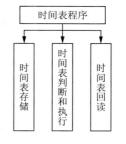

图 2-154　时间表程序结构

ISCS 与 BAS 之间的时间表时序图如图 2-155 所示。

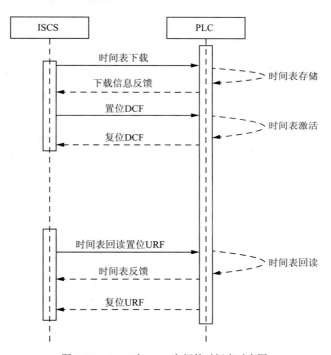

图 2-155　ISCS 与 BAS 之间的时间表时序图

（3）流程图

①时间表的存储（图 2-156）。

在 PLC 的内存中为时间表开辟两个区域，分别是临时区域（Pending Region）和激活区域（Active Region）。临时区域用于接受下发的时间表和存放待读回的时间表；激活区域用于 PLC 最终执行的时间表。

当 FEP 通过 Modbus 报文下载时间表完成后，将标志位 DCF 进行置位，PLC 根据 DCF 上升沿将时间表由临时区域拷贝到激活区域，之后复位 DCF 位。

②时间表的判断和执行（图 2-157）。

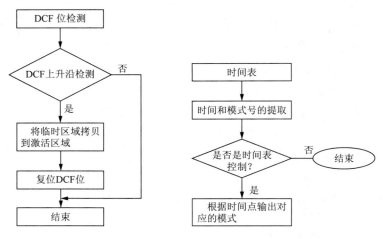

图 2-156 时间表的存储　　图 2-157 时间表的判断和执行

时间点和模式号的提取如图 2-158 所示。

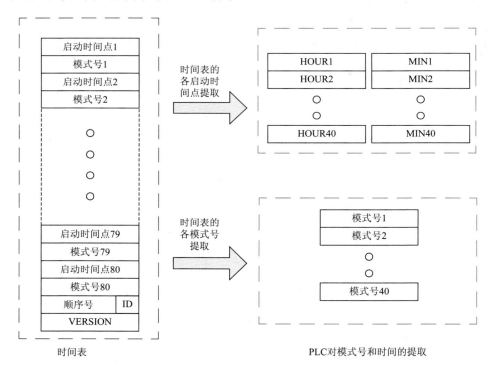

图 2-158 时间点和模式号的提取

根据时间点对输出相应的模式如图 2-159 所示。

③时间表回读（图 2-160）

当需要读回时间表时，ISCS 先将 URF 置位，PLC 根据 URF 的上升沿，将当前的激活时间表拷贝到临时区域以供 FEP 读回，拷贝完成后 PLC 将 URF 复位。

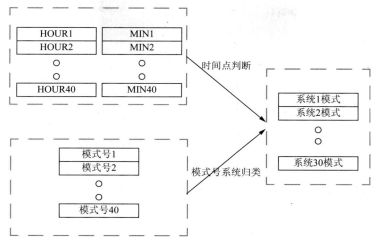

图 2-159 根据时间点对输出相应的模式

9. 焓值控制

（1）功能描述

焓值计算：通过温湿度等传感器采集信息进行焓值计算。

$$T=273.15+t \qquad (2-1)$$

$$\text{Ln}(Pq,b)=C_8/T+C_9+C_{10}T+C_{11}T^2+C_{12}T^3+C_{13}\text{Ln}(T) \qquad (2-2)$$

式中：$C_8=-5800.2206$；

$C_9=1.3914993$；

$C_{10}=-0.04860239$；

$C_{11}=0.41764768\times10^{-4}$；

$C_{12}=-0.14452093\times10^{-7}$；

$C_{13}=6.5459673$；

$\varphi=Pq/Pq,b$；

$d=622Pb/(B-Pq)$；

$i=1.01t+0.001d(2501+1.8t)$；

t——空气温度℃，即日常中使用温度表测得的温度，工程中使用的空气干球温度；

T——绝对温标，K；

Pq,b——该温度下的饱和水蒸气分压力，Pa；

Pq——该温度下空气水蒸气分压力，Pa；

B——当地环境实际的大气压，Pa，标准大气压 101325Pa；

φ——空气相对湿度；

d——空气的含湿量 g/kg 干空气；

i——空气焓值，kj/kg 干空气；

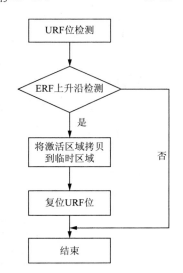

图 2-160 时间表回读

1.01——干空气的平均定压比热，kj/（kg·K）；

1.84——水蒸气的平均定压比热，kj/（kg·K）；

2500——0℃时水的汽化潜热，kj/kg。

由以上推导公式可知，当用传感器采得空气的温度（干球温度）t和空气相对湿度φ时，即可得出空气的焓值i。

工况计算：通过焓值计算比较得出工况。

工况切换判断：根据目前系统运行状况判断是否进行工况切换。

（2）内容设计

①车站公共区系统运行要求。

空调季节小新风工况：

当$I_r < I_w$，进入小新风空调运行工况。

采用小新风空调运行，用小新风加一次回风运行。

空调季节全新风工况：

当$I_r \geq I_w$且$T_w > T_o$，进入全新风空调运行工况。

采用全新风空调运行，大型表冷器处理室外新风后送至空调区域，回/排风则全部排至车站外。

过渡季节工况：

当$5℃ \leq T_w \leq T_o$，进入过渡季节运行工况。

当外界空气温度小于空调送风温度时，停止冷水机组运行，外界空气不经冷却处理直接送至空调区域，回/排风则全部排出车站。

冬季工况：

当$T_w < 5℃$，进入冬季运行工况。

当外界空气温度小于5℃时，停止车站送排风机的运行，进入冬季运行工况。

火灾事故运行工况：

车站公共区发生火灾时，立即停止车站空调水系统，转换到车站火灾通风运行模式。

当站台层发生火灾时，站台排烟系统和车站隧道通风系统进行排烟。

当站厅层发生火灾时，站厅排烟系统进行排烟，同时站台内送风。

②车站设备管理用房系统运行要求。

正常运行工况。设有暖通空调系统的设备管理用房，当采用全空气系统方式空调时，空调系统采用公共区系统的方式进行控制；对只设通风系统的设备、管理用房，全年按设定的通风模式进行。

火灾事故运行工况。当车站设备管理用房发生火灾时，对应区域的小系统立即转入到设定的火灾模式运行。即根据小系统的形式立即排除烟气或隔断火源和烟气。

为了防止工况在一天内频繁转换，要求对0.5～1h内焓值的平均值计算，定期进行模式的控制和工况的转换控制。

工况转换（表 2-20）：

I_w——车站室外空气焓值；

I_r——车站室内空气焓值；

T_o——车站空调送风温度；

T_w——室外空气温度。

工 况 转 换　　　　　　表 2-20

季节	工 况 转 换	判断条件	空调通风工况
空调季节	小新风工况→全新风工况	$I_w \leq I_r$	由最小新风量降温除湿工况转换至全新风降温除湿工况
	全新风工况→小新风工况	$I_w > I_r$	由全新风降温除湿工况转换至最小新风量降温除湿工况
	全新风工况→通风工况	$I_w \leq I_r$ $T_w \leq T_o$	由全新风降温除湿工况转换至通风工况
过渡季节	通风工况→全新风工况	$I_w \leq I_r$ $T_w > T_o$	由通风工况转换至全新风降温除湿工况
冬季	冬季工况→通风工况	按实际需要	采取间歇式通风工况

（3）流程图（图 2-161）

10. PID 控制

（1）功能描述

对工况下运行设备的设定值，采用 PID 算法进行控制。

（2）内容设计（图 2-162）

对变频设备及二通阀开度的控制采用 PID 控制，实现节能的目的。

具体参数设定，根据现场环境跟踪数据最终确定相关参数。

11. 模式计算

（1）功能描述

将不同方式得到的模式号进行逻辑判断输出符合条件的模式号。

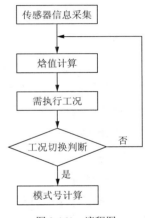

图 2-161 流程图

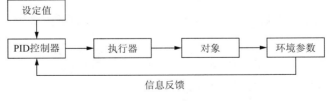

图 2-162 内容设计

（2）内容设计

模式来源：ISCS、一体机手动模式、IBP 盘、FAS。

以系统为单位进行计算，每个系统任一时刻只能在执行一种模式。

主要联锁条件有：

①IBP盘模式优先级最高,系统切换到IBP盘模式,屏蔽其他所有模式。

②火灾/阻塞模式优先级较高,当系统不再IBP盘控制下,系统在火灾/阻塞情况下自动执行火灾模式。

③手动下发模式/时间表优先级正常

当接收到火灾/阻塞复位信号,则将模式号清零。

（3）流程图（图2-163、图2-164）

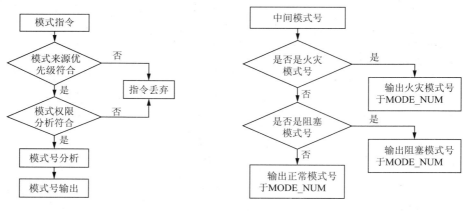

图2-163　模式计算流程图　　　　　　图2-164　流程图

①控制权限分析是对模式号来源的分析。模式来源主要是指IBP盘,FAS,一体机,触摸屏和ISCS。优先级为IBP＞FAS＞一体机＞ISCS。

IBP盘处于手动状态,则对其他所有操作屏蔽。此时如果有火灾信号,则仅进行记录。

当系统处于FAS控制权限,则一体机,ISCS操作。

当一体机处于权限控制状态,则屏蔽ISCS监控的操作。

②模式权限分析,主要是指手动模式/时间表/焓值自动控制等权限的控制。

③模式分析,主要是对模式号进行分析比较,从而输出最终的模式号。

12. 模式查表

（1）功能描述

模式查表主要是将各系统将要执行的模式号进行解析,解析出系统动作序列。

（2）内容设计

PLC开辟一段内存,用于存放设备的模式动作序列(即设备的模式工作表)（图2-165）。

动作序列设计：

一个设备的模式动作表有50个数组组成,每个元素为一个结构体（包含设备的各种动作状况）,将每个模式下的设备的各个动作情况写在PLC中。在程序执行时,只需将子系统的模式号转换成本系统的设备动作数组的索引即可,找出本设备在此模式下执行的动作指令。

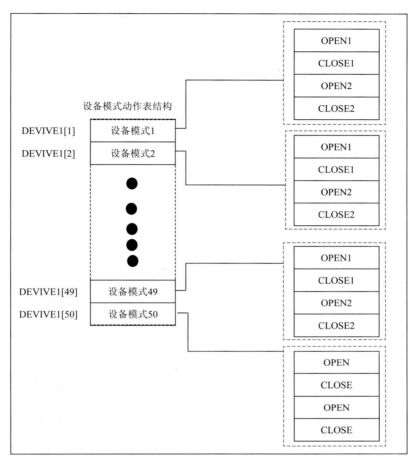

图 2-165　内容设计

（3）流程图（图 2-166）

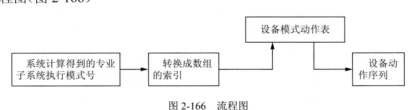

图 2-166　流程图

13. 模式状态判断

（1）功能描述

根据设备运行状态，系统应该执行的模式等条件判断模式执行的状态。

（2）内容设计（图 2-167）

主要反馈目前应该执行的模式，正在执行的模式号，和模式号的执行情况，并反馈给系统信息。

在模式号下发之后，系统开始计时（计时时间为 T），模式号当前执行的时间为 T_0。

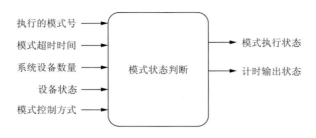

图 2-167 内容设计

统计所有设备的状态信息是否与该模式下应该的状态相符。

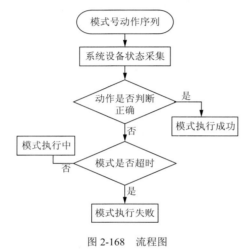

图 2-168 流程图

$0 < T_0 \leq T$ 时,设备信息相符,则模式执行成功。

$T_0 \geq T$ 时,设备信息不符,则模式执行失败。

(3)流程图(图 2-168)

其中,系统设备状态采集是对本专业系统中所有设备动作状正确与否的判断,如图 2-169 所示。

14. 设备控制

(1)功能描述

设备控制是指对具体设备的控制,是执行单元,实现设备的启动、停止及其他控制操作。

(2)内容设计

单点控制下发时,如果不是模式控制状态,则单控指令下发固定长度脉冲信号控制设备(脉冲长度为 1～2s,可设置)。

无论是时间表、模式、焓值控制,本质都是模式控制,通过模式解析,解析出设备的动作指令,然后下发脉冲信号。在模式执行时间结束后,进行设备状态判断,如果设备状态和模式解析指令一致,则设备模式状态正确;不一致则设备的模式状态不正确。

(3)流程图(图 2-170)

说明:

权限分析符合:此处是指单体控制的信息来源是否和权限相符。

模式超时时间:模式超时时间是否到达信号是由模式状态判断模块给出。

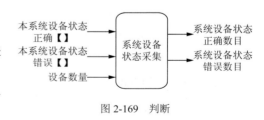

图 2-169 判断

15. 数据信息的采集和处理

(1)功能描述

BAS 中 PLC 会通过 RI/O 模块和通讯模块采集的信号进行处理,并上传至维修工作站和 ISCS。

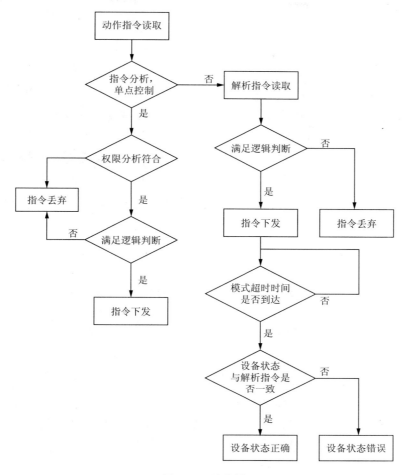

图 2-170 流程图

（2）内容设计

BAS 负责现场设备的数据采集与处理，通过 PLC 控制器采集设备的状态及报警信息，现场设备通过与远程 IO 箱的硬线接点或者通讯模块上传至 PLC，经 PLC 进行整理分析，上传至 ISCS 和维修工作站。

上传的数据种类主要包括：

①设备状态和报警指示；

②模拟量的测量值（压力、温度、流量、湿度等）；

③限界值；

④设定点值；

⑤模式运行信息；

⑥环控工艺回路动态信息；

⑦模板级的诊断信息。

16. 数据存储

（1）功能描述

PLC 存储相关时间表、模式和其他参数内容，供运行应用。

（2）内容设计

在 PLC 的数据内存中设置数据存储区，用于对系统的参数和设备的控制信息进行存储。

在 PLC 数据存储区内建立设备模式表存储区，用于模式表设备控制信息的存储。

对于时间表信息，在 PLC 数据存储区中建立数据区用于存储时间表信息，包括时间表的时段信息，实现设备时间表的自动控制功能，对于时间表信息可通过 ISCS 进行修改。

在 PLC 的数据存储区中对模拟量报警的限界值进行存储，用于报警限制，如果需要，可通过工作站设置和更改限界值。这些限界值包括极大值、最大值、最小值和极小值等带有死区调整报警限界点。

17. 故障诊断

（1）功能描述

BAS 具有完善的自诊断功能，并将相关信息上传维修工作站和 ISCS。

（2）内容设计

车站级 BAS 具有自诊断功能，可以监视主要模块和控制网络的运行情况，当出现故障时发出报警，并将故障的信息传达至 ISCS，同时还可以显示网络的负荷情况。

车站级 BAS 完善的自诊断和故障处理功能，主要包括：

（1）PLC 控制器的自检测与诊断

PLC 控制器的自检测和诊断设备包括各种模板/块如 CPU、以太网模块、现场总线模块、通信模块等。通过故障代码分析故障原因。上述故障信息均可以实时反馈给车站 ISCS 并在 ISCS 工作站上根据实际情况触发报警。

（2）与具有通信模块的各个现场设备间通信链路监控

BAS 可通过编程实现对通过通信接口接入 PLC 的各现场设备间通信链路的判断，根据对通信链路的判断结果，实现对通信链路状态的监视，当链路发生故障时，将触发报警，并将报警信息反馈给 ISCS 监控工作站。

（3）网络状态的监控

BAS 可以通过多种措施监控系统的网络运行状态，包括局域网和控制网，具体措施是：

①通过对通信模板的状态监控，诊断网络状态；

②各 PLC 控制器设置随机数生成器，监控层实时监控其变化，规定时间内检测不到变化，说明网络故障，触发报警；

③操作工作站定时发送局域网检测包，检测各个通信路径是否完好，并可以触发报警。

（4）流程图（图 2-171）

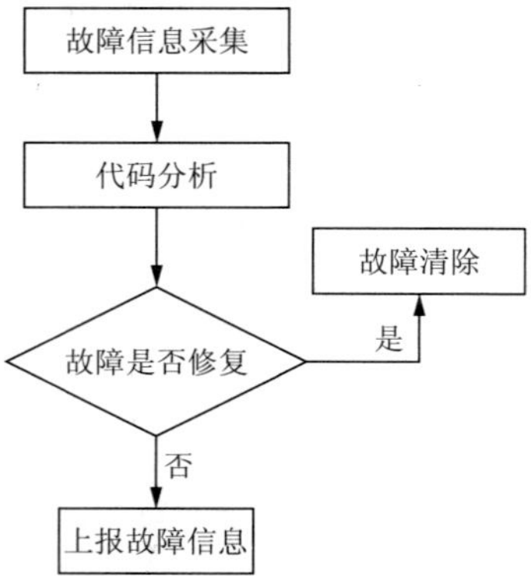

图 2-171 流程图

四、BAS 系统上位机软件

（一）运行环境

一体机系统：安装有 Microsoft office Word 2003 的 Window 7 SP1 32 位企业版系统。
一体机程序软件：安装有 VijeoCitect-7.20-Service-Pack-5-Rev-A.zip 的 Vijeo Citect 7.2。
其他软件：DBF Viewer 2000。

可通过"svn://172.16.1.8/ 环境与设备监控系统 /2_ 开发库 /19_×× 号线 BAS 工程 /02_技术管理 /4_ 工具软件 / 补丁及组件"下载需要的补丁级组件。

（二）首次部署步骤

以部署某线一体机 ×× 站程序为例。

1. 设置开机启动项

将 Vijeo Citect 设置为开机启动项：
单击"开始"→"所有程序"→"启动"，双击"启动"，将 Vijeo Citect 的快捷方式复制进去即可。

2. 设置主机时间格式

单击桌面右下角工具栏中的时间，打开更改日期和时间设置面板（以在 Win7 系统中进行修改为例），如图 2-172～图 2-174 所示。

图 2-172　设置主机时间格式

图 2-173　设置日期和时间

点击"更改日历设置"，打开"区域和语言"、"自定义格式"面板，按照图 2-175～图 2-177 进行修改。

图 2-174　更改日历设置

图 2-175　日期格式

图 2-176　短日期和长日期

图 2-177 日期格式

3. 恢复程序（图 2-178）

恢复包含工程 HH_ZZ2_BAS_Include 至 D:\ZZ2_BAS\HH_ZZ2_BAS_Include。
恢复广播台站工程 HH_ZZ2_BAS_GBT 至 D:\ZZ2_BAS\HH_ZZ2_BAS_GBT。
在"citect 管理器"中，右键单击"我的工程"→"恢复…"，弹出恢复工程选择框。

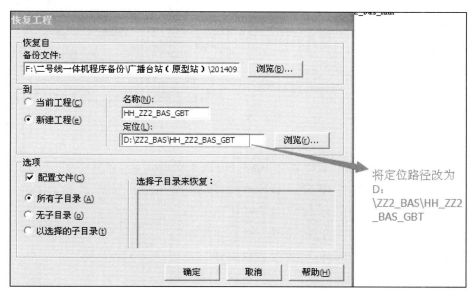

图 2-178 恢复工程

4. 部署日志文件

根据路径"svn://172.16.1.8/ 实验室 ISCS 工程项目 /3_ 工作库 /3_ 工程实施 /×× 号线 /×× 号线 BAS 项目工程 10_ 工程实施 /3_ 工程软件 /2_ 一体机程序 / 一体机模板工程",找到 LogList 文件夹,将该文件夹复制到本地 D 盘下的 ZZ2_BAS 文件夹下。

5. 配置文件设置

在"citect 管理器"中,选中工程 HH_ZZ2_BAS_GBT,单击"工具"→"配置文件",找到如下变量并作出修改:

[Client]StartupCode=StartUp

[Animator]FullScreen=1

[Page] DynamicSizing=0

[Page]MaintainAspectRatio=0

[Alarm]LastAlarmFmt={DATE,15}{TIME,15}{NAME,25}{AlmComment,60}

6. 报警 DBF 文件的设置

在 D:\ZZ2_BAS \HH_ZZ2_BAS_GBT 路径下,打开广播台站工程文件夹,找到 Alm_Log.dbf、AlmSum_Log.dbf,分别打开这两个 DBF 文档,点击菜单"编辑"下的"清空记录",将这两个文档中的内容全部清空。

7. 端口设置

在"citect 工程编辑器"中,"通信"→"端口"修改"特殊选项"中的 IP 地址,如图 2-179 所示(修改红色框内的内容)。

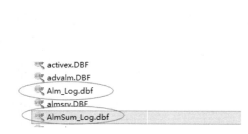

图 2-179　端口设置

8. 打包整理

在"citect 管理器"中,选中 HH_ZZ2_BAS_GBT,依次进行下列操作:

在"citect 图形编辑器"中,单击"工具"→"打包整理库";

在"citect 图形编辑器"中,单击"工具"→"更新页";

在"citect 工程编辑器"中,单击"文件"→"打包整理";

在"citect 工程编辑器"中,单击"文件"→"编译"。

9. 计算机设置

在"citect 管理器"中,单击"工具"→"计算机设置",在弹出的"citect 计算机设置向导"中

依次进行如下设置(括号中为应该设置的值):

(1)"定制设置"。

(2)"工程名称"(确认是否为新恢复的工程名称)。

(3)选择"服务器和控制客户端 多处理"。

(4)选择"独立机"。

(5)"报警扫描时间"(500)"报警保存周期"(600)"摘要长度"(1000)"摘要超时"(60)"主报警服务器保存路径"(修改规则与恢复工程中的"定位"一致,该站的路径为:D:\ZZ2_BAS\HH_ZZ2_BAS_GBT)。

(6)去除"启动时禁止触发趋势"。

(7)CPU 设置(按照默认,不做修改)。

(8)勾选上"激活本计算机上的事件",选择 client,勾选上右侧的 SetPCTime。

(9)"启动子程序设置"(按照默认,不做修改)。

(10)"集群连接设置"(按照默认,不做修改)。

(11)"密码"(citect)"确认密码"(citect)。

(12)"配置服务器用户"(按照默认,不做修改)。

(13)"citect 控制菜单"(勾选上第一、第三项)。

(14)"Windows 键盘快捷键命令"(勾选上)。

(15)"启动时显示取消按钮"。

(16)"数据目录"(D:\ZZ2_BAS\Data)"启动页面"(Login)"页面扫描时间"(250)。

(17)"完成"。

五、BAS 数据流(图 2-180)

H1:校时命令、子系统的单控/模式/时间表命令、权限移交等。

H2:BAS 所有模式/时间表反馈状态、网络运行状态、设备运行状态、PLC 系统状态、权限信息反馈等。

H3:A 端维护工作站下发单控/模式、权限移交等。

H4:设备的运行状态、所有子系统的模式反馈状态、PLC 系统状态、权限信息反馈等。

P1:B 端设备运行状态、模式运行状态及权限。

P2:B 端单控/模式命令、校时命令。

P3:IBP 盘模式命令、FAS 模式命令。

P4:反馈给 IBP 的模式状态、BAS 反馈给 FAS 信息。

P5/P7/P9/P11:设备控制命令。

P6/P8/P10/P12:设备运行状态。

IO1/IO3/IO5/IO7:设备运行状态。

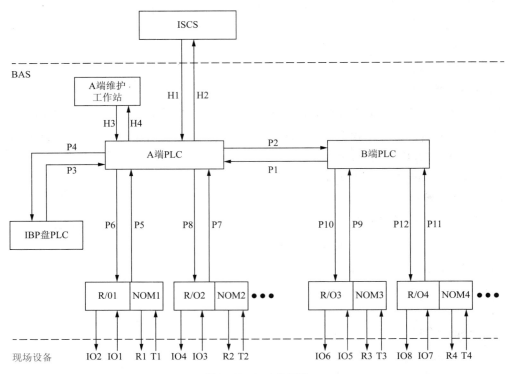

图 2-180 BAS 数据流

IO2/IO4/IO6/IO8：设备控制命令。

T1/T2/T3/T4：通信设备的设备运行状态。

R1/R2/R3/R4：通信设备的控制命令。

六、BAS 设备与其他专业接口

BAS 与综合监控系统、智能低压系统、照明系统、与通风空调、与自动扶梯、电梯、与给排水、与 FAS 及导向系统均存在接口关系。**根据各专业设备之间接口的连接方式不同，将接口分为硬线接口和通信接口两种。前者主要指通过 PLC 的 I/O 输入输出模块进行连接的接口方式；后者主要指不同专业的相关设备通过通信线，按照一定的通信规约与 PLC 的通信模块进行连接的接口方式。**对于通信规约尚未确定的相关专业设备，可以有以下解决方案：针对不同的通信规约，选择不同功能的通信接口模块，主要的协议包括：Modbus、Modbus/TCP、Profibus、Interbus、Ethernet/IP 等。

BAS 与综合监控系统、FAS、智能低压系统、EPS、车站风机变频器、冷水机组、冷却塔风机变频器、电梯／扶梯等各种现场设备采用通信接口。BAS 与其他设备采用硬线连接的方式。从而实现对环境参数采集、对被控设备的监视、操作及管理。

（一）与综合监控系统的接口

1. 界面划分（图 2-181 ～ 图 2-184）

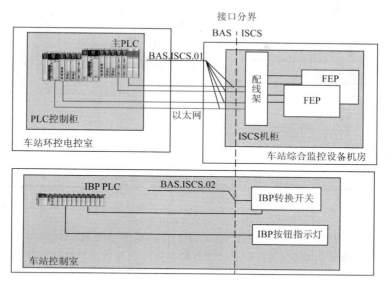

图 2-181　车站 BAS 与 ISCS 接口界面示意图

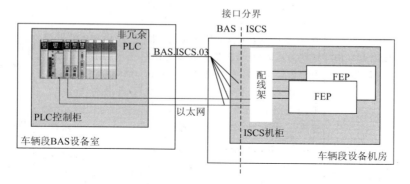

图 2-182　车辆段 BAS 与 ISCS 接口界面示意图

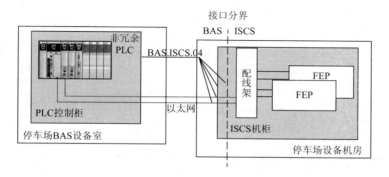

图 2-183　停车场 BAS 与 ISCS 接口界面示意图

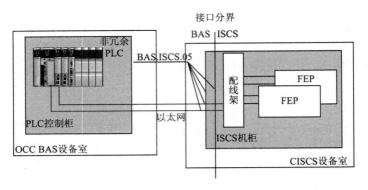

图 2-184 BAS 与控制中心 ISCS 接口界面示意图

2. 物理接口(表 2-21)

BAS 与 ISCS 物理接口表   表 2-21

编号	接口位置	BAS	ISCS	接口类型	数量
BAS.ISCS.01	车站综合监控设备室配线架外线侧	提供从 BAS 机柜到 ISCS 机柜 RJ45 网口带标识的五类屏蔽网络电缆（或光缆）并负责该电缆的敷设、成端及连通等。注：BAS 机柜采用底部进出线方式	提供 ISCS 侧的 RJ45 形式 10/100M 以太网电口	10/100M 以太网，RJ45	4
BAS.ISCS.02	车站控制室 IBP 盘接线端子外侧	硬线电缆（带编号，截面 1mm^2）连接至车站控制室 ISCS 的 IBP 端子排外侧；负责提供 IBP 盘维护终端及维护终端的电源；负责提供并安装在 IBP 内的 PLC 及其配件，并提供驱动电源；负责调试。提供 BAS 的盘面布置要求、维护终端的尺寸及安装方式、电气参数、二次接线原理图、文字描述	提供 IBP 端子排；统一设计 IBP，提供 BAS 维护终端的安装位置；配合调试	硬线	按需
BAS.ISCS.03	车辆段综合监控系统设备室配线架外线侧	提供从 BAS 机柜到 ISCS 机柜 RJ45 网口带标识的五类屏蔽网络电缆（或光缆）并负责该电缆的敷设、成端及连通等；无偿配合接口调试	提供 ISCS 侧的 RJ45 形式 10/100M 以太网电口	10/100M 以太网，RJ45	2
BAS.ISCS.04	停车场综合监控系统设备室配线架外线侧	提供从 BAS 机柜到 ISCS 机柜 RJ45 网口带标识的五类屏蔽网络电缆（或光缆）并负责该电缆的敷设、成端及连通等；无偿配合接口调试	提供 ISCS 侧的 RJ45 形式 10/100M 以太网电口	10/100M 以太网，RJ45	2
BAS.ISCS.05	控制中心综合监控系统设备室配线架外线侧	提供从 BAS 机柜到 ISCS 机柜 RJ45 网口带标识的五类屏蔽网络电缆（或光缆）并负责该电缆的敷设、成端及连通等；无偿配合接口调试	提供 ISCS 侧的 RJ45 形式 10/100M 以太网电口	10/100M 以太网，RJ45	2

注：车辆段/停车场 BAS 与综合监控系统之间采用光纤加光电转换器（O/E）进行连接，其中，光电转换器由乙方提供。控制中心 BAS 不在本次招标范围内，相关接口内容仅供参考。

3. 软件协议

BAS 与综合监控系统间的接口软件协议包括但不局限于：

①物理接口；

②通信协议；

③数据的定义；

④数据的格式等。

BAS 与综合监控系统的软件通信协议采用标准的、通用的、开放的、解码的协议，具体内容（包括数据的定义，数据的格式等）在设计联络阶段确定。

4. 功能接口（表 2-22）

BAS 与 ISCS 功能接口表　　　　　　　　　　表 2-22

功能要求	BAS	ISCS
在 BAS 和 ISCS 之间建立通信通道	1. 按约定好的数据格式，包括： (1) 设备状态信息； (2) 设备故障类信息； (3) 设备操作位信息。 2. 接收并执行单体设备点动控制、模式控制命令，接收时间表、参数并更新参数设置。 3. 回应 ISCS 对 BAS 与 ISCS 之间的通道检测。 4. 接收 ISCS 提供的网络时间同步信息	1. 每隔一定时间，采集下列数据： (1) 设备状态信息； (2) 设备故障类信息； (3) 设备操作位信息。 2. 中央及车站、车辆段、停车场对监控设备进行单体设备点动控制、模式控制、时间表控制及参数下载。 3. 每隔一定时间，ISCS 对 BAS 与 ISCS 之间的通道进行检测。 4. 向 BAS 提供网络时间同步信息
实现车控室远程控制	在车站 IBP 上，消防联动部分的内部功能、配线等设计以及对特殊工艺的要求，由 BAS 进行设计，IBP 上的环控模式数最多不超过 100 个	1. 当车站 ISCS 监控工作站出现故障或紧急情况下，可以利用 IBP 进行隧道或车站发生火灾或阻塞时的模式运行控制； 2. 负责整个 IBP 的外面板的设计和供货

（二）与电梯、扶梯的接口

1. 界面划分（图 2-185、图 2-186）

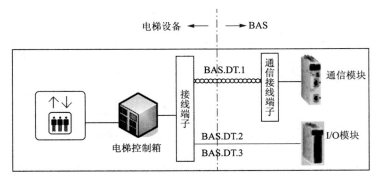

图 2-185　BAS 与车站电梯、扶梯的接口划分

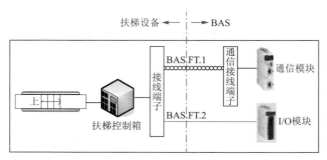

图 2-186　BAS 与车站电梯、扶梯的接口划分

2. 物理接口（表 2-23）

BAS 与车站电梯、扶梯的物理接口表　　　表 2-23

编号	位置	BAS	DT、FT	接口类型	备注
BAS-DT-01	在车站电梯控制箱的接线端子上	提供和敷设从电梯控制箱到 BAS 模块箱端子排的通信电缆，并负责电梯侧和 BAS 侧的安装接线；负责调试	提供电梯控制箱内相应的通信接口，并指导电梯侧的安装接线；配合 BAS 进行调试	通信接口（RS485）	电梯专业提供电梯控制箱内 BAS 相关硬线电缆的走线空间
BAS-DT-02 BAS-DT-03	在车站电梯控制箱的接线端子上	提供和敷设从电梯控制箱到 BAS 模块箱端子排的控制电缆，并负责电梯侧和 BAS 侧的安装接线；负责调试	提供电梯控制箱内相应的接线端子排，并指导电梯侧的安装接线；配合 BAS 进行调试	硬线接口	电梯专业提供电梯控制箱内 BAS 相关硬线电缆的走线空间
BAS-FT-01	在车站扶梯控制箱的接线端子上	提供和敷设从扶梯控制箱到 BAS 模块箱端子排的通信电缆，并负责扶梯侧和 BAS 侧的安装接线；负责调试	提供扶梯控制箱内相应的通信接口，并指导扶梯侧的安装接线；配合 BAS 进行调试	通信接口（RS485）	扶梯专业提供扶梯控制箱内 BAS 相关硬线电缆的走线空间
BAS-FT-02	在车站扶梯控制箱的接线端子上	提供和敷设从扶梯控制箱到 IBP 盘端子排的控制电缆，并负责扶梯侧和 BAS 侧的安装接线；负责调试	提供扶梯控制箱内相应的信接口，并指导扶梯侧的安装接线；配合 BAS 进行调试	硬线接口	扶梯专业提供扶梯控制箱内 BAS 相关硬线电缆的走线空间

3. 软件协议

采用 COM 口（标准 MODBUS-RTU 协议）。

4. 功能接口（表 2-24）

BAS 与车站电梯、扶梯的功能接口表　　　表 2-24

编号	功能要求	BAS	DT、FT	备注
BAS-DT-01 BAS-FT-01	在 BAS 与车站电梯、扶梯之间建立连接，实现 BAS 对电梯、扶梯运行状态的监视	接收电梯、扶梯传来的上行、下行、停止、检修、急停、故障、远程/就地等状态信息	向 BAS 反馈状态及故障等信号	
BAS-DT-02	电梯在收到火灾报警信号后执行相关的消防动作并将"消防动作完成信号"反馈给 BAS	接收电梯反馈的消防动作完成信号，并转发给 BAS	向 BAS 反馈消防动作完成信号	
BAS-DT-03	BAS 在火灾情况下向电梯发送火灾报警信号	向电梯发送火灾报警信号	接收 BAS 的火灾报警信号	

（三）与火灾自动报警系统（FAS）的接口

1. 界面划分

BAS 与车站 FAS 有如图 2-187 所示的接口。

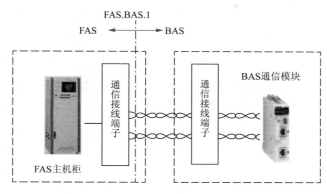

图 2-187　BAS 与车站 FAS 的接口划分

2. 物理接口（表 2-25）

BAS 与 FAS 的物理接口表　　　　表 2-25

编号	位置	BAS	FAS	接口类型	备注
FAS.BAS.1	在车站控制室 FACP 盘的通信接口上	配置一块用于与 FAS 接口的通信网关，通信网关通过通讯电缆（带编号）接到 FACP 盘的接线端子上。BAS 负责通信电缆的提供、敷设以及 FACP 盘接线端子排上的接线。负责调试	提供 FACP 盘内的接线端子，明确端子编号，并在 FACP 盘内预留相应的走线空间。配合 BAS 进行调试	通信接口	BAS 向 FAS 提相关通信电缆走线空间要求

3. 软件协议

以 FAS 软件协议为准。

4. 功能接口（表 2-26）

BAS 与 FAS 的功能接口表　　　　表 2-26

编号	功能要求	BAS	FAS	备注
FAS.BAS.1	在 BAS 与 FAS 之间建立通信通道，接收 FAS 发送来的火灾模式信息，BAS 按既定原则执行火灾运行模式，实现关联设备的运行，保证灾害情况下的通风设备的正常运行	1. 接收 FAS 发送来的火灾模式信息，按既定原则执行火灾运行模式，实现关联设备的运行，BAS 负责做逻辑判断。 2. 向 FAS 反馈模式执行状态信息。 3. 进行故障报警及处理。 4. 进行接口的通信检测	1. 进行火灾的探测、确认及报警，并向 BAS 发送相应火灾模式指令，联动 BAS 按既定原则执行火灾运行模式。 2. 接收 BAS 反馈的模式执行状态信息	

车站控制室 BAS 的 IBP PLC 控制器通过通信网关接受 FAS 信息，FAS 向 BAS 传送火灾报警信息，BAS 根据火灾信息进行分析和逻辑判断，启动对应的控制器内的灾害运行模式，实现关联设备的运行，保证灾害情况下的通风设备的正常运行（图 2-188）。

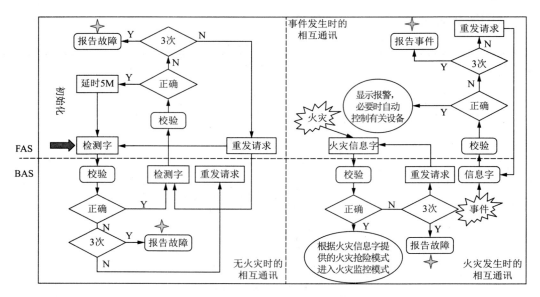

图 2-188　FAS、BAS 接口信息参考流程图

(四) BAS 与 EPS 的接口

1. 界面划分

BAS 与车站 EPS 在车站有如图 2-189 所示的接口。

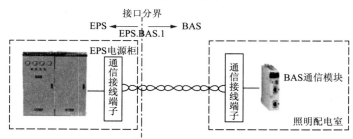

图 2-189　BAS 与车站 EPS 的接口划分

2. 物理接口（表 2-27）

BAS 与 EPS 的物理接口表　　　表 2-27

编号	位置	BAS	EPS	接口类型	备注
EPS.BAS.1	在车站照明配电室 EPS 通信接口上	BAS 负责 EPS 通信网关至 BAS 控制器的通信电缆的提供、敷设和 BAS 控制柜端针头的制作以及 EPS 端子排上的接线。负责调试	提供 EPS 柜内的端子及终端电阻，明确端子编号，并在 EPS 柜内预留相应的走线空间；负责 EPS 通讯拨码开关的设置。配合 BAS 进行调试	通信接口	BAS 向 EPS 提相关通信电缆走线空间要求

3. 软件协议

采用 COM 口（标准 MODBUS-RTU 协议）。

4. 功能接口（图 2-28）

BAS 与 EPS 的功能接口表　　　　表 2-28

编号	功能要求	BAS	EPS	备注
EPS.BAS.1	在 BAS 与 EPS 之间建立通信通道，实现对 EPS 的自动监视	1. EPS 状态、报警； 2. 对时	1. 上传 EPS 状态、报警； 2. 接收 BAS 发来的对时信号	

（五）与冷水机组（冷冻泵、冷却泵、冷却塔）的接口

1. 界面划分

BAS 与冷水机组（冷冻泵、冷却泵、冷却塔）有如图 2-190、图 2-191 所示的接口。

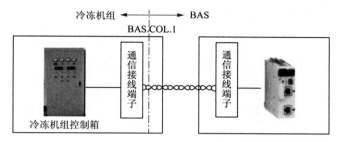

图 2-190　界面划分

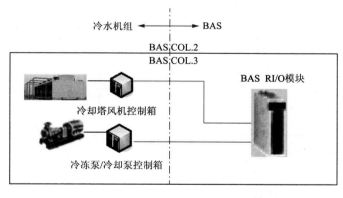

图 2-191　BAS 与冷水机组（冷冻泵、冷却泵、冷却塔）的接口划分

2. 物理接口（表 2-29）

BAS 与冷水机组（冷冻泵、冷却泵、冷却塔）的物理接口表　　　　表 2-29

编号	位置	BAS	冷水机组	接口类型	备注
BAS.COL.1	车站冷水机房冷水机组控制柜的通信接口上	配置一块用于与冷水机组接口的通信模块，并负责通信协议的转换；负责冷水机组通信网关至 BAS 控制器的通信电缆的提供、敷设、BAS 控制柜端针头的制作以及冷水机组通信接口接线端子排上的接线。负责调试	提供冷水机组控制箱内的通信接口接线端子及终端电阻，明确端子编号，并在冷水机组控制箱内预留相应的走线空间。负责冷水机通信拨码开关的设置。配合 BAS 进行调试	通信接口	非冗余接口

续上表

编号	位置	BAS	冷水机组	接口类型	备注
BAS.COL.2	车站冷水机房水泵、冷却塔控制柜的接口端子排上	配置冷冻泵、冷却泵、冷却塔接口的输出模块，负责冷冻泵、冷却泵、冷却塔至BAS控制器的控制电缆的提供、敷设以及冷冻泵、冷却泵、冷却塔接线端子排上的接线。负责调试	提供冷冻泵、冷却泵、冷却塔控制箱内的接线端子，明确端子编号，并在冷冻泵、冷却泵、冷却塔控制箱内预留相应的走线空间；配合BAS进行调试	硬线接口	
BAS.COL.3	车站冷水机房水泵、冷却塔控制柜的接口端子排上	配置冷冻泵、冷却泵、冷却塔接口的输出模块，负责冷冻泵、冷却泵、冷却塔至BAS控制器的控制电缆的提供、敷设以及冷冻泵、冷却泵、冷却塔接线端子排上的接线。负责调试	提供冷冻泵、冷却泵、冷却塔控制箱内的接线端子，明确端子编号，并在冷冻泵、冷却泵、冷却塔控制箱内预留相应的走线空间；配合BAS进行调试	硬线接口	

3. 软件协议

冷水机组采用COM口（标准MODBUS-RTU协议）。

4. 功能接口（表2-30）

BAS与冷水机组（冷冻泵、冷却泵、冷却塔）的功能接口表　　表2-30

编号	功能要求	BAS	冷水机组	备注
BAS.COL.1	BAS实现对冷水机组运行状态的自动监控	接收冷水机组传来的冷冻水水流开关状态、冷却水水流开关状态、远程/就地、启停、机组综合故障、冷冻出回水温度、冷却出回水温度、机组能量等状态信息	向BAS传送冷机运行状态信息，接收BAS控制指令（细化）	
BAS.COL.2	BAS实现对冷冻泵、冷却泵、冷却塔的启停控制	BAS发出指令控制冷冻泵、冷却泵、冷却塔启动、停止	在满足自身联锁及其他安全条件时，执行BAS指令	
BAS.COL.3	BAS实现对冷冻泵、冷却泵、冷却塔运行状态的自动监视	BAS接收冷冻泵、冷却泵、冷却塔的运行状态信息	向BAS传送冷冻泵、冷却泵、冷却塔的运行状态信息，接收BAS控制指令	

（六）与智能低压系统的接口

1. 界面划分

智能低压系统管辖范围为：环控电控室所有通风系统设备（包括大系统组合空调机组、回排风机）、环控室进线柜多功能仪表、智能马达保护器等。

BAS与车站智能低压系统有如图2-192所示的接口。

2. 物理接口（表2-31）

BAS与智能低压系统的物理接口表　　表2-31

编号	位置	BAS	智能低压系统	接口类型	备注
智能低压.BAS.1	在车站A、B端环控电控室内，低压柜内的智能通信管理器通信接口上	提供并敷设、安装从BAS的PLC到智能低压通信管理器的通信电缆、终端电阻等；负责调试	提供智能低压通信管理器以及电缆走线空间及导轨；负责通信协议的转换；配合BAS进行调试	RS485，冗余通信接口	

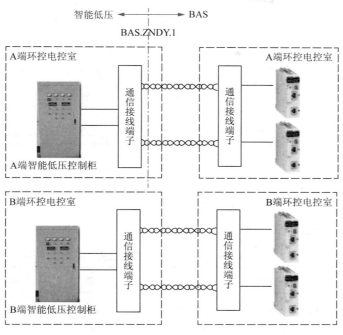

图 2-192 BAS 与车站智能低压系统的接口划分

3. 软件协议

采用 RS485 通信口(标准 MODBUS-RTU 协议)。

4. 功能接口(表 2-32)

BAS 与智能低压系统的功能接口表　　表 2-32

编号	功能要求	BAS	智能低压系统	备注
智能低压.BAS.1	1. 在 BAS 与智能低压之间建立通信通道,实现对由智能低压进行管理的相关机电设备的自动监视及控制; 2. 实现对由低压开关柜进行配电的相关机电设备的监视及控制	负责整个车站机电设备间的联动控制、模式控制、时间表控制等功能。具体包括: 1. 设备状态、报警; 2. 现场设备控制位置及控制优先级信号采集; 3. 现场设备控制命令下达; 4. 通信链路诊断及故障处理; 5. 网络通道冗余切换	1. 完成风机与风阀的联锁; 2. 将设备状态及报警信息上传 BAS; 3. 接受 BAS 下达的控制指令,控制相关机电设备按监控要求运行或停止	

(七)与变频器的接口

车站变频器包括车站隧道通风机、送风机、排风机变频器。

1. 界面划分

BAS 与车站各类变频器有如图 2-193 所示的接口。

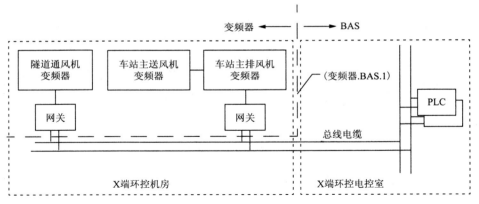

图 2-193 BAS 与车站变频器的接口划分

2. 物理接口（表 2-33）

BAS 与变频器的物理接口表 表 2-33

编号	位置	BAS	变频器	接口类型	备注
变频器.BAS.1	在车站环控机房变频器的通信接口上	BAS 负责变频器通信网关至 BAS 控制器的通信电缆的提供、敷设、BAS 控制柜针头的制作以及变频器接线端子排上的接线。负责调试	提供变频器控制柜内的接口接线端子及终端电阻，明确端子编号，并在变频器控制柜内预留相应的走线空间；负责变频器通讯拨码开关的设置。配合 BAS 进行调试	总线接口	BAS 向变频器专业提相关通信电缆走线空间要求

3. 软件协议

采用 COM 口（标准 MODBUS-RTU 协议）。

4. 功能接口（表 2-34）

BAS 与变频器的功能接口表 表 2-34

编号	功能要求	BAS	变频器	备注
变频器.BAS.1	在 BAS 与变频器之间建立通信通道，实现对组合式空调器变频器和回排风机变频器的自动监视和控制	1. 监视所有变频器故障状态、启停状态、正转/反转状态、就地/BAS 状态、超温报警、频率反馈、电压、电流信号； 2. 对组合式空调器变频器和回排风机变频器进行启停控制、正转/反转控制、频率控制； 3. 进行故障报警及处理	1. 组合式空调器变频器和回排风机变频器根据 BAS 的设定值，调节输出频率。并在状态反映字中反馈实际转速； 2. 向 BAS 上所所有变频器的运行状态和故障信息	

（八）与风机振动监测装置的接口

1. 界面划分

BAS 与风机振动监测装置有如图 2-194 所示的接口。

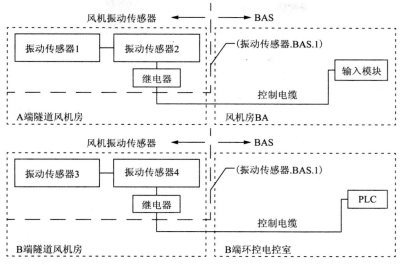

图 2-194 BAS 与车站振动传感器的接口划分

2. 物理接口（表 2-35）

BAS 与振动传感器的物理接口表　　　　表 2-35

编号	位置	BAS	振动传感器	接口类型	备注
振动传感器.BAS.1	在车站隧道风机房振动传感器的通信接口上	BAS 负责振动传感器通信网关至 BAS 控制器的通信电缆的提供、敷设、BAS 控制柜端针头的制作以及振动传感器接线端子排上的接线。负责调试	提供振动传感器控制箱内的接口接线端子及终端电阻，明确端子编号，并在振动传感器控制箱内预留相应的走线空间。配合 BAS 进行调试	通信接口	BAS 向振动传感器专业提供相关通信电缆走线空间要求

3. 软件协议

采用 COM 口（标准 MODBUS-RTU 协议）。

4. 功能接口（表 2-36）

BAS 与振动传感器的功能接口表　　　　表 2-36

编号	功能要求	BAS	振动传感器	备注
振动传感器.BAS.1	在 BAS 与振动传感器之间建立通信通道，实现对振动传感器震动信号的自动监视	接收振动传感器的震动信号，实现自动监视功能	向 BAS 上传振动传感器的振动信息	

（九）与给排水专业的接口

1. 界面划分

BAS 与给排水系统有如图 2-195 所示的接口。

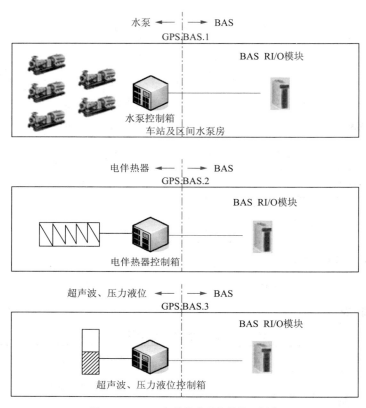

图 2-195 BAS 与给排水系统的接口划分

2. 物理接口（表 2-37）

BAS 与给排水系统的物理接口表　　　表 2-37

编号	位置	BAS	给排水	接口类型	备注
GPS.BAS.1	在车站及区间泵房水泵控制箱的接线端子上	提供和敷设从水泵控制箱到 BAS 远程控制柜端子排的硬线电缆，并负责给排水侧和 BAS 侧的安装接线；负责调试	提供水泵控制箱内相应的接线端子排，并指导给排水侧的安装接线；配合 BAS 进行调试	硬线接口	BAS 向给排水专业提水泵控制箱内相关硬线电缆的走线空间要求
GPS.BAS.2	在车站电伴热器控制箱的接线端子上	提供和敷设从电伴热器控制箱到 BAS 远程控制柜端子排的硬线电缆，并负责电伴热器侧和 BAS 侧的安装接线；负责调试	提供电伴热器控制箱内相应的接线端子排，并指导给电伴热器侧的安装接线；配合 BAS 进行调试	硬线接口	BAS 向给排水专业提电伴热器控制箱内相关硬线电缆的走线空间要求
GPS.BAS.3	在车站超声波、压力液位控制器的接线端子上	提供和敷设从超声波、压力液位控制器到 BAS 远程控制柜端子排的硬线电缆，并负责超声波、压力液位控制器侧和 BAS 侧的安装接线；负责调试	提供超声波、压力液位控制器相应的接线端子排，并指导超声波、压力液位控制器侧的安装接线；配合 BAS 进行调试	硬线接口	BAS 向给排水专业提超声波、压力液位控制器的相关硬线电缆的走线空间要求

3. 功能接口（表2-38）

BAS 与给排水系统的功能接口表　　　　　表2-38

编号	功能要求	BAS	给排水	备注
GPS.BAS.1	BAS 通过 RI/O 从给排水水泵控制箱中采集水泵的状态和水位报警信息。紧急情况下，实现对区间水泵的远程控制	1. 对于车站水泵，仅监视其的运行状态、手/自动状态、故障状态、水泵控制箱的故障状态、水位报警信息；2. 对于区间水泵，不仅监视其的运行状态、手/自动状态、故障状态、水泵控制箱的故障状态、水位报警信息，还要实现紧急情况下对其的远程控制	1. 提供监视水泵运行状态、手/自动状态、故障状态、水泵控制箱的故障状态、水位报警信息的干接点触点；2. 接收 BAS 对区间水泵的远程控制信号，控制区间水泵启停	所有监视及控制信号均为无源电平信号，其中，监视信号由给排水专业保持，控制信号由 BAS 提供无源保持信号
GPS.BAS.2	BAS 通过 RI/O 从电伴热器控制箱中采集电伴热器的启、停、运营状态（系统恒温控制温度、超高温报警、超低温报警、传感器故障报警、断电报警、声音和灯光报警）、故障状态信号（漏电报警、断缆报警、过流报警），并实现对电伴热系统的远程启、停控制功能	通过温控箱采集电信号接点，在车控室显示电伴热的启、停、故障状态信号	提供监视电伴热器的启、停、运营状态（系统恒温控制温度、超高温报警、超低温报警、传感器故障报警、断电报警、声音和灯光报警）、故障状态信号（漏电报警、断缆报警、过流报警）的干接点触点	所有监视及控制信号均为无源电平信号，其中，监视信号由电伴热保持，控制信号由 BAS 提供无源保持信号
GPS.BAS.3	BAS 通过 RI/O 从超声波、压力液位控制器中采集液位信息	监视超声波、压力液位控制器传来的液位信息	给 BAS 提供超声波、压力液位控制器的液位信息	所有监视信号均为电平信号，监视信号由超声波、压力液位控制器保持

（十）与照明专业的接口

与非公共区照明和导向的接口：

（1）界面划分

BAS 与非公共区照明及导向在车站有如图2-196所示的接口。

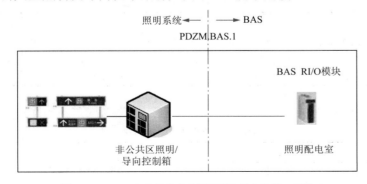

图2-196　BAS 与车站非公共区照明和导向的接口划分

（2）物理接口（表2-39）

BAS与非公共区照明和导向的物理接口表　　表2-39

编号	位置	BAS	非公共区照明和导向	接口类型	备注
PDZM.BAS.1	在车站照明配电室BAS远程控制柜的RI/O接线端子上	提供和敷设从非公共区照明和导向配电箱到BAS远程控制柜端子排的硬线电缆；负责调试	提供非公共区照明和导向侧接线端子排，指导非公共区照明和导向侧的安装接线；配合BAS进行调试	硬线接口	照明、导向配电箱内提供相关硬线电缆的走线空间

（3）功能接口（表2-40）

BAS与非公共区照明和导向的功能接口表　　表2-40

编号	功能要求	BAS	非公共区照明和导向	备注
PDZM.BAS.1	BAS监视照明回路开关状态	对照明回路和导向灯箱的开关状态、现场/BAS控制状态进行监视	提供监视照明回路和导向灯箱的状态信息	

与公共区照明的接口：

（1）界面划分

BAS与公共区照明在车站有如图2-197所示的接口。

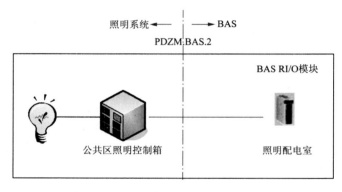

图2-197　BAS与车站公共区照明的接口划分

（2）物理接口（表2-41）

BAS与照明的物理接口表　　表2-41

编号	位置	BAS	照明	接口类型	备注
PDZM.BAS.2	在车站控制室照明控制箱的接线端子上	BAS负责连接电缆的提供、敷设和，负责调试	提供照明控制箱内的接线端子，明确端子编号，并在照明控制箱内预留相应的走线空间；配合BAS进行调试	硬线接口	

（3）功能接口（表2-42）

BAS与照明的功能接口表　　表2-42

编号	功能要求	BAS	照明	备注
PDZM.BAS.2	BAS监视照明状态和故障信息并控制照明开关的动作	对照明按照模式要求进行监控并进行控制	接收BAS的控制命令并反馈开关的状态信息	

（十一）与暖通空调专业的接口

1. 界面划分

BAS 与暖通空调系统有如图 2-198 所示的接口。

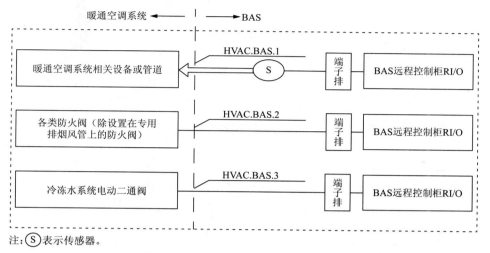

注：Ⓢ表示传感器。

图 2-198　BAS 与暖通空调系统的接口划分

2. 物理接口（表 2-43）

BAS 与暖通空调系统的物理接口表　　表 2-43

编号	位置	BAS	暖通空调系统	接口类型	备注
HVAC.BAS.1	在暖通空调系统相关设备及管道上	1. 负责暖通空调相关设备及管道上的各类传感器的供货、安装，以及照明配电室 RI/O 相应的接线端子排至各类传感器的控制电缆的提供、敷设和接线。 2. 负责调试	1. 负责各类传感器的设置及安装位置选择。 2. 提供足够的安装条件和空间。 3. 配合 BAS 进行调试	硬线接口	
HVAC.BAS.2	在各类防火阀（除设置在专用排烟风管上的防火阀）相关接线端子上	1. 负责暖通空调各类防火阀至 RI/O 相应接线端子排的控制电缆的提供、敷设和接线。 2. 负责调试。 3. 负责提供电动防火阀的电源和电缆的敷设和接线	1. 负责各类防火阀的供货和安装，指导各类防火阀侧的安装接线。 2. 配合 BAS 进行调试	硬线接口	
HVAC.BAS.3	在电动二通阀的接线端子排上	1. 负责电动二通阀至 RI/O 相应接线端子排的控制电缆的提供、敷设和接线。 2. 负责调试	负责电动二通阀的供货，提供相应的接线端子排，并指导电动二通阀侧的安装接线；配合 BAS 进行调试	硬线接口	

3. 功能接口（表 2-44）

BAS 与暖通空调系统的功能接口表　　　表 2-44

编号	功能要求	BAS	暖通空调系统	备注
HVAC.BAS.1	BAS 采集暖通空调系统相关设备及管道的运行状态及参数	采集暖通空调系统相关设备及管道的运行状态及参数	根据 BAS 指令对暖通空调风系统、水系统进行优化运行	
HVAC.BAS.2	BAS 监视各类防火阀（除设置在专用排烟风管上的防火阀）相关状态信息，并远程控制电动防火阀的开、关	根据暖通空调系统运行控制要求，通过各类防火阀接线端子输出的电信号完成车站、就地两级状态显示	给 BAS 提供暖通空调系统运行控制要求和各类防火阀监控要求，实现车站、就地两级状态监控	
HVAC.BAS.3	BAS 监视电动二通阀的相关状态信息。对空调冷冻水的流量进行自动调节	监视电动二通阀的相关状态信息。向电动二通调节阀发出自动调节暖通空调系统相关管道水流量大小的控制指令	给 BAS 提供电动二通阀的相关状态信息。电动二通调节阀按照 BAS 指令自动调节相关管道水流量大小	

第三节　门禁系统设备

一、门禁系统介绍

门禁系统又称出入管理控制系统（Access Control System，ACS），是实现出入口控制管理的自动化系统，通过识别持卡人身份，并根据系统参数设定开启门锁，自动实现数据采集、传输、统计并生成报表，系统支持人员权限管理、区域管理和时间控制等功能。

门禁系统采用中央与车站两级管理，中央、车站和现场三级控制的原则进行设置。在控制中心设置中央级管理服务器；在控制中心和各车站、车辆段及停车场设置授权、维护、管理等工作站；在各车站、车辆段及停车场设置门禁车站级主控制器；在各车站、主变电所、车辆段及停车场门禁点设置门禁现场级设备。**就地控制器通过冗余 RS485 双总线连接至门禁主控制器，主控制器和各管理工作站通过车站通信网络连接至中央服务器**。车站级门禁主控制器和就地门禁控制器负责车站及现场数据的采集、转换、本地存储及上传。中央级对各个站点进行监控和管理。

（一）门禁系统构成

1. 门禁系统概述

门禁系统（以下简称 ACS），与 ISCS 互联，ACS 用于对地铁内外的出入通道进行智能化控制管理，采用分布式控制和集中监控管理的运行方式，实现二级管理、三级控制模式。中央级门禁系统负责全线门禁点的监控管理，车站级主控制器和现场级就地控制器负责数据采集、转换、存储及上传。

在控制中心设置中央级门禁系统，主要负责 ACS 的日常设备运行管理、设备运行统计、故障报警统计、门禁卡的授权管理、设备控制参数及安全参数管理、系统数据管理等。在车站、主变电所、车辆段和停车场设置车站级门禁系统和现场级门禁系统，在车辆段综合楼内设置授权管理终端。车站级主要负责设备监视、故障报警、设备控制功能、车站及限制区域设置等。现场级主要负责紧急情况下的控制。

中央级和车站级门禁系统通过综合监控系统提供的骨干网络通信，车站级和现场级门禁系统通过冗余环形 RS485 总线通信。

2. 现场级门禁点设置部位

现场级门禁点设置遵循"在车站对与行车有关、重要的系统设备用房和管理用房及通道门处设置门禁系统"的原则，主要包括以下部位。

（1）车站

车站控制室、综合监控、信号系统、专用通信、商用通信和警用通信设备室、通信电源室、环控电控室、照明配电室、自动售检票票务室、冷冻机房、通风空调机房、污水泵房、废水泵房、消防泵房、变电所控制室、高压开关柜室、直流开关柜室、低压开关柜室、整流变压器室、再生制动室、设备区与公共区通道门、风道与设备房分隔门等。

自动售检票票务室设置双向门禁，进门时刷卡并输入密码，出门时刷卡通行；门套门的设备室仅在外侧设置门禁点，若某区域全部需要设置门禁，则仅在该区域通道门处设置门禁点。

（2）车辆段/停车场

综合楼弱电设备室、弱电电源室、照明配电室、水泵房、通风空调机房、变电所除大型设备运输门外通向室外的所有门。

（3）主变电所

除大型设备运输门外通向室外的所有门。

（二）门禁系统网络构成

各车站级门禁系统通过与 ISCS 互联，向综合监控系统提供门禁系统工作状态的数据信息，并通过 ISCS 提供的网络（支持 TCP/IP 协议）与中央服务器联网，建立基于 IP 网络的双向数据通道。中央服务器将分散的各车站级数据库整合在一起，对各车站级的数据库做备份，形成一个完全的总体数据库，从而构成一套分布式、网络化的门禁控制管理系统。这个数据库涵盖各站点的门禁管理数据与事件数据，并可完成数据查看、修改、报表制作，在中央级的授权和管理工作站可以查看和控制各站点的门禁系统。服务器可根据操作员全线设定对全线各站任何设备和人员数据进行管理和监控、数据查询、报表打印等操作。各站可经授权对本站单独进行管理。

车站级主控制器通过 RS485 双总线通道连接至就地控制器,当一条总线出现故障时自动切换到另一条总线通道,保证数据仍然可以正常通信。主控制器和就地控制器均有数据存储功能,当主控制器与服务器、就地控制器与主控制器之间的通信完全中断时,系统仍可正常运行,并可存储多达十万条以上的脱机记录,控制器具有数据保护功能,即中央级—TCP/IP—车站级—RS485—现场级(图 2-199)。

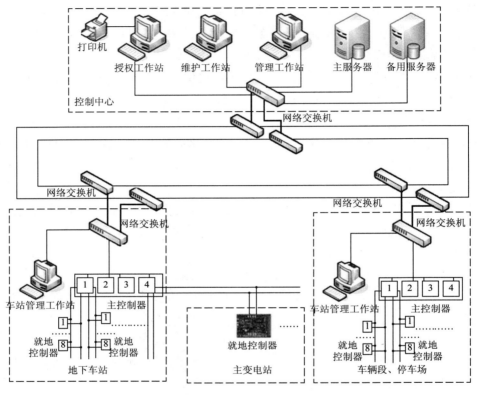

图 2-199 门禁系统网络构成图

二、门禁中央级设备

(一)中央级设备构成

中央级门禁系统设在控制中心,中央服务器通过综合监控系统骨干网与车站级门禁设备通信,将分散的车站级数据整合成一个完整的全线数据库,从而构成一套分布式、网络化门禁控制管理系统,中央管理工作站可对车站级门禁系统进行集中监控管理,对全线所有区域的门禁设备进行数据采集、存储、控制、报表统计及打印等,同时设置维护工作站,进行设备维护管理,实现权职分级、专机专用。

中央级门禁管理系统由两套门禁主服务器、一套中央授权管理工作站、一套中央管理工作站、一套维护工作站、一台打印机、一台交换机等设备构成。

门禁主服务器上安装门禁管理服务器端软件、两套主服务器冗余软件、SQL 数据库。全线所有门禁数据、操作员操作记录、数据库修改记录均可存储在中央服务器上，同时中央门禁服务器接收门禁操作工作站的控制指令并解析发送至指定车站的门住控制器，再传递至门禁终端设备，每台工作站可行使不同功能。

门禁主服务器将分散的各区域子系统整合在一起，形成一个总的（逻辑上）数据库。这个数据库涵盖各站点的门禁管理数据与事件数据，并可完成查看、修改、报表制作等功能，中央门禁服务器通过车站级门禁工作站实现控制管理车站门禁的功能（图 2-200）。

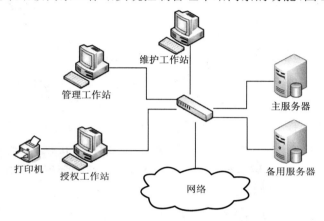

图 2-200　中央级门禁系统的构成原理图

（二）门禁主服务器介绍

门禁系统主服务器一般采用 Oracle 公司的 X86 架构服务器及配置 Windows 平台软件，该服务器采用 Intel Xeon 系列处理器，通过两个 flash 选件实现了无与伦比的高性能，并在计算能力、内存容量和 I/O 吞吐量间取得了平衡，对于许多 IT 应用程序来说，它都是功能最为丰富的构建模块。

以 Oracle X4170 M2 服务器为例，服务器详细性能参数如下：

（1）操作系统：Windows 2003 Server。

（2）处理器：2×2.4GHz Intel Xeon 处理器 5600 系列。

（3）高速缓存：12MB 内含的共享高速缓存。

（4）主内存：8GB DIMM，每个系统的最大容量为 144GB。

（5）标准 I/O：4 个 10/100/1000 Base-T 以太网端口。

（6）USB：5 个 2.0USB 端口（两个前置，两个后置，一个内置）

（7）外设：Windows 标准键盘、鼠标、DVD+RW。

（8）扩展总线：3 个 PCIe2.0 插槽：一个 x16 线电子/机械插槽，两个 x8 线电子/机械插槽。

（9）存储：2 个 146G2.5 英寸 SAS-2/SATA-2 磁盘支持 RAID 级别：0、1、1E、5、5EE、6、

10,通过可选的 HBA PCIe 卡提供可选的电池备份写高速缓存(BBWC)

(10)嵌入式 VGA 2D 图形控制器。

(11)60Hz 64M 显存支持最高 1600x1200x16 位的分辨率。

(12)后置 HD15 VGA 端口。

(13)可通过服务器的 4 个主要以太网端口中的任何一个进行带内、带外和旁带网络管理访问。

三、门禁车站级设备

(一)门禁系统车站级构成

车站级门禁系统设在各车站、车辆段和停车场,进行本地区域内的门禁设备的数据管理、运算处理、数据采集保存等,完成车站级门禁系统控制功能。

车站级门禁系统具有脱机功能,保证不依赖于外部通信环境和服务环境,可脱离中央级服务器独立运行并存储资料,车辆段授权工作站负责全线统一授权。

车站级门禁系统主要包括门禁主控制器、交换机、车站级管理工作站和机柜,车站级设备与综合监控系统共用控制室和设备房。

门禁车站级设备通过以太网连接到车站级交换机上。主控制器采用现场总线管理其他就地级设备,总线结构为冗余环形 RS485 总线。每个主控制器能驱动 8 路冗余 RS485 双总线,所有的就地控制器都顺序接入任一路冗余 RS485 双总线,读卡器、电子锁等所有就地设备都分别接到就地控制器(图 2-201)。

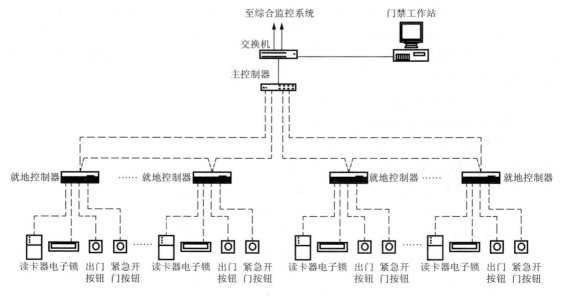

图 2-201 车站级门禁系统构成原理

(二)车站级门禁设备外部接口

1. 通过门禁(ACS)交换机与ISCS交换机的以太网接口

ACS与ISCS的通信接口采用MODBUS/TCP的格式通信,通信协议以ISCS-ACS接口协议规范为准。通过该接口可实现ACS的部分状态和报警信息在ISCS的工作站上显示(图2-202)。

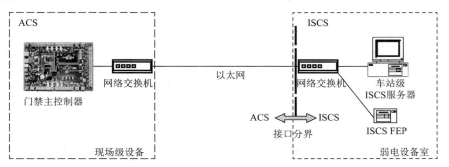

图2-202 ACS车站级设备与ISCS接口

2. 通过硬线与ISCS的IBP盘接口

门禁系统采用控制系统和电锁系统供电分离的设计原则,对控制器和门禁锁具分别供电。通过IBP盘可以实现在紧急情况下释放门禁,实现门禁系统的解锁。其实现原理如下:IBP通过硬线控制本站门禁系统的电源配电箱,来控制门禁系统锁具的供电,当IBP门禁释放按钮按下时,切断门禁电源箱内锁具的供电回路,从而实现门禁的紧急释放功能(图2-203)。

就地级设备接口描述见表2-45。

ACS与ISCS硬线接口描述表　　　　表2-45

编号	位置	接口责任 ACS	接口责任 ISCS	接口类型	通信协议
ACS.ISCS	IBP盘接线端子外侧	硬线电缆连连至IBP接线端子	提供控制按钮和指示灯	无源常开干触点	N/A

3. 通过硬线与火灾自动报警专业接口

(1)接口界面

门禁系统与FAS专业之间采用硬线接口,接口位置分别在门禁的主控制器和FAS专业的接口箱,采用信号电缆连接。具体接口内容以ACS-FAS接口协议规范为准,如图2-204所示:

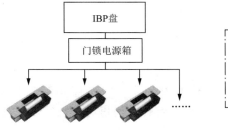

图2-203 ACS与IBP接口

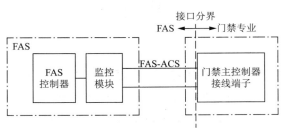

图2-204 FAS与ACS接口分界图

（2）接口描述（表 2-46）

FAS 与 ACS 硬线接口描述表　　　　　表 2-46

编号	位置	接口责任		接口类型	接口协议
		ACS	FAS		
FAS-ACS	门禁主控制器接线端子	接收门禁全开控制信号，反馈门禁状态信号	发出门禁全开控制信号，接收门禁状态信号	硬线接口	N/A

（三）门禁机柜

门禁机柜中主要设备有交换机、门禁主控制器、开关电源、汇流排、空气开关以及接线端子等。门禁机柜设置与各车站、车辆段／停车场的综合监控设备室内。

图 2-205　停车场 ISCS 设备室

停车场 ISCS 设备室 ACS 机柜：如图 2-205 所示右起第一个机柜。

1. 门禁车站级交换机介绍

机柜内上端放置赫斯曼交换机 1 台，交换机有 2 个介质模块，每个介质模块有 4 个网口，第一个介质模块网口 1 接入主控制器 1 号交换机网线、网口 2 接入综合监控骨干网 A 网交换机网线、网口 3 接入管理工作站网线、网口 4 预留。第二个介质模块网口 1 接入主控制器 2 号交换机网线、网口 2 接入综合监控骨干网 B 网交换机网线、网口 3 和 4 预留，如图 2-206 所示。

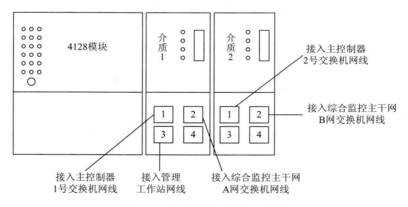

图 2-206　门禁车站级交换机配线图

2. 门禁车站级主控制器介绍

主控制器、交换机等安装于门禁系统机柜内，主控制器由 4 个门禁控制器控制板卡 SSRC-4NB；2 个 Cisco SF90D-08（8 端口 10/100M 桌面型非管理交换机）及端子排组成。

门禁主控制器设备图及端子排配线图如图 2-207、图 2-208 所示。

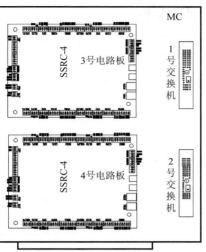
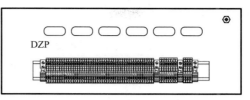

设备简表

序号	符号	名　称	型式及规格	数量	备　注
1		箱体	266mm×440mm×580mm（高×宽×深）	1	颜色：RAL7035，磨砂细皱
2	MC	门禁主控制器	SSRC-4	4	
3		交换机	SF 1000-083	2	
4		直通式RJ45双绞线	0.5m长	8	
5		接地螺钉		1	
6		菲尼克斯端子	ST1.5	59	
7		菲尼克斯端子	ST2.5	1	
8		菲尼克斯桥接件	FBS4-4	2	
9		菲尼克斯桥接件	FBS2-4	2	
10		导轨	330mm	1	

图 2-207　门禁主控制器设备图

注：1. 电路板分上下两层固定，电路板序号和装配顺序一致；
　　2. 下面一层是 1 号、2 号电路板。靠近前面板的是 1 号，远离前面板的是 2 号；
　　3. 上面一层是 3 号、4 号电路板。靠近前面板的是 3 号，远离前面板的是 4 号。

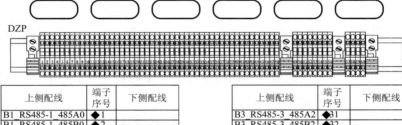

上侧配线	端子序号	下侧配线	上侧配线	端子序号	下侧配线
B1_RS485-1_485A0	◆1		B3_RS485-3_485A2	◆31	
B1_RS485-1_485B0	◆2		B3_RS485-3_485B2	◆32	
B1_RS485-1_GND	◆3		B3_RS485-3_GND	◆33	
B1_RS485-2_485A1	◆4		B3_RS485-4_485A3	◆34	
B1_RS485-2_485B1	◆5		B3_RS485-4_485B3	◆35	
B1_RS485-2_GND	◆6		B3_RS485-4_GND	◆36	
B1_RS485-3_485A2	◆7		B4_RS485-1_485A0	◆37	
B1_RS485-3_485B2	◆8		B4_RS485-1_485B0	◆38	
B1_RS485-3_GND	◆9		B4_RS485-1_GND	◆39	
B1_RS485-4_485A3	◆10		B4_RS485-2_485A1	◆40	
B1_RS485-4_485B3	◆11		B4_RS485-2_485B1	◆41	
B1_RS485-4_GND	◆12		B4_RS485-2_GND	◆42	
B2_RS485-1_485A0	◆13		B4_RS485-3_485A2	◆43	
B2_RS485-1_485B0	◆14		B4_RS485-3_485B2	◆44	
B2_RS485-1_GND	◆15		B4_RS485-3_GND	◆45	
B2_RS485-2_485A1	◆16		B4_RS485-4_485A3	◆46	
B2_RS485-2_485B1	◆17		B4_RS485-4_485B3	◆47	
B2_RS485-2_GND	◆18		B4_RS485-4_GND	◆48	MC接地螺钉◆
B2_RS485-3_485A2	◆19		B1_PWR_DC/AC+	◆49	
B2_RS485-3_485B2	◆20		B2_PWR_DC/AC+	◆50	
B2_RS485-3_GND	◆21		B3_PWR_DC/AC+	◆51	
B2_RS485-4_485A3	◆22		B4_PWR_DC/AC+	◆52	
B2_RS485-4_485B3	◆23		B1_PWR_DC/AC−	◆53	
B2_RS485-4_GND	◆24		B2_PWR_DC/AC−	◆54	
B3_RS485-1_485A0	◆25		B3_PWR_DC/AC−	◆55	
B3_RS485-1_485B0	◆26		B4_PWR_DC/AC−	◆56	
B3_RS485-1_GND	◆27		1#交换机+	◆57	
B3_RS485-2_485A1	◆28		2#交换机+	◆58	
B3_RS485-2_485B1	◆29		1#交换机−	◆59	
B3_RS485-2_GND	◆30		2#交换机−	◆60	

图 2-208　门禁主控制器端子排配线图

主控制器内 4 块电路板的以太网口与 1 号、2 号交换机接线表见表 2-47。

门禁主控制器板卡与交换机接线表　　　　表 2-47

RJ45 网线配线表		
电路板网口	网线编号	交换机网口
1 号电路板 ETH2 网口	Wn1-A	1 号交换机网口 1
2 号电路板 ETH2 网口	Wn2-A	1 号交换机网口 2
3 号电路板 ETH2 网口	Wn3-A	1 号交换机网口 3
4 号电路板 ETH2 网口	Wn4-A	1 号交换机网口 4
1 号电路板 ETH1 网口	Wn1-B	2 号交换机网口 1
2 号电路板 ETH1 网口	Wn2-B	2 号交换机网口 2
3 号电路板 ETH1 网口	Wn3-B	2 号交换机网口 3
4 号电路板 ETH1 网口	Wn4-B	2 号交换机网口 4

主控制器技术指标如下：

（1）主控制器集门禁控制和通信网关于一体，既能与服务器进行通信，又承担对就地控制器的控制功能。

（2）主控制器与门禁就地控制器通信方式是冗余 RS485 总线，任何一点故障不影响其他就地控制器与主控制正常通信。

（3）当与服务器通信联系中断时，主控制器能自动转入独立工作模式，并能识别门禁卡，实现所有的门禁功能；在网络通信恢复后，实时自动连接上通信网路，并自动与中央级服务器进行数据同步。

（4）站级门禁系统可管理门的数量多达 128 个。

（5）控制器具备控制设备联动、操作优先次序、实现时间表操作等功能，并能对设备进行有秩序的监控，具有广泛的门禁管理和安防功能，支持防重入功能。

（6）控制器在 CPU 或通信出现故障时，所有输出模块均可设置为关断、保持及读取卡区域代码开门等几种状态之一，以确保系统功能及设备的安全。

（四）门禁配电箱

门禁配电箱所用电路是由综合监控配电箱提供，接入 INAC 端子模块。再由 INAC 端子输出给 AC220、TQAC220、IBP 端子模块以及空气开关等。由空气开关分别控制门禁机柜、AFC 票务室、电锁和就地控制器的电源供电。其设备结构图及配线表如图 2-209、图 2-210 所示。

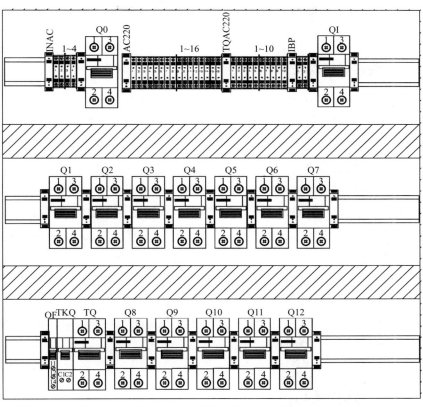

图 2-209 门禁配电箱设备结构图

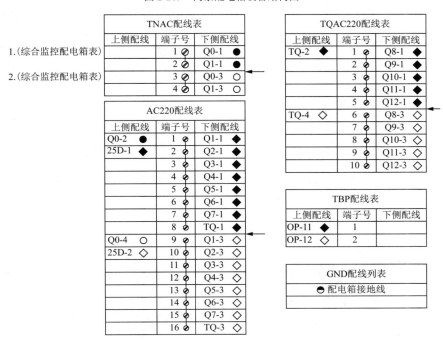

图 2-210 门禁配电箱配线表

四、门禁现场级设备

(一)门禁系统现场级构成

现场级门禁系统设在车站、车辆段、停车场、主变电所和区间风井,安装在门禁点周围,主要包括以下设备:就地控制器、读卡器、电子锁、门磁、出门按钮和紧急出门按钮以及相关电源转换设备。

主要设备机房、AFC票务室、调度室等重要门禁管制区域提供现场级设备。每个就地控制器最多连接两个门禁点,就地控制器带持卡人信息和记录存储功能。读卡器、电锁、门磁、开门按钮均直接连接至就地控制器。每个门禁点均配置一个紧急开门按钮,串接入电锁供电回路,当发生特别事故时,可通过直接砸碎紧急开门按钮的玻璃面板来打开门禁点。当通过此种方式开门时,紧急开门按钮将会发送一个反馈信号至门禁系统进行报警。

具有多扇门的设备房只在其中一个门上设置门禁点,且宜设置在单扇门上或靠近出入口的双扇门上;主变电所和区间风井门禁纳入临近车站管理。

现场级设备构成图如图2-211所示。

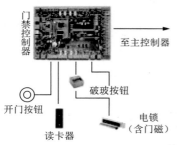

图2-211 现场级设备构成图

(二)门禁就地控制器介绍(图2-212)

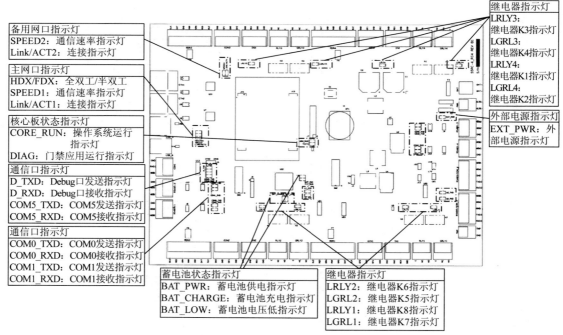

图2-212 SSRC-4就地控制器板卡及LED指示灯说明

每个就地控制器最多可连接进出双向读卡的两个门禁点,就地控制器带持卡人信息和记录存储功能。读卡器、电锁、门磁、开门按钮均直接连接至就地控制器。每个门禁点均配置一个紧急开门按钮,串接入电锁供电回路,当发生特别事故时,可通过直接砸碎紧急开门按钮的玻璃面板来打开门禁点。当通过此种方式开门时,紧急开门按钮将会发送一个反馈信号至门禁系统进行报警。

就地控制器和主控制器的电路板是完全相同,就地控制器主要 RS485 通信线接线方式如下:

就地控制器的通信分 A 网和 B 网,互为冗余。接线时,A 网的 485 通信线在"RS485-1"的端子组上并联,B 网的 485 通信线在"RS485-2"的端子组上并联。就地控制器电路板设置:设置内容分 2 项,一项是读卡器供电电压跳线,另一项是设置拨码开关组。

每个就地控制器最多控制两把电锁,接线时需要将电锁及相关的紧急开门按钮,出门按钮,读卡器,电锁信号接入就地控制器电路板的接锁区。在电路板上设定两个接锁区,即 1 号接锁区和 2 号接锁区。如果就地控制器只控制一把锁,就接入 1 号接锁区(图 2-213)。

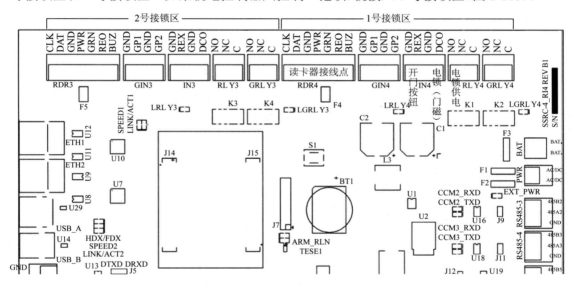

图 2-213 就地控制器板块 1 号、2 号接锁区

两个接锁区的接法相同。以 1 号接锁区为例,相关设备的接线方法如下:

就地控制器,紧急开门按钮和电锁之间的控制回路连接:控制回路原理是通过控制电锁是否通电实现锁的开和关。控制回路起点是电锁电源的 DC24V 正极,终点是 DC24V 负极。回路中接入了电路板控制器节点,紧急开门按钮,电锁供电节点。以 1 号接锁区为例,回路中的节点顺序为 DC24V 正极,RLY4-NC,RLY4-C,紧急开门按钮 2 号节点,紧急开门按钮 3 号节点,电锁供电正极节点,电锁供电负极节点,DC24V 负极。该回路需 4 根导线,分别是 DC24V 正极和 RLY4-NC 之间,RLY4-C 和紧急开门按钮 2 号节点之间,紧急开门按钮 3 号节点和电锁供电正极节点之间,电锁供电负极节点和 DC24V 负极之间(图 2-214)。

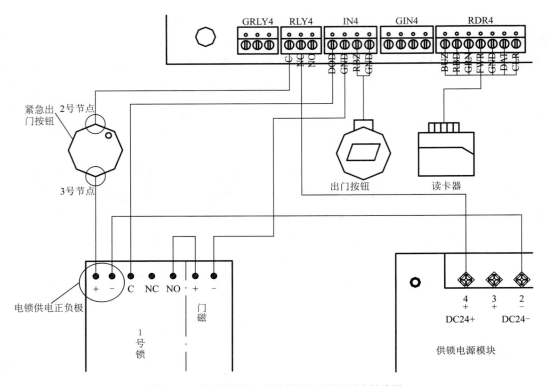

图 2-214　就地控制器 1 号接锁区与现场级设备接线图

(三) 电磁锁介绍

电磁锁包含门磁、衔铁和电锁,门磁主要作用是检测门的状态,门磁吸合表示门处于关闭状态,门磁断开表示门处于开门状态。电锁通电产生磁力吸合衔铁来实现门的锁闭。有两种电锁,单门电锁和双门电锁。双门电锁可以理解为由两把完全相同的单门电锁组成。电锁接线内容有 3 项:供电电压跳线,接入电源,门磁信号。

电磁锁的技术参数如下:

(1) 门上锁后自动切断感应接点。

(2) 锁的开启次数要求 ≥ 200 万次。

(3) 使用的电器特性符合就地控制器的接口,使用电压:24V;启动电流 ≤ 1.0A,持续电流 ≤ 0.25A;电源规格:500mA/12V,250mA/24V。

(4) 断电开锁。

(5) 不同种类的锁适合单开或双开门使用。

(6) 承受力:木门的承受拉力为 300kg,防火门的承受拉力为 500kg。

(四) 读卡器介绍

门禁读卡器主要是通过读取员工卡的门禁信息达到开门的目的,型号分为两种:普通读卡器和带键盘读卡器。读卡器工作时只需接红、黑、白、绿四根线，键盘读卡器与普通读卡器接线方式相同。以就地控制器电路板 1 号接锁区为例，读卡器四根线红，黑，白，绿在电路板上分别对应的节点是 RDR4-PWR，RDR4-GND，RDR4-DAT，RDR4-CLK，如图 2-215 所示。

图 2-215　两种读卡器

读卡器主要技术参数：

（1）读卡器能处理与 AFC 系统兼容的地铁员工卡、能够识别 M1、TYPEA、TYPEB、ISO15693 等多种卡片，读写距离最大达 90mm。

（2）身份识别可以根据需要选择：只读卡、读卡后再输入密码、只输入密码、读卡或输入密码。

（3）读卡器面板配备一个状态指示灯，并内置蜂鸣器，用声光提示读卡状态。

（4）读卡器具有防拆保护、有非法破坏可以触发报警。

（5）供电电压：4.25～18VDC，具有反向电压保护功能。

（6）防护等级 IP65。

（五）出门按钮介绍

出门按钮用于从室内打开门锁，并且每按一次出门按钮，软件将显示该动作的发生。出门按钮使用方便，手感舒适；有明显标识，易于安装，颜色美观。符合电器安全规范；不易损坏，安全耐用。出门按钮接线时两个节点不需要区分，直接连接由就地控制器接入的 2 根出门按钮线。接入就地控制器对应接锁区的 REX 及其相邻的 GND 节点。

设备见图 2-216。

出门按钮主要技术参数如下：

（1）外形尺寸：不大于 90mm×90mm。

（2）安装方式：暗装。

（3）寿命：百万次。

（六）紧急出门按钮介绍

紧急开门按钮又叫紧急破玻璃按钮，主要作用通过击破玻璃将电磁锁已接通的电路切断，达到开门的目的。紧急出门按钮工作时需串联在电锁的正极电源线中，所以接线时只需接两个节点。设备见图 2-217。

紧急出门按钮主要技术参数如下：

（1）紧急开门回路为硬线。

（2）紧急开门按钮区别于消防用的报警按钮。颜色为绿色，并有明显标识。

（3）材料为 PVC 塑料，手动复位。

图 2-216　出门按钮　　　　图 2-217　紧急出门按钮

五、门禁系统软件

门禁系统软件可在 WINDOWS 平台下运行，采用模块化管理方式，提供中文版软件，界面简洁易懂，且可根据不同操作权限限定其可见、可改变内容，极大增强安全性和可靠性，系统内任何操作，包括软件操作、卡片使用、硬件动作均可记入数据库并可查询输出。符合开放系统互联标准和协议，采用的 SQL Server 关系型数据库，具有高度的可靠性和良好的可扩充性，具备完善的数据库管理功能和强大的检索功能，支持大数据量加载，支持数据库引擎分组，具有逻辑内存管理能力。

（一）系统软件

系统软件主要包括操作系统和应用软件。

1. 操作系统

门禁中央服务器采用 Windows Server 中文标准版操作系统，中央管理工作站和维护工作站、车站管理工作站、车辆段管理工作站、授权工作站等工作站等均采用 Windows 操作系统。

2. 应用软件

应用软件包含服务器软件、服务器双机冗余软件、用户端软件、电子地图、证卡制作软件等，具有友好的可切换的中英文人机界面。

（二）组态软件

门禁管理软件支持用户自定义电子地图、设备图标等在线组态功能，能自动采集设备状态信息，并存储为历史数据，以备后续查询和生成报表。

系统具有报警及信息管理功能，用户可任意设置哪些事件产生报警，当报警发生时，报警信息自动显示在报警监控界面，用户可以对报警进行"受理"、"还原"、"清除"和"查看详细信息"操作。

系统具备完善的权限管理功能，能够确保所有操作人员只能在其自身权限范围进行操作，支持操作员安全特征设备，通过安全特征管理操作员权限。

系统支持链接联动功能,链接是一种对话式的编程语言,系统可以通过链接功能实现对门禁点、输入输出的宏控制,即任何一个设备的事件都可以引发执行一连串的命令,可以在电脑关机的情况下实现跨控制器链接。

(三)数据库软件

在门禁中央级服务器上安装数据库软件及部署 ACS 数据库,该软件具备以下功能:
(1)支持分布式结构。
(2)具有高可靠性和数据完整性。
(3)提供功能强大的企业级客户端应用工具。
(4)具有灵活的扩展结构,满足用户各种需求。
(5)实时数据库是与人机界面分离运行的单独进程,保证数据处理的实时性。
(6)具有强大的报警管理功能,可以方便查询报警和事件。
(7)数据库容纳不少于 12 个月的原始历史数据记录。
(8)具有高速的数据存储和检索性能,操作人员可方便地完成数据查询、数据输入、制定报表、打印报表等工作。
(9)数据查询方式可采用条件查询、模糊查询、组合查询等多种方式,查询响应时间小于 2s。

(四)人机界面软件

人机界面软件,具备良好的人机界面软件,以实现运营及维护人员的各种功能要求,方便对系统的各种设备及数据进行管理,具备以下可操作功能:

(1)**持卡人管理**:建立和删除持卡人,发卡和授权。
(2)**数据库维护**:对门禁数据库进行管理,执行备份和恢复等操作,对长期不用的数据进行存档操作。
(3)**数据库管理功能**:可对系统的数据库进行管理,包括数据库的存档、还原等操作。
(4)**事件监视**:对系统发生的刷卡时间、硬件操作、数据库和人员操作进行实时监视,并可通过过滤器监视某一特定设备或特定人员的实时状况。
(5)**报警处理**:对报警时间、显示状态、显示形式进行定义,并对报警进行监控,报警事件可以以条目形式或电子地图形式进行显示,在报警事件上可直接进行后续处理操作。
(6)**报表管理**:对系统内数据进行分类查询、打印和输出,系统内置了多种报表,用户还可根据使用习惯和管理需求自定义报表类型,并可存储为多种格式文档。
(7)时区编辑功能:可任意编辑有效时段,持卡人在指定的时段内才被允许通行,还可以设置多个时区(时间段),每个时区可指定多个从周一至周日每天细化至分钟的时间间隔,来设置时区,在时区中还可加入假日表。
(8)有效期限功能:在系统中可以根据每个持卡人的实际要求设定不同区域的有效期限,也可对每个持卡人设定有效期限,在超过有效期限后持卡人将不能通过指定区域或所有区域,这些灵活设置使对门禁卡的工作模式管理十分方便灵活。

（9）在线监视功能：监视全线系统所有设备的运行状态（包括读卡和通行状态、门开关状态、报警布撤防及状态以及输出点的开关状态等）、网络状态（包括网络在线离线及故障等）及发生的事件（包括实时记录开启门号、过往卡号及人员姓名、非正常报警等）。管理员可以借助系统提供的事件日志窗口、动态电子地图、报警窗口、设备状态窗口、人像比对窗口、闭路监控窗口等等,来提高监视效率。

第二篇 实 务 篇

第三章　综合监控专业设备维护

> **岗位应知应会**
>
> 1. 掌握综合监控专业设备维护作业前准备及标准化作业流程。
> 2. 了解综合监控专业关键设备修程。
> 3. 熟悉了解综合监控系统、BAS、门禁系统维护作业流程和内容,结合系统维护作业流程可完成巡检、月检、半年检等简单维护作业。
>
> **重难点**
>
> 重点:综合监控系统作业流程和设备维护。
> 难点:综合监控系统关键设备的维护。

第一节　综合监控专业设备巡检流程及方法

一、作业前准备

（一）作业前工器具与劳保用品准备

作业前工器具与劳动防护用品的准备和综合监控作业修程修制有关。

巡检作业时,检修人员身着工装及劳保鞋,携带验电笔、螺丝刀、毛刷或抹布、箱/柜钥匙和巡检记录本即可开展巡检作业。

计划性维护作业时,根据作业时间、作业项目及作业区域等因素,劳保用品可能需要准备强光手电、防静电手环、防静电手套、荧光衣、安全帽等;工器具可能需要准备手持台、多功能万用表、活动扳手、剥线钳、压线钳、网线测试仪、吹风机、吸尘器、笔记本电脑、移动硬盘等。

（二）文本材料准备

班组内部作业时,需准备《××施工作业令》、《××施工负责人证》、《××班前班后会记录本》、《××检修记录本》、《综合监控专业检修工艺卡》、专业点表等专业技术文档。

（三）作业前安全注意事项

（1）核对作业令（作业时间、作业区域、作业人数、作业内容、主辅站），如夜间作业需要用车要提前联系。

（2）班前会明确作业设计危险源及安全隐患，安全防护、作业内容、作业区域、人员分工，准备好工器具，确保该项检修所带工具齐全。

（3）按施规要求办理请销点手续，并根据影响范围与相关部门做好沟通。

（4）进入气体灭火保护房间前将气灭盘打至手动状态。

（5）作业过程中禁止使用设备电源。

（6）作业过程中工具材料放稳妥当，禁止抛掷传递物品。

（7）抹布潮湿但不能滴流清洁液，禁止使用酸性、碱性、脂溶性清洁液。

（8）准备好作业材料及工器具，电动清洁工作使用时做好防触电防护。

（9）作业完毕后，做好物料及工器具出清工作，将设备恢复正常状态。

二、标准化作业流程

综合监控专业设备维护是根据设备的具体实际情况，**采取计划维修为主、结合故障修、改善维修等维修方式**。随着对设备性能的掌握，在维修中采取多种手段进行检测，根据设备状态参数进行早期设备故障诊断，逐步向状态维修过渡。本章节将重点介绍综合监控专业设备计划性维修流程及方法。

（一）巡检作业流程

巡检是日常性检查工作，按照巡检的内容及要求，对全线各站（包括OCC）系统设备的工作状态进行检查，及时发现问题，进行简单维护并做记录。

综合监控系统巡检分日检和周检，取得上岗证的综合监控检修工均可进行日常巡检作业。

控制中心范围内综合监控设备的巡检为日检，为切实起到中心级综合监控的职能，每日四次定期巡视一次综合监控系统设备。日检作业无须作业令，需在巡检后按要求规范填写巡检记录本。

正线范围内综合监控设备的巡检为周检，每周对管辖站点系统设备完成一次巡检。周检和日检一样不需要作业令，需在巡检后按要求规范填写巡检记录本。

巡检人员在对设备进行巡检时发现故障隐患或问题应及时处理并记录，巡检人员现场若不能及时解决故障，应上报部门生产调度及专业负责人，联络专业人员进行故障维修。

（二）计划修作业流程

计划修指设备在使用寿命期内经过一定的运行时间或使用次数后，进行预防性的定期检查、调整和各类维护,使其处于正常使用状态。在计划修中,设备的保养、维护周期是确定的。

综合监控系统设备计划性维护作业包括月检、半年检、年检和三年检等,计划性维修作业需班组内持有施工负责人证人员协调组织实施此类作业。

作业前必须准备好作业相关劳动防护用品、作业令、工器具、材料,并联系好夜间施工用车;提前到达施工站点,施工负责人召集作业人员召开班前会,将本次作业的工作要点、危险源和安全注意事项对作业人员进行交底,在《班前班后会记录本》上记录班前会内容并由参会人签字。

准时向生产调度请点,如需环调、电调及其他专业人员配合,需提前做好沟通联系;作业批准后方可开始作业,进入气灭保护房间前,需提前将气体灭火系统(FAS)控制器旋钮打至"手动"位置;进入设备房后首先登记《××设备房进出登记表》,设置好防护后,方可依据检修内容,对服务器、交换机、前置机等设备开展检修作业,工程师和工班长不定期对月检作业进行监督检查,把控检修质量。

作业完毕后,将设备恢复正常、请点工器具出清现场;向调度办理销点手续,召开班后会做记录并由参会人签字;规范填写检修作业记录本并存档形成台账。

综合监控专业月检、半年检和年检详细作业流程如图3-1～图3-3所示。

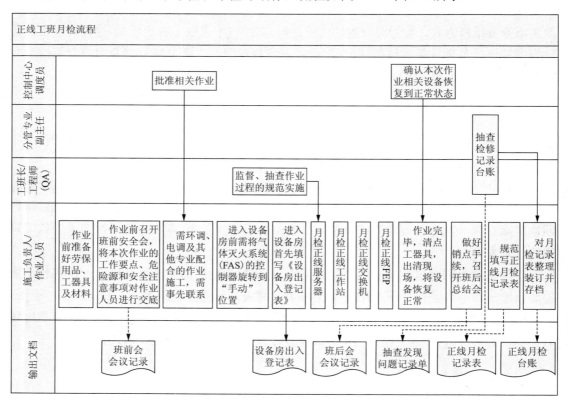

图3-1　综合监控专业月检

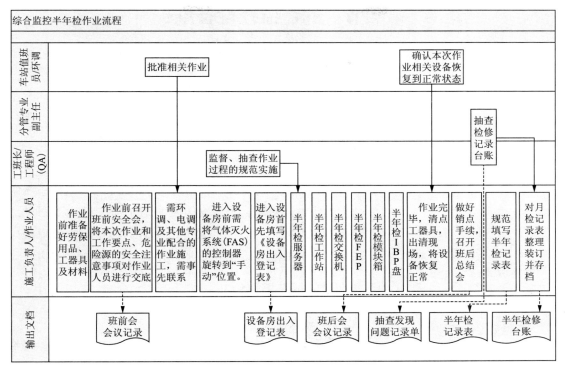

图 3-2　综合监控专业半年检

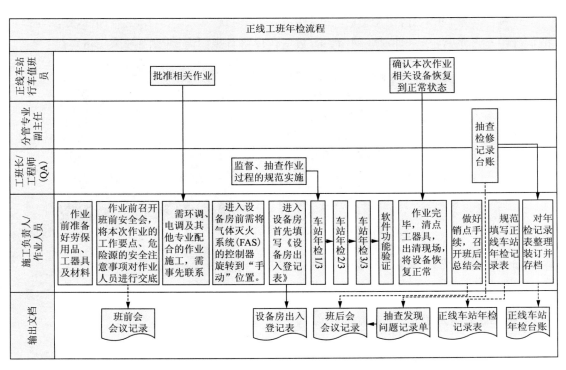

图 3-3　综合监控专业年检

第二节 综合监控设备维护

一、服务器的维护

（一）服务器设备概述

服务器用于发布和收集来自不同位置的控制器的信息,并且负责处理综合监控系统中全部的传输记录数据,是综合监控系统的"大脑";以郑州轨道交通1号线为例,控制中心采用冗余 M5000 服务器,车站采用冗余 M4000 服务器。M4000 服务器的外观如图 3-4 所示。

图 3-4　服务器

（二）服务器巡检

（1）外观检查,确认设备完整性。

查看设备模块是否缺失,接口接线正常,外部是否有物理损害。

（2）工作状态指示灯正常显示。

查看"电源"指示灯,"XSCF 待机"指示灯,"检查"指示灯,"硬盘"指示灯,"网口"指示灯等是否正常,指示灯对应网口如有数据传输将有规律闪烁（图 3-5、图 3-6）。

图 3-5　工作状态

图 3-6　工作状态

（3）散热风扇工作正常,无异味、异响。

服务器风扇是否有异响,是否有焦煳气味。

（三）服务器月检

1. 测试服务器通信状况（含管理口）

通过综合监控工作站打开命令终端,使用"ping"命令测试网口及管理口通信状态,ping

报文的超时时间以毫秒为单位缺省值为2000ms，一般认为超时就是ping不通。

```
engineer@zzml1nms11-1:~$ ping 192.1.18.1        //测试服务器网口
PING 192.1.18.1（192.1.18.1）56（84）bytes of data.
64 bytes from 192.1.18.1: icmp_seq=1 ttl=253 time=1.17 ms
64 bytes from 192.1.18.1: icmp_seq=2 ttl=253 time=1.21 ms

--- 192.1.18.1 ping statistics ---
2 packets transmitted, 2 received, 0% packet loss, time 1000ms
rtt min/avg/max/mdev = 1.175/1.194/1.214/0.039 ms
engineer@zzml1nms11-1:~$ ping 200.1.18.1        //测试服务器管理口
PING 200.1.18.1（200.1.18.1）56（84）bytes of data.
64 bytes from 200.1.18.1: icmp_seq=1 ttl=62 time=5.85 ms

--- 200.1.18.1 ping statistics ---
1 packets transmitted, 1 received, 0% packet loss, time 0ms
rtt min/avg/max/mdev = 5.853/5.853/5.853/0.000 ms
```

2. 服务器对时正常

通过综合监控工作站进入命令终端，使用"telnet"命令登录到服务器，输入"date"命令，查询服务器时间，使用"ntpdate"命令给当前设备校时。

```
engineer@zzml1nms11-1:~$ telnet 192.1.18.1        //登录服务器
Trying 192.1.18.1...
Connected to 192.1.18.1.
Escape character is '^]'.
login: root
Password:
Last login: Thu Jun 16 17:32:41 from 192.1.100.211
Oracle Corporation      SunOS 5.10      Generic Patch    January 2005
You have new mail.
Sourcing //.profile-EIS.....
root@zzml1zdz01-1 # date                          //查看服务器当前时间
Mon Jun 20 17:47:51 CST 2016
root@zzml1zdz01-1 # ntpdate 192.1.100.1           //与中心服务器对时
20 Jun 17:48:03 ntpdate[11557]: adjust time server 192.1.100.1 offset 0.307312 sec
```

3. 设备表面清洁（图 3-7）

使用抹布或毛刷清扫服务器散热孔处。

（四）服务器半年检（图 3-8）

（1）各接线，接口设备插接牢固无松脱、无腐蚀现象。

对服务器上方网线及电源线等接口进行查看是否腐蚀，并进行端口紧固。

图 3-7　设备表面清洁　　　　图 3-8　服务器半年检

（2）操作系统和各种应用软件正常运行，无错误信息。

（3）磁盘容量、内存、CPU 负荷符合要求（小于 50%）。

通过 telnet 192/193.1.站号.1/2 登录服务器；输入指令"prstat"查看 CPU 信息，CPU 一列为 CPU 使用率，各项应小于 50%；输入"df -h"查看磁盘信息，capacity 一列为磁盘容量，每项应小于 50%；输入"echo"::memstat" | mdb -k"可查看内存使用情况，确保"%Tot"列前 4 项百分比之和应小于 50%；查看完毕输入"exit"退出服务器登陆。

```
root@zzml1zdz01-1 # prstat//查看服务器CPU利用率
PID USERNAME     SIZE    RSS STATE   PRI NICE      TIME  CPU PROCESS/NLWP
26557 root      230M   226M sleep    59    0  125:58:40 0.2% scada/1
 2052 root       82M    78M sleep    59    0  121:08:32 0.1% HistoryRecorder/1
 2063 postgres  138M   127M sleep    59    0   52:09:43 0.0% postgres/1
 2072 root       27M    24M sleep    59    0   47:41:19 0.0% ModbusFep/1
20074 root       28M    24M sleep    59    0   19:47:09 0.0% dnpfep/1
 2085 root       22M    19M sleep    59    0   30:55:46 0.0% pingerService/1
14171 root       26M    22M sleep    59    0    8:52:14 0.0% ModbusFep/1
  846 root       18M    16M sleep    59    0   25:02:48 0.0% NameServer/1
 2077 root       27M    24M sleep    59    0   17:28:46 0.0% pelco/1
  837 root      938M   926M sleep    60    0  582:17:23 0.0% HistoryRouter/1
 2018 root       24M    20M sleep    59    0   15:57:03 0.0% ConfiguredGloba/1
22539 root       26M    22M sleep     2   19    8:15:09 0.0% pas/1
```

```
26563 root      8136K 6288K sleep    59    0   6:00:20 0.0% SecondaryStoreW/1
 2023 root       26M   23M  sleep     2   19   5:58:15 0.0% ControlHandover/1
 2029 root       24M   20M  sleep    59    0   6:26:25 0.0% ctlseq/1
 2041 root       24M   20M  sleep    59    0   7:26:34 0.0% History/1
 2013 root       23M   20M  sleep    59    0   6:04:04 0.0% cctv/1
 2008 root       30M   26M  sleep    59    0   5:54:51 0.0% BasicCalcs/1
 2059 root       27M   24M  sleep    59    0   7:28:01 0.0% ManualPIDSPA/1
 1998 root       23M   19M  sleep    59    0   5:52:28 0.0% cbmonitor/1
  792 root       17M   15M  sleep    59    0  10:39:02 0.0% NameServer/1
Total: 120 processes, 310 lwps, load averages: 0.10, 0.10, 0.09

root@zzml1zdz01-1 # df -h          //查看服务器磁盘空间
Filesystem            size   used  avail capacity  Mounted on
/dev/dsk/c0t0d0s0     144G   9.6G   133G     7%    /
/devices                0K     0K     0K     0%    /devices
ctfs                    0K     0K     0K     0%    /system/contract
proc                    0K     0K     0K     0%    /proc
mnttab                  0K     0K     0K     0%    /etc/mnttab
swap                   20G   1.7M    20G     1%    /etc/svc/volatile
objfs                   0K     0K     0K     0%    /system/object
sharefs                 0K     0K     0K     0%    /etc/dfs/sharetab
fd                      0K     0K     0K     0%    /dev/fd
swap                   20G   1.3M    20G     1%    /tmp
swap                   20G    72K    20G     1%    /var/run
/dev/dsk/c0t1d0s7     275G    17G   256G     7%    /history
/dev/dsk/c0t0d0s3      87G   2.9G    83G     4%    /opt
/dev/dsk/c0t0d0s4      29G    33M    29G     1%    /export/home

root@zzml1zdz01-1 # echo "::memstat" | mdb -k    //查看服务器内存
Page Summary                Pages              MB  %Tot
------------         ----------------  ---------------- ----
Kernel                      61473               480   6%
Anon                       202171              1579  20%
Exec and libs               39816               311   4%
Page cache                  52767               412   5%
```

Free（cachelist）	671625	5247	65%
Free（freelist）	340	2	0%
Total	1028192	8032	
Physical	1006591	7863	

（五）服务器年检

（1）设备深度除尘。

通过综合监控工作站确认综合监控各个系统服务运行在哪台服务器后，登录到备用服务器系统管理口，输入"power off"，关闭要清洁的服务器；关机后，切断服务器电源；断开服务器所有接线；将服务器前面板螺钉松掉，双手拉住服务器耳朵，顺着导轨缓慢抽出；拆下服务器盖板；风扇和电源需要使用螺丝刀等细长工具按压绿色按钮，方可抽出进行多方位清洁。

```
engineer@zzml1nms11-1:~$ telnet 200.1.18.1      //登录服务器管理口
Trying 200.1.18.1...
Connected to 200.1.18.1.
Escape character is '^]'.
login: eis-installer
Password:
Last login: Thu Jun 16 17:32:41 from 192.1.100.211
XSCF> poweroff                                  //关闭服务器电源
```

（2）服务器主备冗余功能测试（图3-9）。

通过工作站登录到命令终端，输入命令"SystemState"，在弹出的冗余服务上选择"Select All"选择要切换服务器所有服务器选中"Stop"选项，单击"Enforce"选项，结束当前服务器服务，服务会自动切换到另外一台服务器运行（图3-9）。

（3）配置文件数据导出备份（图3-10～图3-12）。

在笔记本电脑使用FileZilla工具导出服务器内var文件；也可使用工作站命令终端调取gftp工具，将var备份至工作站。

①综合监控工作站上备份数据时，直接在命令端口输入"gftp"，回车即可调用gftp工具；找到远程设备备份文件，并设置好保存文件的本地路径及名称，确认无误后，将远程文件导入本地保存路径下即可。

```
engineer@zzml1nms11-1:~$ gftp//调取工作站自带备份工具
```

②笔记本电脑使用FileZilla工具备份数据时，需首先设置本地网络连接，然后点击打开FileZilla软件即可，后边操作与gftp工具操作相同。

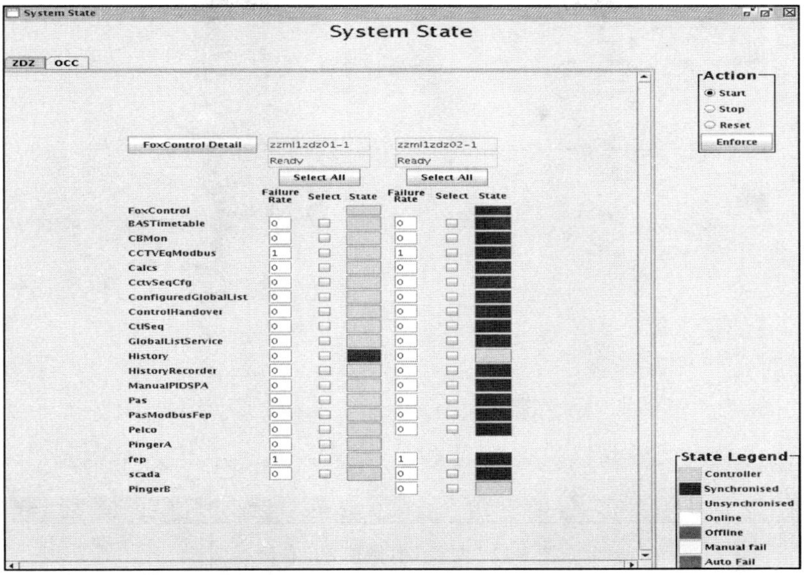

图 3-9 服务器主备冗余功能测试

图 3-10 配置文件数据导出备份

图 3-11 配置文件数据导出备份

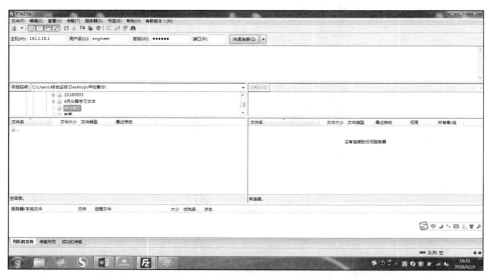

图 3-12　配置文件数据导出备份

二、交换机的维护

（一）交换机设备概述

中心设备机房配两台 4002-48G-L3P 冗余交换机，车站配置两台 4128-L3P 冗余交换机；综合监控系统交换机利用通信专业提供的光缆独立构建双 1000Mbps 光纤环形以太网，满足控制中心、车站、车辆段、停车场数据交换需求（图 3-13）。

（二）交换机巡检

（1）外观检查，确认设备完整性。

查看设备模块是否缺失，外部是否有物理损害。

（2）工作状态指示灯正常显示。

查看光模块、电源模块、接口模块等模块的指示灯是否正常，指示灯对应网口如有数据传输将有规律闪烁（图 3-14）。

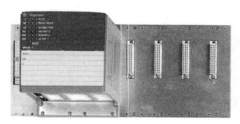

图 3-13　交换机

图 3-14　交换机巡检

(3)设备无异味、异响。

交换机正常工作情况下无任何声响,需闻是否有焦煳气味。

(三)交换机月检

(1)测试交换机通信状况。

通过综合监控工作站(装有 Java 插件)浏览器输入交换机管理地址,输入"user"账户,查看交换机各个接口的工作状态;也可使用笔记本电脑通过网线连接交换机查看各接口工作状态,各网口正常情况下对应界面图元为"绿色"(图 3-15 ~ 图 3-17)。

图 3-15　测试交换机通信状况　　　　　图 3-16　测试交换机通信状况

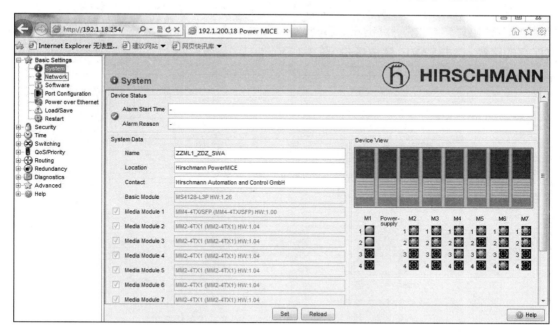

图 3-17　测试交换机通信状况

(2)设备表面清洁。

使用防静电毛刷对交换机表面进行清洁。

（四）交换机半年检（图3-18）

（1）检查各接线，接口设备插接牢固无松脱、无腐蚀现象。对交换机上方光纤、网线及电源线等接口进行查看是否腐蚀，并进行端口紧固。

（2）标签粘贴和加固。交换机上方网线极多，网线标签一般为便笺纸打印，粘贴时间久极易脱落，需进行粘贴紧固。

图3-18　交换机半年检

（五）交换机年检

（1）交换机主备冗余功能测试。

作业前，先在综合监控工作站上 ping 192/193.1.站名.254确定两个交换机通讯正常；确认正常后，拔其中一个交换机的电源模块下方的两个供电端子，之后再ISCS工作站上确认各专业通讯是否正常；重新插入交换机的两个电源端子，待交换机开始工作后，再次确认双网（即192/193.1.站名.254）通信是否正常，并检查各接口专业通信是否正常，一切正常后，对未测试的交换机进行同上的测试。

（2）配置文件数据导出备份。

打开Explorer浏览器，输入所连接的交换机的管理口：192/193.1.*.254；输入用户名："******"，密码："******"；点击左边"lode/save"，然后点击右边的"to PC（script）"；选择想要保存的路径，点击SAVE，完成备份（图3-19）。

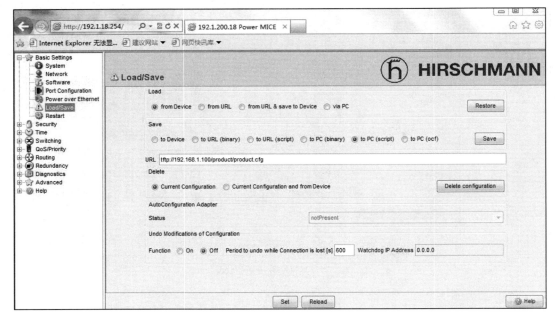

图3-19　配置文件数据导出备份

三、FEP 的维护

(一) FEP 设备概述

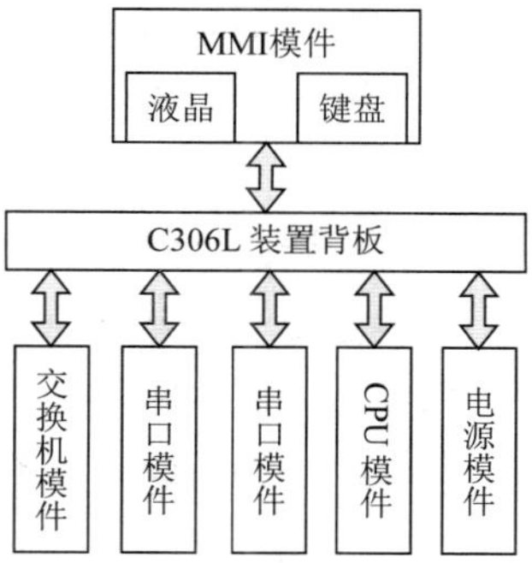

前端处理器(FEP) C306L 主要用于管理 ISCS 与各被集成和互联系统的接口,负责不同物理接口的转换和接口协议的转换,并进行数据处理,通过统一的 ISCS 内部协议传送给 ISCS 实时服务器,相当于综合监控系统的"翻译官"。

其电气结构如图 3-20 所示。

图 3-20 电气结构

(二) FEP 巡检

(1) 外观检查,确认设备完整性。

查看设备模块是否缺失,外部是否有物理损害。

(2) 工作状态指示灯正常显示。

查看 MMI 界面、内置交换机模块、CPU 模块以及电源模块指示灯是否正常显示;指示灯对应网口如有数据传输将有规律闪烁(图 3-21、图 3-22)。

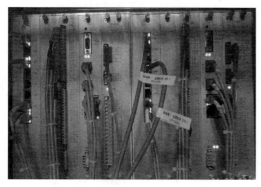

图 3-21 FEP 巡检

图 3-22 FEP 巡检

(3) 设备无异味、异响。

交换机正常工作情况下无任何声响,需闻是否有焦煳气味。

(三) FEP 月检

(1) 测试 FEP 通信状况。

通过综合监控工作站 ping 192/193.1.站名 .51/52;再使用 telnet 命令登录到 FEP,输入命令"I"查看各接口工作状态,Duty 为"1"表示该系统在当前设备运行,Duty 为"0"表示该系统不在当前设备运行。

```
engineer@zzml1nms11-1:~$ ping 192.1.18.51//测试51FEP的A网通信
```

```
PING 192.1.18.51（192.1.18.51）56（84）bytes of data.
64 bytes from 192.1.18.51: icmp_seq=1 ttl=62 time=7.99 ms

--- 192.1.18.51 ping statistics ---
1 packets transmitted, 1 received, 0% packet loss, time 0ms
rtt min/avg/max/mdev = 7.992/7.992/7.992/0.000 ms
engineer@zzml1nms11-1:~$ ping 192.1.18.52//测试52FEP的A网通信
PING 192.1.18.52（192.1.18.52）56（84）bytes of data.
64 bytes from 192.1.18.52: icmp_seq=1 ttl=62 time=1.15 ms
64 bytes from 192.1.18.52: icmp_seq=2 ttl=62 time=1.03 ms

--- 192.1.18.52 ping statistics ---
2 packets transmitted, 2 received, 0% packet loss, time 999ms
rtt min/avg/max/mdev = 1.031/1.093/1.156/0.070 ms
engineer@zzml1nms11-1:~$ telnet 192.1.18.51//登录51FEP设备
Trying 192.1.18.51...
Connected to 192.1.18.51.
Escape character is '^]'.

    Welcome to Freescale Semiconductor Embedded Linux Environment

ZZML1_ZDZ_fep01 login: root
Password:
//////////////////////////////////////////////////
//            Welcome to FepC306L                //
//////////////////////////////////////////////////
# I//查看各系统在当前设备任务进程
FepReadIni（./FepPara.ini,FepC306L,KEY_BASE）Fault!
Take Real Lib:KeyBase =30600Start Init LgLk......
NodeSum:10
```

No	Address	Stat	NodeName	TaskName	TaskId	NodeMode
0	1	1	N_BAS	BAS	2	0
1	1	1	N_RTU	RTU	3	0
2	255	1	N_ACS	ACS	4	30
3	255	1	N_ACS2	ACS2	5	30

4	255	1	N_ACS3	ACS3	6	30
5	255	1	N_ACS4	ACS4	7	30
6	1	1	N_PSD_2	PSD	8	33
7	255	1	N_DTS	DTS	9	9
8	1	1	N_FAS	FAS	10	12
9	1	ff	BAS_TimeTable	DNP_BAS	20	0

序号	TaskID	TaskName	Duty	LkID	LkDuty	LkStat	LkAppSt	NodeId
0	2	BAS	0	20	0	0	0	-1
				21	0	0	0	-1
1	3	RTU	0	40	0	0	0	-1
2	4	ACS	0	22	0	0	0	-1
				23	0	0	0	-1
3	5	ACS2	0	24	0	0	0	-1
				25	0	0	0	-1
4	6	ACS3	0	26	0	0	0	-1
				27	0	0	0	-1
5	7	ACS4	0	28	0	0	0	-1
				29	0	0	0	-1
6	8	PSD	0	30	0	0	0	-1
				31	0	0	0	-1
7	9	DTS	0	32	0	0	0	-1
				33	0	0	0	-1
8	10	FAS	1	34	0	0	0	-1
				35	0	0	0	-1
9	20	DNP_BAS	0	50	0	0	0	-1
				51	0	0	0	-1
				52	0	0	0	-1
				53	0	0	0	-1
10	22	DNP_ACS	0	54	0	0	0	-1
				55	0	0	0	-1
				56	0	0	0	-1
				57	0	0	0	-1
11	24	DNP_PSD	0	58	0	0	0	-1
				59	0	0	0	-1

				60	0	0	0	-1
				61	0	0	0	-1
12	26	DNP_DTS	0	62	0	0	0	-1
				63	0	0	0	-1
				64	0	0	0	-1
				65	0	0	0	-1
13	28	DNP_FAS	0	66	0	0	0	-1
				67	0	0	0	-1
				68	0	0	0	-1
				69	0	0	0	-1
14	30	DNP_RTU	0	70	0	0	0	-1
				71	0	0	0	-1
				72	0	0	0	-1
				73	0	0	0	-1
15	62	DNP_RTU	0	0	0	0	0	-1
16	56	DNP_RTU	0	0	0	0	0	-1

```
FepReadIni(./FepPara.ini,FepC306L,KEY_BASE)Fault!
```

（2）设备表面清洁。

使用防静电毛刷对FEP表面进行清洁。

（四）FEP半年检

（1）检查各接线，接口设备插接牢固无松脱、无腐蚀现象。

对FEP所接网线及电源线等接口进行查看是否腐蚀，并进行端口紧固。

（2）标签粘贴和加固。

FEP所接网线极多，网线标签一般为便笺纸打印，粘贴时间久极易脱落，需进行粘贴紧固。

（五）FEP年检

（1）FEP主备冗余功能测试。

通过综合监控工作站登陆到要操作的FEP，打开两个终端，分别登录到两台FEP上；输入用户名:******,密码:******；输入命令"I"，查看当前运行的服务；确定服务在当前操作的FEP上，输入命令"reboot"重启FEP；在另外一台FEP上，输入"I"，查看服务是否切换过来，同时观察综合监控画面确保服务运行正常。一切正常后，对未测试的FEP进行同上的测试。

```
engineer@zzml1nms11-1:~$ telnet 192.1.18.51//登录51FEP设备
Trying 192.1.18.51...
```

```
Connected to 192.1.18.51.
Escape character is '^]'.

  Welcome to Freescale Semiconductor Embedded Linux Environment

ZZML1_ZDZ_fep01 login: root
Password:
//////////////////////////////////////////////////
//            Welcome to FepC306L                //
//////////////////////////////////////////////////
# I//查看各系统在当前设备任务进程
FepReadIni(./FepPara.ini,FepC306L,KEY_BASE)Fault!
Take Real Lib:KeyBase =30600Start Init LgLk......
```

序号	TaskID	TaskName	Duty	LkID	LkDuty	LkStat	LkAppSt	NodeId
0	2	BAS	1	20	0	0	0	-1
				21	0	0	0	-1
1	3	RTU	1	40	0	0	0	-1
2	4	ACS	1	22	0	0	0	-1
				23	0	0	0	-1
3	5	ACS2	1	24	0	0	0	-1
				25	0	0	0	-1
4	6	ACS3	1	26	0	0	0	-1
				27	0	0	0	-1
5	7	ACS4	1	28	0	0	0	-1
				29	0	0	0	-1
6	8	PSD	1	30	0	0	0	-1
				31	0	0	0	-1
7	9	DTS	0	32	0	0	0	-1
				33	0	0	0	-1
8	10	FAS	1	34	0	0	0	-1

```
FepReadIni(./FepPara.ini,FepC306L,KEY_BASE)Fault!
# reboot//重启所登录FEP设备
```

(2)时间校准、配置文件数据导出备份。

通过综合监控系统工作站,在命令终端下输入"gftp"调出 gftp 工具或是在笔记本电脑

使用 FileZilla 工具；输入登陆的 FEP 地址，用户名和密码，连接上要备份的 FEP；在 FTP 工具左边区域建立新的文件夹，命名为 FEP+日期.bak；双击进入新建文件夹；选中要备份的文件"jffs2"，单价 FTP 工具上"←"左箭头，将"jffs2"文件保存到新建的文件夹里，操作与服务器文件备份操作一致。

按下 FEP 面板上任意键，查看当前 FEP 时间是否准确。如果时间正确，则不需要校时；如果不正确，则使用"Fepassist"工具连接 FEP，在人机界面点击"对时"即可（图 3-23）。

图 3-23　Fepassist 工具使用

四、工作站的维护

（一）工作站设备概述

综合监控工作站选用专业图形工作站 Z210（Intel Core i5-2400 四核处理器，4GB DDR2 内存，250GB 硬盘，NVS 300 显卡，含操作系统），双屏显示器。

ISCS 工作站的 HMI 界面分为 4 部分，分别是：菜单栏、导航栏、用户显示区、底部栏。系统启动后，菜单栏、导航栏和底部栏会自动加载，并且在屏幕的固定区域显示，用户不能移动或者关闭这些窗口。用户显示区是除了菜单栏、导航栏和底部栏这些固定窗口以外的部分，不会被固定窗口覆盖，用户打开的 HMI 画面可以在这个区域显示。在 ISCS 的工作站上可以实现与综合监控互联与集成专业的界面信息的查看（图 3-24）。

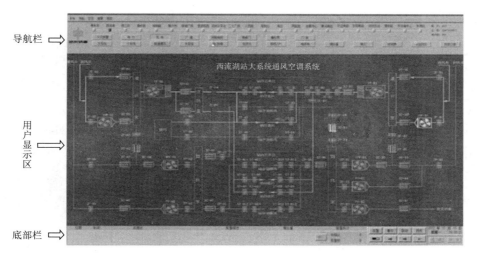

图 3-24　ISCS 工作站的 HMI 界面

(二)工作站巡检

(1)外观检查,确认设备完整性。

查看鼠标、键盘等附属设备是否缺失,外部是否有物理损害。

(2)显示器、键盘和鼠标功能检查。

操作键盘、鼠标,观察显示器,确认各个设备功能正常。

(3)系统软件运行正常,可切换站别、专业。

对工作站显示系统界面进行随机切换,确认可以操作且软件不报错。

(4)工作站时钟与时钟系统一致。

综合监控工作站时钟和车站控制室子母钟对时,如时间不一致,在综合监控工作站时间与日期设置中输入密码解锁,并更改。原则上工作站上设置的时间要快于车控室子母钟时间(该情况下工作站时间不变),当子母钟实际走到和工作站设置时间一致时,工作站时间开始正常跳变。

(三)工作站月检

(1)操作系统和各种应用软件正常运行,无错误信息。

(2)磁盘容量、内存、CPU 负荷符合要求(小于 50%)。

打开命令终端,输入"df -h",查看磁盘容量;输入"free",查询内存;输入"top"查看当前 CPU 利用率。

```
engineer@zzml1nms11-1:~$ df -h//查看当前工作站磁盘容量
文件系统              容量   已用  可用  已用%  挂载点
/dev/sda1             39G   33G   3.7G  90%    /
```

```
varrun                       506M  144K  506M   1% /var/run
varlock                      506M     0  506M   0% /var/lock
udev                         506M   44K  506M   1% /dev
devshm                       506M   12K  506M   1% /dev/shm
lrm      506M 38M 468M   8% /lib/modules/2.6.24-19-generic/volatile
gvfs-fuse-daemon             39G   33G  3.7G  90% /home/engineer/.gvfs
engineer@zzml1nms11-1:~$ free//查看当前工作站内存
           total       used        free     shared    buffers     cached
Mem:     1035372     959364       76008          0     213288     403464
-/+ buffers/cache:    342612      692760
Swap:    1759076      38668     1720408

engineer@zzml1nms11-1:~$ top//查看当前工作站CPU利用率
top - 18:00:50 up 13 days,  4:02,  3 users,  load average: 0.00, 0.03, 0.03
Tasks: 153 total,   2 running, 150 sleeping,   0 stopped,   1 zombie
Cpu(s):  6.7%us,  3.0%sy,  0.0%ni, 90.3%id,  0.0%wa,  0.0%hi,  0.0%si,  0.0%st
Mem:   1035372k total,   959636k used,    75736k free,   213292k buffers
Swap:  1759076k total,    38668k used,  1720408k free,   403528k cached

  PID USER      PR  NI  VIRT  RES  SHR S %CPU %MEM    TIME+  COMMAND
18448 root      20   0  109m  38m  10m S  2.7  3.8 240:50.74 Xorg
31874 engineer  20   0 54568  36m 7392 S  2.3  3.6  81:40.99 peer
 6674 root      20   0  8444 3696 1616 S  1.3  0.4 176:08.87 NameServer
  216 root      20   0     0    0    0 S  0.7  0.0   0:20.74 pdflush
18674 engineer  20   0 29844  12m  10m S  0.7  1.2  10:01.49 vmware-user-loa
    1 root      20   0  2844 1688  544 S  0.0  0.2   0:02.40 init
    2 root      15  -5     0    0    0 S  0.0  0.0   0:00.00 kthreadd
    3 root      RT  -5     0    0    0 S  0.0  0.0   0:00.00 migration/0
    4 root      15  -5     0    0    0 S  0.0  0.0   0:03.70 ksoftirqd/0
    5 root      RT  -5     0    0    0 S  0.0  0.0   0:00.00 watchdog/0
    6 root      15  -5     0    0    0 S  0.0  0.0   0:05.96 events/0
    7 root      15  -5     0    0    0 S  0.0  0.0   0:00.00 khelper
   41 root      15  -5     0    0    0 S  0.0  0.0   0:20.26 kblockd/0
   44 root      15  -5     0    0    0 S  0.0  0.0   0:00.00 kacpid
   45 root      15  -5     0    0    0 S  0.0  0.0   0:00.00 kacpi_notify
```

```
177   root       15   -5   0      0     0   S  0.0  0.0  0:00.00 kseriod
217   root       20   0    0      0     0   S  0.0  0.0  0:00.66 pdflush
218   root       15   -5   0      0     0   S  0.0  0.0  0:00.58 kswapd0
259   root       15   -5   0      0     0   S  0.0  0.0  0:00.00 aio/0
1593  root       15   -5   0      0     0   S  0.0  0.0  1:01.48 ata/0
1596  root       15   -5   0      0     0   S  0.0  0.0  0:00.00 ata_aux
1609  root       15   -5   0      0     0   S  0.0  0.0  0:00.00 scsi_eh_0
1612  root       15   -5   0      0     0   S  0.0  0.0  0:37.98 scsi_eh_1
1632  root       15   -5   0      0     0   S  0.0  0.0  0:00.00 ksuspend_usbd
1638  root       15   -5   0      0     0   S  0.0  0.0  0:00.06 khubd
2540  root       15   -5   0      0     0   S  0.0  0.0  0:00.00 scsi_eh_2
2702  root       15   -5   0      0     0   S  0.0  0.0  3:50.17 kjournald
2906  root       16   -4   2408   956   380 S  0.0  0.1  0:00.44 udevd
3350  root       15   -5   0      0     0   S  0.0  0.0  0:00.00 kgameportd
3592  root       15   -5   0      0     0   S  0.0  0.0  0:00.00 kpsmoused
4818  daemon     20   0    1836   540   432 S  0.0  0.1  0:00.42 portmap
4946  root       20   0    1716   508   440 S  0.0  0.0  0:00.00 getty
4947  root       20   0    1716   504   440 S  0.0  0.0  0:00.00 getty
4951  root       20   0    1716   512   440 S  0.0  0.0  0:00.00 getty
4952  root       20   0    1716   508   440 S  0.0  0.0  0:00.00 getty
4954  root       20   0    1716   508   440 S  0.0  0.0  0:00.00 getty
5215  root       15   -5   0      0     0   S  0.0  0.0  0:11.22 vmmemctl
```

（3）显示器亮度、色彩正常、无明显的坏点。

调节显示器显示界面背景，观察显示器是否存在坏点或亮条等问题。

（4）设备表面清洁、工作站垃圾清理。

使用防静电毛刷及抹布对工作站、键盘、显示器等表面进行清洁。

（5）工作站网络连接通信正常。

打开命令终端，使用"ping"命令测试通信状态。

```
engineer@zzml1nms11-1:~$ ping 192.1.100.254//测当前工作站A网通信
PING 192.1.100.254（192.1.100.254）56(84)bytes of data.
64 bytes from 192.1.100.254: icmp_seq=1 ttl=64 time=2.01 ms
64 bytes from 192.1.100.254: icmp_seq=2 ttl=64 time=1.13 ms

--- 192.1.100.254 ping statistics ---
```

```
2 packets transmitted, 2 received, 0% packet loss, time 1000ms
rtt min/avg/max/mdev = 1.133/1.573/2.014/0.442 ms
engineer@zzml1nms11-1:~$ ping 193.1.100.254//测当前工作站B网通信
PING 193.1.100.254 （193.1.100.254）56(84)bytes of data.
64 bytes from 193.1.100.254: icmp_seq=1 ttl=64 time=2.11 ms

--- 193.1.100.254 ping statistics ---
1 packets transmitted, 1 received, 0% packet loss, time 0ms
rtt min/avg/max/mdev = 2.112/2.112/2.112/0.000 ms
```

（四）工作站半年检

（1）检查各接线，接口设备插接牢固无松脱、无腐蚀现象。
对工作站所接网线及电源线等接口进行查看是否腐蚀，并进行端口紧固。
（2）散热风扇工作正常，无异味、异响。
听工作站风扇运转声音是否正常，闻是否有焦糊气味。

（五）工作站年检

（1）设备深度除尘。
将工作站正常关机，断电，拔下所有接口线；打开工作站机壳，用吹风机向同一方向吹灰；清洁完毕，安装工作站接线，正常开机。
（2）系统镜像备份。
将做好再生龙系统U盘插入工作站，重启从U盘启动；按提示操作备份系统，备份文件名按日期+Ip命名；备份完毕，取下U盘，正常启动系统。

第三节 BAS设备维护

一、大、小端PLC设备维护

（一）设备介绍

（1）大端PLC架构如图3-25所示。
（2）小端PLC架构如图3-26所示。

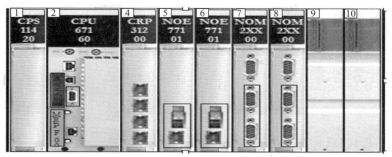

图 3-25　大端 PLC 架构

图 3-26　小端 PLC 架构

在车站的大、小端环控电控室分别设置了大/小端 PLC 机柜,机柜内分别有一套冗余的 PLC 设备,时刻保持热备状态,以实现 PLC 设备故障时立即进行冗余切换功能,保证 BAS 的正常运行。

(二)大/小端 PLC 设备巡检

(1)外观检查,确认设备完整性;

查看 CPU 卡槽上的各个模块是否有缺失,模块组是否有物理损坏情况。

(2)工作状态指示灯正常显示;

电源模块 CPS,看 Pwr ok 指示灯是否亮;正常状态如图 3-27 所示。

冗余模块 CRP,看 Active 灯、Ready 灯、Net Status 灯是否亮;正常状态如图 3-28 所示。

   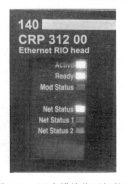

图 3-27　电源模块指示灯状态　　图 3-28　冗余模块指示灯状态

NOE 模块、NOM 模块指示灯有无红色报警。正常状态如图 3-29 所示。

(3) 设备无异味、异响。

设备正常运行无杂音,无焦糊气味。

(三) 大 / 小端 PLC 设备半年检

(1) 检查各接线,内部设备牢固无松脱、无腐蚀现象。

对 PLC 所接网线及电源线等接口进行查看是否腐蚀,并进行端口紧固。

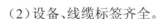

图 3-29　NOE 模块、NOM 模块指示灯状态

(2) 设备、线缆标签齐全。

PLC 所接网线较多,网线标签一般为便笺纸打印,粘贴时间久极易脱落,需进行粘贴紧固。

(四) 大 / 小端 PLC 设备年检

(1) 车站 PLC 冗余切换。

在冗余切换前首先要确认两台 PLC 正常工作,PLC 显示屏显示"PRMI/run"表示当前 PLC 为"主",PLC 显示屏显示"STBY/run"表示当前 PLC 为"备",如图 3-30、图 3-31 所示。

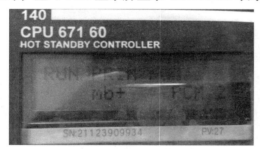

图 3-30　冗余切换状态

图 3-31　冗余切换状态

断开"主"PLC 的空开后,观察原为"备"的 PLC 是否自动切换到"主"运行状态;当原"备"PLC 切换为主 PLC 后,将断开的空开上电,观察新启动的 PLC 能否与现"主"PLC 进行冗余,冗余成功后,按照上述流程再次对新的"主""备"PLC 进行冗余切换,即完成了两台 PLC 的冗余切换。

(2) 程序备份。

将笔记本电脑通过 USB 编程数据线与 PLC 连接,打开 Unity Pro XL 软件,点击任务栏上的 PLC 按钮,选中"连接设置",设置地址为 SYS,介质为 USB,进行连接;连接后,点击菜单栏上的"PLC"按钮,选中"从 PLC 中上传项目按钮"进行 PLC 内程序的上传;程序上载完成后,点击任务栏中的"文件"按钮,选中"另存为",进行文件命名,点击"保存"(图 3-32)。

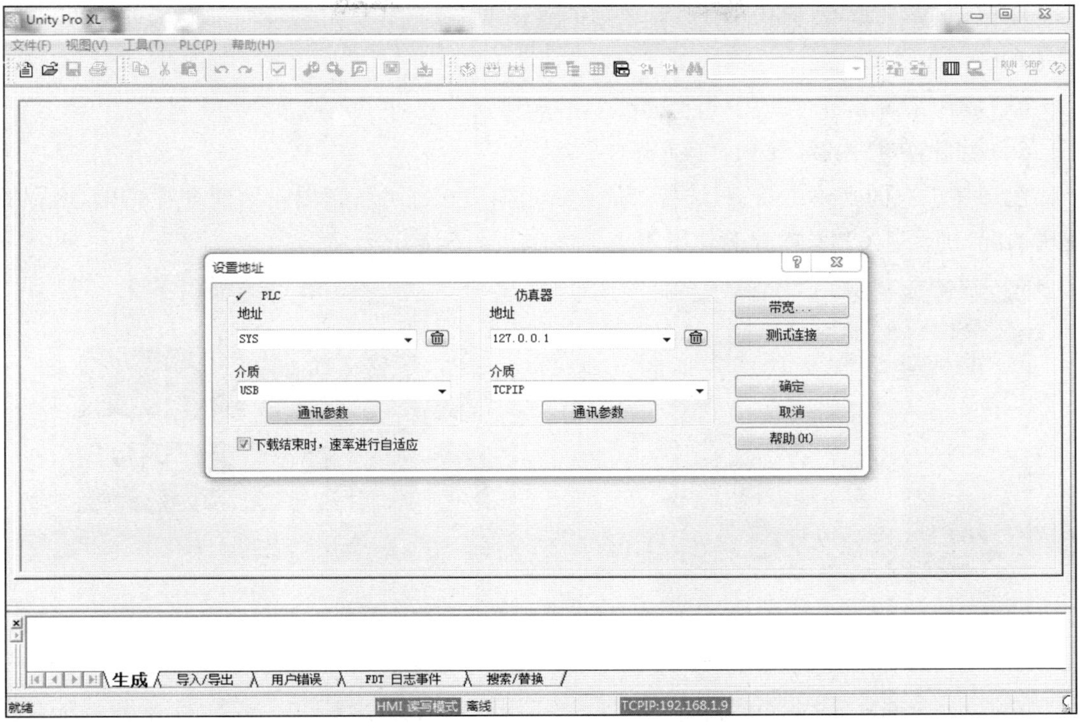

图 3-32　Unity Pro XL 软件通信设置

二、BAS 一体机设备维护

（一）设备介绍

一体机是嵌在 BAS 机柜中用于 BAS 维护的设备，简单来理解为具有触摸功能的一体化电脑。以郑州轨道 1 号线为例，BAS 一体机采用组态软件 Vijeo Citect 来实现 HMI，集成 BAS 子系统的全部功能，主要完成监视、控制 BAS 各个设备，监控空调通风系统、空调水系统、给排水系统、电扶梯系统、低压配电系统等设备；同时，向操作员提供手动模控、单体控制，在火灾和阻塞模式发生后进行系统复位。BAS 一体机具有双网络结构，与大端 PLC 进行数据交换，通信协议为 TCP/IP。

（二）BAS 一体机巡检

（1）外观检查，确认设备完整性（包括显示器、鼠标、键盘）。

（2）显示器、键盘和鼠标功能检查。

（3）检查系统软件运行情况及监控功能。

（4）一体机时钟与时钟系统一致。

选择"调整日期和时间"选项；在出现的对话框内，自动与 inernet 时间服务器同步，点击"立即更新"（图 3-33）。

（5）操作系统和各种应用软件正常运行，无错误信息。

（6）磁盘容量、内存、CPU 负荷符合要求。

在一体机桌面上单击右键，选择"任务管理器"，在任务管理器对话框查看 CPU、内存的使用情况，确保其 CPU、内存的使用率小于 50%（图 3-34）。

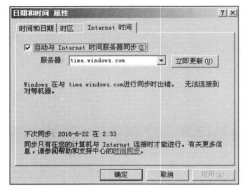
图 3-33　调整日期和时间

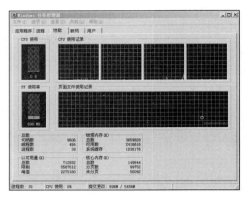
图 3-34　内存、CPU 负荷

右键单击"我的电脑"，依次选择"管理"、"磁盘管理"，在磁盘管理当中查看磁盘容量信息，确保磁盘容量小于 50%（图 3-35）。

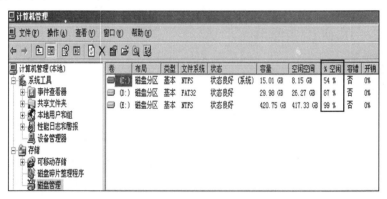
图 3-35　磁盘容量

（7）显示器亮度、色彩正常、无明显的坏点。

（8）设备表面清洁。

（三）BAS 一体机半年检

设备重启。点击 Citect 系统 - 退出，将正在运行的 BAS 一体机监控软件退出；然后进行 Window XP 系统重启；重启一体机后，运行桌面 Citect 软件；出现登录界面后输入用户名××，密码××，进入监控界面，到此就完成了 BAS 一体机的重启工作。

(四)BAS 一体机年检

(1)系统镜像备份。

使用一键还原工具进行系统镜像备份。在一体机上打开一键还原软件,选择"备份系统",选择"映像文件路径",选中分区"C"盘,点击确定即完成一体机系统的备份工作(图 3-36)。

(2)程序备份。

打开 Citect 管理器,在"我的工程"种选中要备份的程序,点击"备份",选择要保存的路径(图 3-37)。

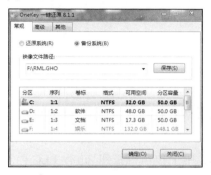

图 3-36 系统镜像备份

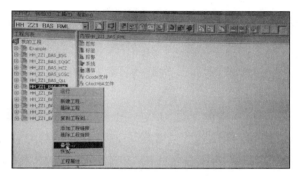

图 3-37 程序备份

三、BAS RIO 模块箱设备维护

(一)设备介绍

RIO 模块箱作为 BAS 的最下一级设备,直接和现场的设备进行连接,与设备的连接方式主要是通过硬接线和通信线两种方式,硬接线数据通过 DI、AI 传输给 M340 PLC,控制命令通过 DO、AO 下发给现场设备,进而对设备进行控制;通信数据通过 NOM0200 模块采集设备数据,通信协议为 Modbus RTU。模块箱内部 PLC 结构如图 3-38 所示。

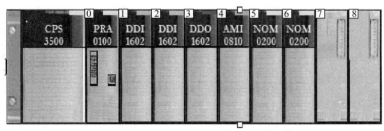

图 3-38 RIO 模块箱内部 PLC 结构

(二)BAS RIO 模块箱巡检

(1)柜锁功能正常。

（2）PLC、EGD 模块工作正常。

查看 PLC、EGD 的工作电源指示灯、通信状态指示灯是否正常。

（3）空开功能正常。

（4）插座功能正常。

（5）光电转换器指示灯状态，如图 3-39 所示。

（6）模块箱外部清洁。

（三）BAS RIO 模块箱半年检

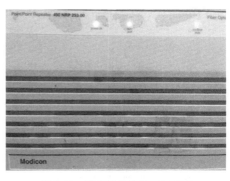

图 3-39　光电转换器指示灯状态

（1）接地螺丝紧固，电源端子紧固。

（2）线缆紧固，标签粘贴，箱体内部清洁。

（3）程序备份。

将笔记本电脑通过网线与 PRA 连接，打开 Unity Pro XL 软件，点击任务栏上的 PLC 按钮，选中"连接设置"，设置地址为要访问的 PLC /IP，介质为 TCP/IP，进行测试连接，点击确定。连接后，点击菜单栏上的"PLC"按钮，选中"从 PLC 中上传项目按钮"进行 PLC 内程序的上传。程序上载完成后，点击任务栏中的"文件"按钮，选中"另存为"，进行文件命名，点击"保存"（图 3-40）。

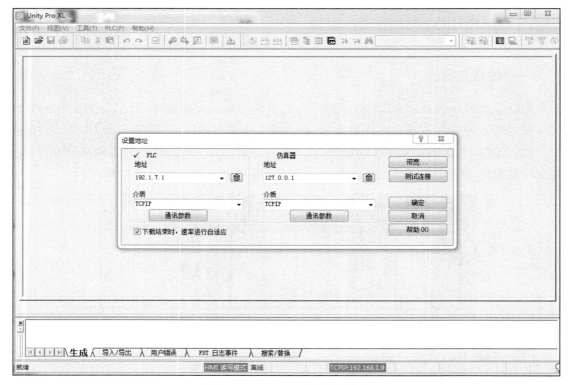

图 3-40　Unity Pro XL 软件通信设置

四、BAS 配电箱设备维护

（一）设备介绍

BAS 配电箱给 PLC 机柜、模块箱和电源箱提供电源，一般位于各站环控电控室、环控机房、照明配电室等房间内。BAS 配电箱的电源是从弱电综合室 ISCS 配电箱中引来。BAS 供电属于一类负荷，配电箱给模块箱提供的电源分工作电源和联动电源两部分。

（二）BAS 配电箱巡检

（1）配电箱外部清洁。
（2）柜锁功能正常。
（3）电源箱工作指示灯工作正常，如图 3-41 所示。
（4）空开位置正常。
（5）内部电源工作正常。

（三）BAS 配电箱半年检

（1）接地螺丝紧固。
（2）线缆紧固，标签粘贴，箱体内部清洁。

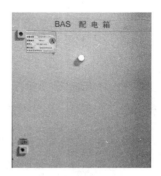

图 3-41　电源箱工作指示灯

五、BAS 电源箱设备维护

（一）设备介绍

BAS 电源箱是给车站内的电动防火阀提供 DC24V 电源的设备。一般和 BAS 配电箱并排安装。

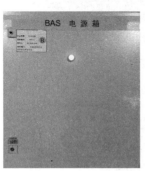

图 3-42　电源箱工作指示灯

（二）BAS 电源箱巡检

（1）配电箱外部清洁。
（2）柜锁功能正常。
（3）电源箱工作指示灯工作正常，如图 3-42 所示。
（4）空开位置在正常位。
（5）内部电源工作正常。

（三）BAS 电源箱半年检

（1）接地螺丝紧固。

(2)线缆紧固,标签粘贴,箱体内部清洁。

第四节 门禁设备维护

一、门禁服务器设备维护

(一)设备介绍

门禁服务器安装在控制中心综合设备室,共 2 台。服务器上安装门禁管理服务器端软件、SQL 数据库。全线所有门禁数据、操作员操作记录、数据库修改记录均可存储在中央服务器上,同时中央门禁服务器接收门禁操作工作站的控制指令并解析发送至指定车站的门禁网络控制器,再传递至门禁终端设备,每台工作站可行使不同功能。

(二)门禁服务器巡检

工作状态指示灯正常显示(图 3-43)。

(三)门禁服务器月检

(1)测试服务器通信状况。
(2)查看服务器内存、风扇、电源工作状态。
(3)设备表面清洁。

(四)门禁服务器半年检

磁盘容量、内存、CPU 负荷符合要求。

图 3-43 门禁服务器工作状态指示灯

在服务器显示器桌面上单击右键,选择"任务管理器",在任务管理器对话框查看 CPU、内存的使用情况,确保其 CPU、内存的使用率小于 50%;

右键单击"我的电脑",依次选择"管理"、"磁盘管理",在磁盘管理当中查看磁盘容量信息,确保磁盘容量小于 50%。

(五)门禁服务器年检

(1)服务器冗余功能的切换。

通过 KVM 切换器选择显示冗余服务器的操作界面,配合 rosemirro 软件的任务交接,即可实现门禁服务器的冗余切换。

(2)数据库和配置备份。

将服务器内数据库文件直接拷贝至工班移动硬盘即可。

二、门禁主控制器设备维护

(一)设备介绍

在车站弱电综合室设置门禁主控制器一套,并通过双 IP 端口连接至综合监控 A、B 网路中,实现与中心门禁服务器的双网路冗余通信;同时与车站内的就地控制器通过 RS485 双总线的方式连接,实现主控制器与就地控制器的双路冗余通信;门禁主控制器的主要功能为接收门禁服务器的参数信息并下发给门禁就地控制器,同时将门禁就地控制器采集来的数据信息上传至门禁服务器中。

(二)门禁主控制器巡检

(1)外观检查,确认设备完整性;

(2)工作状态指示灯正常显示;主要查看核心状态指示灯、主网口指示灯、外部电源指示灯、处理器状态指示灯等是否正常,如图 3-44 所示。

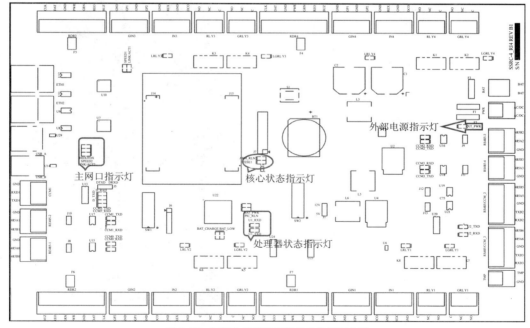

图 3-44 门禁主控制器工作状态指示灯介绍

(3)设备无异味、异响。

(4)设备表面清洁。

(三)门禁主控制器半年检

检查各接线,接口设备插接牢固无松脱、无腐蚀现象。

(四)门禁主控制器年检

设备深度除尘。

打开门禁机柜门,用螺丝刀打开主控制器上盖板,用吸尘器吸除主控制器表面浮尘。

三、门禁就地控制器设备维护

(一)设备介绍

门禁就地控制器安装在门禁就地控制箱内,主要功能为采集门禁就地级设备信息上传至门禁主控制器中,同时根据存储在本地的设置参数对采集信息进行比对处理作出判断并发送指令。

(二)门禁就地控制器年检

控制器箱体内部清洁,线缆规整。

四、门禁工作站设备维护

(一)设备介绍

门禁工作站分为中央门禁授权工作站、中央门禁维护工作站、中央门禁管理工作站和车站级门禁管理工作站;其中门禁授权工作站设置在车辆段综合监控设备室,门禁维护工作站和中央级门禁管理工作站设置在控制中心网管设备室,车站级门禁管理工作站设置在各站的车控室。

中央授权工作站专门进行人员录入、授权等管理。授权工作站通过 USB 接口连接一台台式发卡机,通过发卡机读写门禁卡片数据并进行人员授权。人员信息录入可手动进行,也可将现有的人事数据通过 ODBC 导入至数据库,节省繁重劳动。中央维护工作站专门进行设备管理和维护,维护工作站可看到全线所有门禁系统的传输记录,硬件通信和故障情况,查询门禁操作记录,查询和输出报表等。

(二)门禁工作站巡检

(1)外观检查,确认设备完整性。

（2）显示器、键盘和鼠标功能检查。

（3）系统软件运行正常。

（4）设备表面清洁（包括主机、显示器、鼠标键盘等）、工作站垃圾清理。

（三）门禁工作站月检

（1）显示器亮度、色彩正常、无明显的坏点。

（2）操作系统和各种应用软件正常运行，无错误信息。

（3）工作站时钟与时钟系统一致。

选择"调整日期和时间"选项；在出现的对话框内，自动与 Inernet 时间服务器同步，点击"立即更新"（图 3-45）。

（4）磁盘容量、内存、CPU 负荷符合要求（小于 50%）。

图 3-45　调整日期和时间

在工作站桌面上单击右键，选择"任务管理器"，在任务管理器对话框查看 CPU、内存的使用情况，确保其 CPU、内存的使用率小于 50%（图 3-46）。

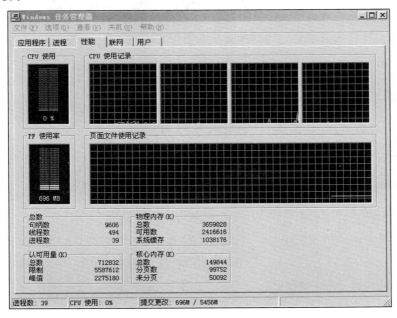

图 3-46　CPU、内存的使用率

右键单击"我的电脑"，依次选择"管理"、"磁盘管理"，在磁盘管理当中查看磁盘容量信息，确保磁盘容量小于 50%（图 3-47）。

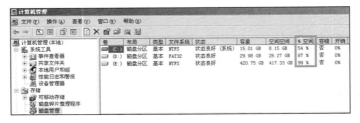

图 3-47　磁盘容量

(5)工作站网络连接通信正常。

点击工作站左下角的"开始"按钮,在搜索栏中输入命令:cmd,回车,打开命令窗口,在命令窗口内 Ping 门禁交换机 IP 地址(图 3-48)。

图 3-48　工作站网络连接

(6)工作站关机重启。

(四)门禁工作站半年检

(1)检查各接线,接口设备插接牢固无松脱、无腐蚀现象。

(2)散热风扇工作正常,无异味、异响。

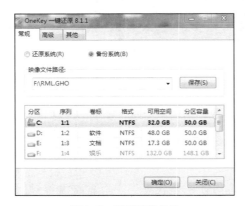

图 3-49　系统镜像备份

(五)门禁工作站年检

(1)设备深度除尘。

打开工作站主机的外壳,用毛刷和吸尘器除去工作站主机里面的灰尘。

(2)系统镜像备份。

使用一键还原工具进行系统镜像备份。在工作站上打开一键还原软件,选择"备份系统",选择"映像文件路径",选中分区"C"盘,点击确定即完成门禁工作站系统的备份工作(图 3-49)。

五、门禁交换机设备维护

(一)设备介绍

门禁交换机设置在门禁机柜内,负责门禁工作站、主控制器及 ISCS 交换机的连接。

(二)门禁交换机巡检

(1)工作状态指示灯正常显示,如图 3-50 所示。
(2)设备无异味、异响。
(3)设备表面清洁。

(三)门禁交换机月检

测试交换机通信状况。

用笔记本通过网线连接至交换机,输入用户名和密码;进入页面后,选择 Basic Settings,单击 System,即可查看交换机的通信状态(图 3-51)。

图 3-50　门禁交换机工作状态指示灯

图 3-51　测试交换机通信状况

(四)门禁交换机半年检

(1)检查各接线,接口设备插接牢固无松脱、无腐蚀现象。
(2)标签粘贴和加固。

六、门禁就地级设备维护

(一)门禁系统现场级设备构成介绍

现场级门禁系统设在车站、车辆段、停车场、主变电所和区间风井,安装在门禁点周围,主要包括以下设备:就地控制器、读卡器、电子锁、门磁、出门按钮和紧急出门按钮以及相关电源转换设备。

主要设备机房、AFC 票务室、调度室等重要门禁管制区域提供现场级设备。每个就地控制器最多连接两个门禁点,就地控制器带持卡人信息和记录存储功能。读卡器、电锁、门磁、开门按钮均直接连接至就地控制器。每个门禁点均配置一个紧急开门按钮,串接入电锁供电回路,当发生特别事故时,可通过直接砸碎紧急开门按钮的玻璃面板来打开门禁点。当通过此种方式开门时,紧急开门按钮将会发送一个反馈信号至门禁系统进行报警。

具有多扇门的设备房只在其中一个门上设置门禁点,且宜设置在单扇门上或靠近出入口的双扇门上;主变电所和区间风井门禁纳入临近车站管理。

现场级设备构成图如图 3-52 所示。

(二)门禁系统现场级设备巡检

(1)看读卡器上的指示灯是否正常亮,读卡器是否有杂音。
(2)使用正常的卡片,测试读卡器是否可以正常刷卡开门。
(3)按下出门按钮观察电锁是否断电,复位是否灵活。
(4)查看紧急出门按钮破玻片是否完好。
(5)查看电磁锁是否紧固。

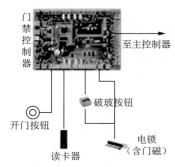

图 3-52　现场级设备构成图

(三)门禁系统现场级设备年检

(1)消防疏散通道门禁功能测试。
(2)用紧急开门按钮配置的小钥匙插进测试孔,观察电磁锁是否断电。
(3)应急情况下 IBP 盘门禁释放测试。
(4)按下 IBP 盘上的门禁释放按钮,查看电磁锁是否断电。

第五节　IBP 盘设备维护

一、IBP 盘设备概述

车站综合后备盘(IBP 盘)的功能是:在中央级发生通信故障、车站级人机接口发生故障、综合监控系统在发生灾害及阻塞等特殊情况下出现瘫痪时,保证车站具有紧急后备装置,以支持紧急情况下的控制功能,IBP 盘作为地铁站内人员及设备的最后一道"防线"。

IBP 盘面主要由屏蔽门系统盘面、自动扶梯盘面、环境与设备监控盘面、消防专用风机盘面、消火栓泵盘面、气体灭火盘面、门禁系统盘面、闸机系统盘面以及总试灯组成(图 3-53)。

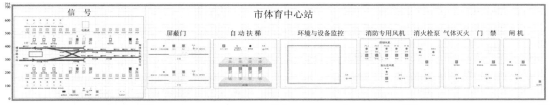

图 3-53　信号集中站盘面

二、IBP 盘的巡检

（1）外观检查，确认设备完整性。

查看 IBP 盘面钥匙、防护罩、柜门等零部件是否完好。

（2）各专业指示灯正常显示。

通过总试灯测试，查看盘面各个指示灯是否正常（图 3-54）。

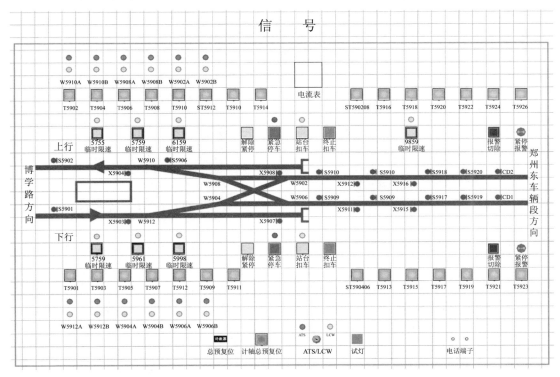

图 3-54　IBP 信号区域盘面

（3）盘体无异味、异响。

听一听盘体各部位是否有异响，闻一闻是否有焦煳气味。

(4) BAS 的 IBP 盘触摸屏系统软件运行情况及监控功能。

轻触唤醒 IBP 盘触摸屏,查看触摸屏系统软件运行情况(图 3-55)。

(5) BAS 的 IBP 盘 PLC 状态指示灯正常。

查看 EGD 模块、CPS 模块、PRA 模块、NOM 模块等模块指示灯是否正常(图 3-56)。

图 3-55　IBP 环控区域盘面

图 3-56　IBP 盘 PLC 状态

三、IBP 盘的月检

(1) PLC 清洁。

使用抹布或毛刷清扫 IBP 盘 PLC 各模块表面。

(2) PLC 通信状态检查。

通过综合监控工作站使用 ping 命令查看 IBP 盘 PLC 通信情况。

(3) 触摸屏操作系统和各种应用软件正常运行,无错误信息。

轻触唤醒 IBP 盘触摸屏,查看触摸屏系统软件运行情况。

(4) 触摸屏显示器亮度、色彩正常,无明显的坏点。

轻触唤醒 IBP 盘触摸屏,查看触摸屏显示器亮度、色彩及坏点情况。

四、IBP 盘的半年检

(1) 检查各接线,接口设备插接牢固无松脱、无腐蚀现象。

对 IBP 盘内部网线及电源线等接口进行查看是否腐蚀,并进行端口紧固。

(2) 标签粘贴和加固。

对 IBP 盘所接通信及电源线等接口进行查看是否腐蚀,并进行端口紧固。

(3) 指示灯及蜂鸣器测试。

按下 IBP 盘总试灯,查看盘面各指示灯是否正常点亮,听蜂鸣器是否正常发声。

(4) IBP 触摸屏重启。

轻触唤醒 IBP 盘触摸屏,直接点击右上角"系统重启"并确认即可(图 3-57)。

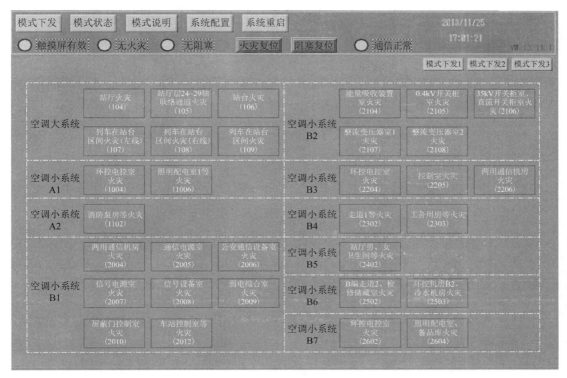

图 3-57　IBP 触摸屏界面

五、IBP 盘的年检

1. IBP 内部除尘

用镊子清除出 IBP 柜内垃圾，用吸尘器吸去柜内尘土，用抹布将柜内擦拭干净；用抹布将 IBP 柜外部浮尘擦拭干净；在空旷处将拆下的 IBP 散热风扇吹干净。如果 IBP 风扇或照明故障，则维修或更换。

2. IBP 内 PLC 程序备份

将笔记本电脑通过网线与 PRA 连接，打开 Unity Pro XL 软件，点击任务栏上的 PLC 按钮，选中"连接设置"，设置介质为 TCP/IP，进行连接；连接后，点击菜单栏上的"PLC"按钮，选中"从 PLC 中上传项目按钮"进行 PLC 内程序的上传；程序上载完成后，点击任务栏中的"文件"按钮，选中"另存为"，进行文件命名，点击"保存"，与模块箱 PLC 程序备份流程一致。

3. IBP 功能测试

由相关专业人员配合，在 IBP 盘上对其管辖的系统进行按钮操作，并由相关专业在设备现场设置专人查看设备动作情况；ISCS 人员在车控室监护，查看相关的操作按钮、状态指示灯、钥匙开关、蜂鸣器等电气元件是否正常工作；测试 IBP 盘与 ISCS 有关的接口系统功能。

4. 系统恢复

因触摸屏不能实现程序备份，在触摸屏出现问题无法工作时，可通过重新导入程序来恢复触摸屏的正常工作。

现将触摸屏程序导入步骤做以说明：打开笔记本桌面软件 Vijeo Designer，打开触摸屏程序（最新版触摸屏程序由厂家提供）（图 3-58）。

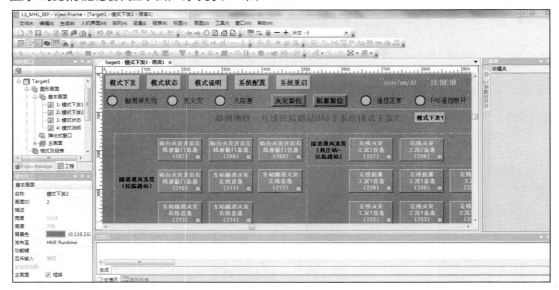

图 3-58　Vijeo Designer 软件编辑界面

选择"生成"—"生成目标"，完成后选择"生成"—"下载目标"，输入 IP 地址，如图 3-59 所示。

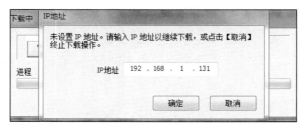

图 3-59　IP 地址输入界面

点击"确定"可将该程序下载到触摸屏内，触摸屏重启后即可完成程序导入，通过选择触摸屏系统配置可查看触摸屏静态 IP，初次使用需手动设置静态 IP。

第四章　综合监控设备故障处理

> **岗位应知应会**
>
> 1. 掌握综合监控系统硬件、软件及专业接口间常见故障处理方法。
> 2. 熟悉综合监控系统设备工作原理。
> 3. 通过专业常见故障处理方法的学习能够掌握基本的故障处理方法。
>
> **重难点**
>
> 重点：综合监控系统常见故障分类及处理方法。
> 难点：综合监控专业设备工作原理。

第一节　综合监控设备常见故障及处理方法

一、综合监控硬件设备常见故障及处理方法

（一）网络设备故障及处理方法

1. 单个网络口故障

检查相关光纤及网线（主要是接头部分），查看是否接触良好，使用相关仪器仪表校测，或可采用更换其所在交换机口等方式排除故障。

2. 多网络口故障

发生故障后，首先查看相应网络设备电源模块是否正常，能否正常提供电源，如电源模块故障使用仪器仪表对电源模块进线出线端测量电压是否正常，如确定电源模块损坏可予以更换；如仍不正常，进一步排查对应网络设备模块是否正常，如模块损坏对相应模块进行更换；最后排查对应网口配置是否正确，发现配置错误后应对相应网口进行重新配置。

3. 骨干环网故障

使用中心网管工作站交换机管理软件判断环网的断点，初步确定故障断点位置，组织现

场人员查看并修复,现场人员需检查网络交换机、光纤通道以及跳线连接情况是否正常并予以处理。

(二)服务器设备故障

具体表现为服务器面板黄色指示灯灯亮,表面服务器已检测到问题,在超户下使用#prtdiag–v 命令可以查看系统检测到的故障,最常见的故障如单电源运行、温度检测过高以及风扇等硬件故障。

在确认故障后,如果是单电源运行故障,检查双电源模块是否工作正常;如果是温度检测过高,降低服务器运行的环境温度;如果是其他服务器硬件故障,采用备件予以更换处理。

(三)工作站硬件故障

1. 开机有告警声

此情况出现一般为工作站内存、显卡等设备接触不良或损坏造成。出现此情况时,可强制关机并拆开机箱,检查内存、网卡、显卡是否未插好,必要时可使用替换法排除故障。

2. 键盘或鼠标无法使用

检查键盘鼠标接口连接,确保硬件连接正常,仍无法正常使用,使用替换法排除故障。

二、综合监控软件常见故障及处理方法

(一)现场设备状态与界面状态显示不一致

明确界面显示设备编号及对应专业,与现场人员进一步测试核对,确定现场状态正常无误后,进一步检查综合监控数据库的配置是否与点表中一致,如有错误依照点表及现场设备状态进行更改,同时可使用列点查询功能确定不一致原因。

(二)服务器系统状态不正常

若发现某台服务器所有服务失败停止(红色),应由现场人员查看服务器状态,检查该服务器实际运行情况及通信状况,查看服务器硬盘指示灯闪烁情况,尝试通过工作站登录管理口查看硬件状态或尝试登录该服务器查看硬盘状态,进入单用户模式,检查文件系统并尝试修复错误的命令。若修复后重启系统系统状态仍不正常,建议更换服务器硬盘处理。

若只是部分服务停止,请确认是否是改动配置或相应配置失败造成。

（三）工作站用户无法登陆

确认输入的密码正确，检查大小写字母锁定按钮及数字键盘按钮的状态，另外输入密码时显示 *。如果输入错误，可以按"后退键"重新输入。

（四）事件无法查阅

检查使用的事件过滤是否正确，选择正确的事件过滤条件。

三、综合监控与接口专业常见故障及处理方法

（一）与视频监控 CCTV 接口故障

故障表现：车站 CCTV 的所有摄像头控制按钮均为灰色，无法点击。
查看是否本地或远程有用户登录到本站 CCTV 客户端，需退出本站 CCTV 客户端即可。

（二）与屏蔽门 PSD 接口故障

故障表现：综合监控工作站上状态与现场状态不符。
由屏蔽门专业在其控制室的终端上查看其显示是否与现场一致或存在其他软件故障，如正常则需检查综合监控与屏蔽门接口链路连接是否正常，最后进一步查看综合监控画面及数据库配置，查看是否配置正确，可借助列点查询工具。

四、软硬件巡检

（一）外部直观检查

首先应进行外部直观检查，检查设备有无松动、接触不好现象；检查机箱、机柜螺丝有无松动、脱落，特别是外观有无损坏和变形，机柜、机箱外观若有严重损坏或变形，常常意味着内部电路板插件也受到损坏。
对服务器、交换机、前置机巡检时查看各状态指示灯是否正常，若有异常，及时联系处理。

（二）绝缘和接地检查

绝缘和接地检查，检查机箱对机柜绝缘、强电输入端子对地绝缘，以及各种信号电缆的屏蔽接地是否正确、良好。机柜与接地网连接必须保证接触良好、可靠，接地网的接触电阻应尽可能小。

第二节　BAS 设备常见故障及处理方法

一、BAS 系统常见故障及处理方法

(一) PLC 机柜内模块常见故障及处理

1. 电源模块故障

电源模块是为其他设备提供 220V 交流电源,正常情况下该模块 Power 电源指示灯为绿色常亮。如果所有模块的状态指示灯都不亮,且给电源模块供电的电源正常,说明该模块被烧坏,需要更换模块。

2. CPU 模块故障

CPU 模块具有冗余功能,液晶面板显示当前工作状态,正常运行情况下主机显示为 RUN Prim/RUN STBY,备机显示为 RUN STBY/RUN Prim,如果显示为 RUN Offline,说明主备程序之间没有实现冗余,可能是程序不一致的原因造成的(调试过程中常遇到),正常运行的时候可能为冗余光纤的问题。

3. CRP 模块故障

CRP 模块作为远程 I/O 主环路中本地机架上的主站模块,主备 2 套模块中通过网线连接,相应的上面模块的 3 通道对应下面模块的 4 通道,上面模块的 4 通道对应下面模块的 3 通道。正常情况下主机上面的指示灯均为绿色显示,Mod Status 状态灯为绿色闪烁。

4. NOE 模块故障

NOE 模块提供以太网端口,实现 PLC 与上位机通信功能,如果发现显示面板上有 Fault 出现,说明网络通信有问题,检查该模块到综合监控系统网络交换机之间的网线是否正常。

5. NOM 模块故障

NOM 模块是 MB+ 通信模块,如果上面出现 Error A 或者 Error B,说明 A 环或者 B 环有问题,需要检查 MB+ 线路,查看是否有线路有问题。

(二) RI/O 模块箱内部故障及处理

1. CPS 电源模块故障

正常情况下,该设备 OK 灯常亮,常见的问题是该模块 OK 灯时通时断,这是 CP 电源内部问题造成的,需要更换设备,其次检查给电源模块供电的外部电源是否有 220V 交流电。

2. PRA 模块故障

正常情况下该模块上面的指示灯均为绿色常亮状态,常见问题有:

(1) PRA 与网关模块 EGD 网线异常,ETHACT 灯不亮。

(2)因其他 I/O 模块故障,导致 PRA 液晶显示面板中的 I/O 灯显示为红色。
(3)RUN 为闪烁状态,说明该 PLC 没有运行,需要通过软件使其处于运行状态。

3. DDI 模块故障

首先检查该模块 I/O 灯是否为红色,如果显示为红色,说明模块端子上面提供的 24V 电源有问题,检查外部电源;如果是检查某一个通道问题,用短接线将下方对应的端子短接,查看模块上面对应的指示灯是否被点亮,如果没有,再检查一下端子 24V 电源是否正常,试试旁边的通道是否正常,如果是其他的没有问题,那就是该通道被烧坏,更换模块或更换通道。

4. DDO 模块故障

该模块正常情况下,如果某一个通道有输出,对应的通道灯被点亮,相应的继电器也会被点亮,如果通过程序将该通道置 1,对应的通道灯没有点亮,则应该是模块有问题,如果通道灯正常,继电器没有点亮,测量对应继电器接线端子是否有电压,或者将对应继电器与旁边继电器相互调换一下,排除是否是继电器的原因造成继电器未点亮。

5. AMI 模块故障

该模块为模拟量输入模块,接入的设备有温湿度传感器,CO_2 传感器,流量传感器,水位值,正常时候如果某一个通道有输入,对应的通道灯常亮,如果该通道灯闪烁,则接线没有接好。

6. AMO 模块故障

该模块为模拟量输出模块,只有动态平衡调节阀的控制使用,当有输出时,能够在接线端子上测得相应的电压值。以此来判断模块的好坏。

7. NOM 模块故障

该模块提供 RS485 端口,当通信不通的时候,该通道对应的指示灯会以较高的频率闪烁,通信正常的时候该指示灯常亮。如果通信有问题,检查该端口网线水晶头是否压好,通信线是否接好,调换其他的通信线或者通道尝试一下,再检查接口方设备是否有数据传输过来,通过串口工具进行检查。

8. 电源故障

当发现下面接线端子没有 24V 电压时,检查电源模块工作是否正常,该电源工作正常时指示灯为绿色常亮,其次检查对应的接线端子中的保险是否烧毁。

二、BAS 与接口专业故障及处理方法

(一)电动防火阀显示为无效,无法控制或者显示与实际不相符

1. 显示状态为无效(即没有开状态,也没有关状态)

遇到该问题,需要在模块箱内对设备下发控制命令,看防火阀是否有动作,如果有动作,等动作完成后看反馈是否正确,再下发一个相反的控制命令,再查看防火阀反馈状态,如果

反馈正确,说明是防火阀卡滞,没有动作到位,如果反馈不正确,首先用短接线短接模块箱内对应的 DI 状态点,看 DI 模块上面对应的状态灯是否点亮,排除模块是否有问题,点亮说明模块没有问题,需要检查阀体,在阀体处测量对应的状态点是否为导通。如果阀体此时为开状态,应该测量的开状态对应的端子为导通,如果不通,为阀体自身的问题,同样的方法测量在关状态时候的反馈。

2. 设备状态与显示不符

通常该问题出现在未调试过的设备,一般的情况就是把线接反的原因造成的,需要现场将设备操作一下,查看开和关的状态,如果都是相反的,对应电动防火阀,需要将开状态接线和关状态接线互换一下;对于手动防火阀,可能是接线位置错误。

3. 设备无法控制

设备无法控制是针对电动防火阀而言,如果无法控制,首先检查下发开命令后对应模块箱内继电器是否点亮,点亮说明模块没有问题,再测量给防火阀供电的电源是否正常,通过模块箱内接线图测量对应的端子电压,再在设备端检查控制是否有直流 24V 电压,如果电压正常,则需要检查阀本身问题。

(二)在综合监控界面上无法控制设备

1. 首先应该检查控制权限

进入权限页面,检查你要控制的设备对应的系统目前的权限是否为 ISCS,如果不是,则需要将权限切换到 ISCS。

2. 其次是检查模式控制方式

进入模式页面,查看你要控制的设备对应的系统目前的控制方式,如果控制方式不是单体控制,将其切换至单体控制方式。

3. 查看该设备当前的控制状态

如果看到的设备目前状态不在 BAS 状态(可能为环控或者就地),需要将该设备状态切换到 BAS 状态再进行控制。

(三)智能低压类设备无法控制

当发现有智能低压类设备无法控制的时候,解决的方法是:

在允许操作的前提下,在环控柜上将该设备状态切换到环控,在环控状态下进行控制,如果说在环控状态下无法控制,说明是设备自身的问题或者环控柜接线问题。

对应智能低压类设备,存在风机与风阀联锁关系,就是每一个风机会对应一个风阀,当风阀不打开的时候,风机是无法打开的,同样当风机处于打开状态时,风阀也是不能关闭的。所以,单体控制智能低压设备时要注意,如果没有按照要求来操作,会造成控制失败。

如果在环控状态下可以控制,在 BAS 状态下控制不了,可以打开风阀控制抽屉,在 BAS 状态下给设备下发命令,看抽屉内对应的继电器是否会点亮,点亮说明控制没有问题,应该找环控柜厂家处理,如果 BAS 仍无法控制,需要检查点表或者接线处理。

(四)照明设备无法控制

照明设备正常情况下为开状态,当 PLC 置 1 时照明设备关闭。通常照明设备不能控制常见有三种情况:

(1)照明控制箱手动/自动转换开关不好使,接触不好,导致无法控制;
(2)照明控制箱内开关未上电,使得无法控制;
(3)检查模块箱内模块及接线端子的问题。

第三节 门禁设备常见故障及处理方法

一、门禁控制器故障及处理方法

(一)主控制器与门禁服务器通信故障

(1)测量工作电压,正常值为 DC24V,EXT PWR 电源指示灯亮。
(2)观察主控制器与门禁服务器的通信状态,通信正常时,控制器板上的 HDX/FDX、SPEED、Link/ACT 指示灯亮,并且 SPEED 指示灯频繁闪烁。
(3)通过管理软件 CIM 模块查看控制器通信状态,通信正常时,Connection Stauts 为绿色字体 communicating。
(4)检查 IP 配置,通过 boardconfig 程序,查看主控制器自身 IP 地址和门禁服务器 IP 地址。
(5)检查管理软件控制器设置,通过系统管理模块→硬件地图,查看门禁控制器的 IP 地址,此地址为第 4 步中主控制器自身地址。

(二)主控制器与就地控制器通信故障

(1)测量工作电压,正常值为 DC24V,EXT PWR 电源指示灯亮。
(2)观察主控制器与就地控制器的通信状态,通信正常时,控制器板上所连接线缆端口相应的 COM_TXD、COM_RXD 指示灯连续闪烁。
(3)通过管理软件 CIM 模块查看控制器通信状态,通信正常时,Connection Stauts 为绿色字体 Communicating。
(4)检查管理软件控制器设置,通过系统管理模块→硬件地图,查看门禁控制器的通道号和地址号。

(三)门禁控制器故障更换

(1)拆除连接在原控制器上的所有接线端子,取下原控制器;

(2)确保工作电压正确的情况下,为新控制器上电,上电前将 SW2 的第 4 位端子拨在 OFF,然后加电约 30s 后再将 SW2 的第 4 位端子拨在 ON 上,断电重启清空控制器内存。完成后,断开电源。

(3)设置新控制器 IP 开关。

注:新控制器 IP 设置应参照被替换的原控制器。

(4)为控制器设置 IP 地址,若更换控制器为就地控制器时则省略此步骤转至步骤 5。

通过 boardconfig 程序,设置主控制器自身 IP 地址和指向门禁服务器 IP 地址。主控制器与门禁服务器实现点对点的通信,所以在主控制器上除了设置其自身 IP 地址外,还要绑定与其通信的门禁服务器 IP 地址。

注:新主控制器的 IP 设置,可参照被替换的原主控制器。

(5)检查管理软件控制器设置,通过系统管理模块→硬件地图,查看门禁控制器的 IP 地址。确保此地址为步骤 4 中主控制器自身地址。

(6)重新连接所有接线端子,需要特别注意控制器通信线缆的连接需与原控制器连接相同。

二、读卡器故障及处理方法

(一)故障排查

(1)测量工作电压,正常值为 DC12V。

(2)通过观察读卡器上的指示灯是否亮来判断读卡器是否正常。

(3)使用正常的卡片,测试读卡器是否可以读取。

(二)更换新读卡器

(1)拆卸固定读卡器的螺钉。

(2)标记接线顺序。

(3)按照原来的接线顺序连接新更换的读卡器。

(4)固定新更换的读卡器。

(5)参见(一)项,查看读卡器是否可以正常工作。

三、电控锁故障及处理方法

(一)故障排查

(1)工作正常时,通电、门闭合时,磁力锁上锁。用万用表测量内置门磁输出信号为短

路;断电,磁力锁开锁,门打开,用万用表测量内置门磁输出信号为开路;

(2)检查磁力锁锁体和衔铁安装位置是否符合要求,锁体和衔铁接触面紧密,衔铁在安装稳固,但应该留一点活动的虚位,这样才能保证锁体和衔铁接触紧密。

(二)更换新电控锁

在电源正常、安装无误的情况下,若磁力锁工作不正常,则需要更换。磁力锁工作电压为 DC24V,电源线需要区分极性,门磁输出信号为 COM 和 NO。

四、出门按钮故障及处理方法

(一)故障排查

工作正常时,用万用表测量出门按钮输出信号为开路;按下按钮面板时,用万用表测量出门按钮输出信号为短路;释放按钮面板,输出信号恢复为开路状态。

(二)更换新出门按钮

若工作不正常,则需要更换出门按钮,出门按钮的输出信号为 COM 与 NO。

五、紧急开门按钮故障

(一)故障排查

工作正常时,用万用表测量紧急开门按钮输出信号为短路,模拟击碎玻璃面板,测量输出信号为开路,模拟玻璃面板复位,输出信号恢复为短路状态。

(二)更换新紧急出门按钮

若工作不正常,则需要更换紧急开门按钮。紧急开门按钮的输出信号为 COM 与 NC。

第五章　综合监控专业通用维修工具及仪器仪表的使用

岗位应知应会

1. 会正确使用常用工器具,能够正确识别工器具的特性,了解其功能和使用注意事项。
2. 会正确使用仪器仪表,了解各种仪器仪表的特性,使用方法和使用过程中的注意事项。
3. 通过仪器仪表的测量数据,为实验和检修任务作出正确的判断。

重难点

重点:各种仪器仪表在使用过程中,都有危险源存在,所有我们在使用前要了解清楚其使用特性。
难点:兆欧表的测量方法和使用过程中的注意事项。

第一节　常用维修工具及使用

一、电烙铁

(一)电烙铁使用方法(图 5-1)

(1)选用合适的焊锡,应选用焊接电子元件用的低熔点焊锡丝。
(2)助焊剂,用 25% 的松香溶解在 75% 的酒精(重量比)中作为助焊剂。
(3)电烙铁使用前要上锡,具体方法是:将电烙铁烧热,待刚刚能熔化焊锡时,涂上助焊剂,再用焊锡均匀地涂在烙铁头上,使烙铁头均匀地覆上一层锡。

(4)焊接方法,把焊盘和元件的引脚用细砂纸打磨干净,涂上助焊剂,用烙铁头沾取适量焊锡,接触焊点,待焊点上的焊锡全部熔化并浸没元件引线头后,电烙铁头沿着元器件的引脚轻轻往上一提离开焊点。

(5)焊接时间不宜过长,否则容易烫坏元件,必要时

图 5-1　电烙铁

可用镊子夹住管脚帮助散热。

(6)焊点应呈正弦波峰形状,表面应光亮圆滑,无锡刺,锡量适中。

(7)焊接完成后,要用酒精把线路板上残余的助焊剂清洗干净,以防炭化后的助焊剂影响电路正常工作。

(8)集成电路应最后焊接,电烙铁要可靠接地,或断电后利用余热焊接。或者使用集成电路专用插座,焊好插座后再把集成电路插上去。

(9)电烙铁应放在烙铁架上。

(二)电烙铁使用注意事项

(1)电烙铁使用前应检查使用电压是否与电烙铁标称电压相符。

(2)电烙铁应该具有接地线。

(3)电烙铁通电后不能任意敲击、拆卸及安装其电热部分零件。

(4)电烙铁应保持干燥,不宜在过分潮湿或淋雨环境使用。

(5)拆烙铁头时,要切断电源。

(6)切断电源后,最好利用余热在烙铁头上上一层锡,以保护烙铁头。

(7)当烙铁头上有黑色氧化层时候,可用砂布擦去,然后通电,并立即上锡。

(8)海绵用来收集锡渣和锡珠,用手捏刚好不出水为适。

二、吸锡器

吸锡器使用方法如图 5-2 所示。

 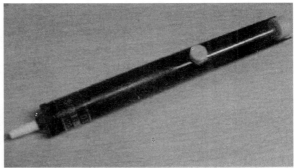

图 5-2　吸锡器

胶柄手动吸锡器的里面有一个弹簧,使用时,先把吸锅器末端的滑杆压入,直至听到"咔"声,则表明吸锡器已被固定。再用烙铁对接点加热,使接点上的焊锡熔化,同时将吸锡器靠近接点,按下吸锡器上面的按钮即可将焊锡吸上。若一次未吸干净,可重复上述步骤。

三、电钻

（一）电钻使用方法（图5-3）

(1) 在金属材料上钻孔应首先用在被钻位置处冲打上一个眼。

(2) 在钻较大孔眼时，预先用小钻头钻穿，然后再使用大钻头钻孔。

(3) 如需长时间在金属上进行钻孔时可采取一定的冷却措施，以保持钻头的锋利。

(4) 钻孔时产生的钻屑严禁用手直接清理，应用专用工具清屑。

图5-3　电钻

（二）电钻的注意事项

(1) 确认现场所接电源与电钻铭牌是否相符，是否接有漏电保护器。

(2) 钻头与夹持器应适配，并妥善安装。

(3) 确认电钻上开关接通锁扣状态，否则插头插入电源插座时电钻将出其不意地立刻转动，从而可能招致人员伤害危险。

(4) 面部朝上作业时，要戴上防护面罩，在生铁铸件上钻孔要戴好防护眼镜，以保护眼睛。

(5) 钻头夹持器应妥善安装。

(6) 作业时钻头处在灼热状态，应注意灼伤肌肤。

(7) 站在梯子上工作或高处作业应做好高处坠落措施，梯子应有地面人员扶持。

(8) 电钻器身紧固螺钉检查，使用前检查电钻机身安装螺钉紧固情况，若发现螺钉松了，应立即重新扭紧，否则会导致电钻故障。

四、冲击钻

（一）冲击钻的使用方法

(1) 操作前必须查看电源是否与电动工具上的常规额定220V电压相符，以免错接到380V的电源上。

(2) 使用冲击钻前请仔细检查机体绝缘防护、辅助手柄及深度尺调节等情况，机器有无螺钉松动现象。

(3) 冲击钻必须按材料要求装入$\phi 6mm \sim \phi 25mm$允许范围的合金钢冲击钻头或打孔通用钻头。严禁使用超越范围的钻头。

(4) 冲击钻导线要保护好，严禁满地乱拖防止轧坏、割破，更不准把电线拖到油水中，防止油水腐蚀电线。

（5）使用冲击钻的电源插座必须配备漏电开关装置，并检查电源线有无破损现象，使用当中发现冲击钻漏电、振动异常、高热或者有异声时，应立即停止及时检查修理。

（6）冲击钻更换钻头时，应用专用扳手及钻头锁紧钥匙，杜绝使用非专用工具敲打冲击钻。

（7）使用冲击钻时切忌用力过猛或出现歪斜操作，事前务必装紧合适钻头并调节好冲击钻深度尺，垂直、平衡操作时要徐徐均匀地用力，不可强行使用超大钻头。

（8）熟练掌握和操作顺逆转向控制机构、松紧螺钉及打孔攻牙等功能。

（二）冲击钻的注意事项

（1）冲击外壳必须有接地线或接中性线保护。

（2）电钻导线要完好，严禁乱拖，防止轧坏、割破。严禁把电线拖置油水中，防止油水腐蚀电线。

（3）检查其绝缘是否完好，开关是否灵敏可靠。

（4）装夹钻头用力适当，使用前应空转几分钟、待转动正常后方可使用。

（5）钻孔时应使钻头缓慢接触工件，不得用力过猛，折断钻头，烧坏电机。

（6）注意工作时的站立姿势，操作机器时要确保立足稳固，并要随时保持平衡。

（7）在干燥处使用电钻，严禁戴手套，防止钻头绞住发生意外，在潮湿的地方使用电钻时，必须站在橡皮垫或干燥的木板上，以防触电。

（8）使用中如发现电钻漏电，震动，高温过过热时，应立即停机待冷却后再使用。

（9）电钻未完全停止转动时，不能卸、换钻头，出现异常时其他任何人不得自行拆卸，装配，应交专人及时修理。

（10）如用力压电钻时，必须使电钻垂直，而且固定端要牢固可靠。

（11）中途更换新钻头，沿原孔洞进行钻孔时，不要突然用力，防止折断钻头发生意外。

（12）停电、休息或离开工作地时，应立即切断电源。

五、万用表

以常用的福禄克 15B 或 17B 型数字万用表为例，介绍其常见使用方法。

（一）仪表概述（图 5-4、表 5-1）

各位置说明　　　　　　　　　　表 5-1

项目	说　　明
1	用于交流电和直流电电流测量（最高可测量 10A）和频率测量（仅限 17B）的输入端子
2	用于交流电和直流电的微安以及毫安测量（最高可测量 400mA）和频率测量（仅限 17B）的输入端子
3	适用于所有测量的公共（返回）接线端
4	用于电电、电阻、通断性、二极管、电容、频率（仅限 17B）和温度（仅限 17B）测量的输入端子

（二）显示屏介绍（图 5-5、表 5-2）

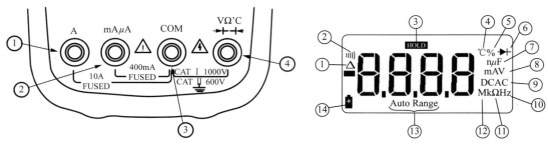

图 5-4　万用表　　　　　　　　　　图 5-5　万用表显示屏

显示屏各部分介绍　　　　　　　　　　　　　表 5-2

项目	说　　明	项目	说　　明
1	已激活相对模式	8	A，V – 安培或福特
2	已选中通断性	9	DC，AC – 直流或交流电电或电流
3	已启用数据保持	10	Hz - 已选频率
4	已选中温度	11	Ω– 已选欧姆
5	已选中占空比	12	m，M，k – 十进制前缀
6	已选中二极管测量	13	已选中自动量程
7	F – 电容点位法拉第	14	电池电量不足,应立即更换

（三）常用测量

1. 手动量程及自动量程

电表有手动及自动量程两个选项。在自动量程模式内,电表会为检测到的输入选择最佳量程,转换测量点而无须重置量程,可以手动选量程来改变自动量程。

在有超出一个量程的测量功能中,电表的默认值为自动量程模式,当电表处于自动量程模式时,Auto Range 显示,要进入及退出手动量程模式：

（1）按 [RANGE] 。

按下 [RANGE] 增加量程。当达到最高量程时,电表会回到最低量程。

（2）退出手动量程模式,按下并保持 [RANGE] 2s。

2. 数据保持

保持当前阅数,按下 [HOLD]。再按 [HOLD] 恢复正常操作。

3. 测量交流或直流电压

为最大程度减少交流或交直流混合电电部件内的未知电电阅数错错,应首先选选电表上的交流电电功能,同时留意记下产生正确测量结果所在的交流量程。然后,手动选选直流电压功能,使直流量程等于或高于前面的交流量程。该过程可最大限度降低交流瞬变所带来的影响,确保准确直流测量(图 5-6)。

(1) 调节旋钮至 ṽ, v̄, 或 m̄v 以选选交流或直流。
(2) 将红表笔连接至 VΩ 端子,黑表笔连接至 COM 端子。
(3) 将探针接触想要的电路测测点,测量电压。
(4) 阅显示屏上测出的电压。

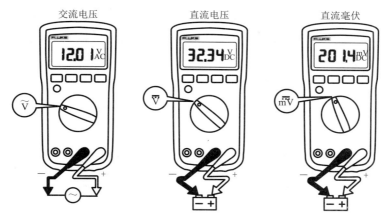

图 5-6 万用表测量交流或直流电压

(四)数字万用表使用注意事项

(1) 如果无法预先估计被测电压或电流的大小,则应先拨至最高量程挡测量一次,再视情况逐渐把量程减小到合适位置,测量完毕,应将量程开关拨到最高电压挡或关闭电源。

(2) 满量程时,仪表仅在最高位显示数字"1",其他位均消失,这时应选择更高的量程。

(3) 测量电压时,应将数字万用表与被测电路并联。测电流时应与被测电路串联,测直流量时不必考虑正、负极性。

(4) 当误用交流电压挡去测量直流电压,或者误用直流电压挡去测量交流电时,显示屏将显示"000",或低位上的数字出现跳动。

(5) 禁止在测量高电压(220V 以上)或大电流(0.5A 以上)时换量程,以防止产生电弧,烧毁开关触。

六、螺丝旋具

螺丝旋具是设备日常维护检修及故障抢修常用工具,螺丝旋具又称螺丝刀、螺丝批、起子和改锥等。是用来紧固和拆卸各种紧固力较小螺钉。螺丝旋具是由刀柄和刀体组成,刀口形状有"一"字、"十"字、内六角、六角套筒旋具等。根据刀体长度和刀口大小每一类型都有不同型号。电气维护用的螺丝旋具刀体部分用绝缘管套住。

使用时,首先根据螺钉头部槽的形状和大小,选择合适的旋具,否则会损坏旋具或螺钉槽。然后用大拇指、食指和中指夹住刀柄,手掌顶着刀柄末端,最后把刀口放入螺钉头部槽内,使用合适的压力旋紧或旋松螺钉。

螺丝旋具用力时不能对着别人或自己,以防脱落伤人。除了允许敲击的撞批外,一般螺丝旋具不允许用锤子等工具敲击。不允许用螺丝旋具代替凿子或撬棍使用。

(一)扳手

扳手是用于旋紧或拧松有角螺丝钉或螺母的工具。常用的扳手有活动扳手、呆扳手、梅花扳手、两用扳手、套管扳手、内六角扳手、棘轮扳手、扭力扳手和专用扳手等。使用时,手握手柄,手越靠后,扳动起来越省力。不允许将扳手当作撬棍或锤子使用。

(二)钳

按功能和形状可以分为克丝钳、尖嘴钳、扁嘴钳、鹰嘴钳、剥线钳、斜口钳、压线钳等。克丝钳具有较强夹和剪切功能,常用来夹持的器件、剪切金属线、弯绞金属线、紧固和拧松螺丝等。尖嘴钳的头部尖细,适合狭小空间操作,可以用来夹持小的器件、剪切细小金属线、修整导线形状、紧固和拧松小螺丝。扁嘴钳的头部扁平,有带齿和不带齿两种,适合用来夹持和修整器件,不带齿的不会在器件上留下夹压的痕迹。鹰嘴钳的头部尖细且弯曲,适合用来夹持小的器件。斜口钳的头部有锋刃,用来剪切金属线。剥线钳用于剥除截面 6mm 2 以下导线的绝缘层,口上,以免损伤芯线。压接钳用来压接各类接头,有机械式和油压式。根据压接接头不同,压接线径不同,使用不同压线钳。常用的有网线接头压接钳。 不同的钳有不同功能,切不可混用。不允许用锤子等工具敲击或当锤子敲击。

(三)锤

锤子是一种敲击工具,为了适应各种不同的工作要求,它们有各种类型,规格和形状。

分为:羊角锤、圆头锤、钳工锤、泥工锤、除锈锤、安装锤等,不同类型的锤类适用于不同的工作要求,错误的使用可能会导致打击面破碎,还可能导致眼睛和其他部位受到严重的伤害。

(四)扭力扳手

1.用途

扭力扳手又称为扭矩扳手,是一种测量扭力值的工具,当达到预设值时,它能把负荷在扳手另一头的力值通过自身的内部机构表现出来。

2.使用方法

(1)在使用扭力扳手时,先将受力棘爪连接好辅助配件(如内六角套筒、一字头、十字头、梅花头、标准头等),确保连接已经没问题。

(2)在加固扭力之前,拧动扭力扳手手柄,按照标尺设定好需要加固的扭力值,并锁好紧锁装置,然后调整好方向转换钮到加力的方向。

（3）当拧紧螺纹紧固件时，手要把握住把手的有效范围，沿垂直于管身方向慢慢地加力，当若实际扭力到达已设定时，扳手发出"咔嗒"报警响声，此时应立即停止扳动。

（4）为了使测量结果准确，使用扭力扳手时，应施加一个稳定力，如图5-7所示。

3. 使用注意事项

（1）扭力扳手是精密机械仪器，操作时应小心谨慎，不可突然施加作用力，否则会导致测量不准，甚至内部机构失灵。

（2）**不能把扭力扳手当铁锤进行敲击，使用时应轻拿轻放，不可乱丢。**

（3）出现故障时不能随意拆卸，需送计量部门进行维修和校准，确认其功能是否满足要求。

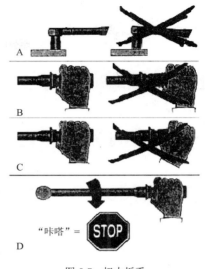

图5-7　扭力扳手

（4）**不能超量程工作，当达到设定值和听到"咔嗒"报警响声后应停止加力。**

（5）不可用异物堵塞，粘接，固定扭矩调节套筒或把手。

（6）在使用扭力扳手前应确认扭矩值设置是否正确，特别注意的是扭力扳手上往往会有多个扭力单位，要选择正确的扭力单位。

（7）需要定期送计量部门进行校准。

第二节　常用仪器仪表

综合监控专业常用仪器仪表主要包括数字万用表、绝缘电阻测试仪、光功率计等。

一、兆欧表使用

兆欧表又称为绝缘电阻摇表，是一种测量高电阻的仪表，经常用它测量电气设备或供电线路的对滴绝缘电阻值。是一种可携带式的仪表，兆欧表的表盘刻度以兆欧（MΩ）为单位（图5-8）。

（一）兆欧表的选用

兆欧表的选用，主要是选择其电压及测量范围，高压电气设备需使用电压高的兆欧表。低压电气设备需使用电压低的兆欧表。一般选择原则是：500V以下的电气设备选用500～1 000V的兆欧表；瓷瓶、母线、刀闸应选用2 500V以上的兆欧表。

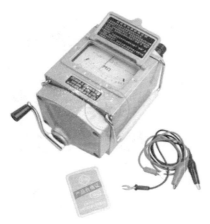

图 5-8 兆欧表

兆欧表测量范围的选择原则是：要使测量范围适应被测绝缘电阻的数值免读数时产生较大的误差。如有些兆欧表的读数不是从零开始，而是从 1Ω 或 2Ω 开始。这种表就不适宜用于测定处在潮湿环境中的低压电气设备的绝缘电阻。因为这种设备的绝缘电阻有可能小于 1Ω，使仪表得不到读数，容易误认为绝缘电阻为零，而得出错误结论。

电阻量程范围的选择。摇表的表盘刻度线上有两个小黑点，小黑点之间的区域为准确测量区域。所以在选表时应使被测设备的绝缘电阻值在准确测量区域内。

兆欧表在工作时，自身产生高电压，而测量对象又是电气设备，所以必须正确使用，否则就会造成人身或设备事故。

（二）兆欧表使用准备

（1）测量前必须将被测设备电源切断，并对地短路放电，决不允许设备带电进行测量，以保证人身和设备的安全。

（2）对可能感应出高压电的设备，必须消除这种可能性后，才能进行测量。

（3）被测物表面要清洁，减少接触电阻，确保测量结果的正确性。

（4）测量前要检查兆欧表是否处于正常工作状态，主要检查其"0"和"∞"两点。即摇动手柄，使电机达到额定转速，兆欧表在短路时应指在"0"位置，开路时应指在"∞"位置。

（5）欧表引线应用多股软线，而且应有良好的绝缘。

（6）不能全部停电的双回架空线路和母线，在被测回路的感应电压超过 12V 时，或当雷雨发生时的架空线路及与架空线路相连接的电气设备，禁止进行测量。

（7）兆欧表使用时应放在平稳、牢固的地方，且远离大的外电流导体和外磁场。

（三）使用兆欧表测量电阻时的步骤

（1）兆欧表的选择：主要是根据不同的电气设备选择兆欧表的电压及其测量范围。对于额定电压在 500V 以下的电气设备，应选用电压等级为 500V 或 1000V 的兆欧表；额定电压在 500V 以上的电气设备，应选用 1000～2500V 的兆欧表。

（2）测试前的准备：测量前将被测设备切断电源，并短路接地放电 3～5min，特别是电容量大的，更应充分放电以消除残余静电荷引起的误差，保证正确的测量结果以及人身和设备的安全；被测物表面应擦干净，绝缘物表面的污染、潮湿，对绝缘的影响较大，而测量的目的是为了解电气设备内部的绝缘性能，一般都要求测量前用干净的布或棉纱擦净被测物，否则达不到检查的目的。

（3）兆欧表在使用前应平稳放置在远离大电流导体和有外磁场的地方；测量前对兆欧

表本身进行检查。开路检查,两根线不要绞在一起,将发电机摇动到额定转速,指针应指在"∞"位置。短路检查,将表笔短接,缓慢转动发电机手柄,看指针是否到"0"位置。若零位或无穷大达不到,说明兆欧表有毛病,必须进行检修。

（4）接线:一般兆欧表上有三个接线柱,"L"表示"线"或"火线"接线柱;"E"表示"地"接线柱,"G"表示屏蔽接线柱。一般情况下"L"和"E"接线柱,用有足够绝缘强度的单相绝缘线将"L"和"E"分别接到被测物导体部分和被测物的外壳或其他导体部分(如测相间绝缘)。

（5）在特殊情况下,如被测物表面受到污染不能擦干净、空气太潮湿或者外电磁场干扰等,就必须将"G"接线柱接到被测物的金属屏蔽保护环上;以消除表面漏流或干扰对测量结果的影响。

（6）测量:摇动发电机使转速达到额定转速(120r/min)并保持稳定。一般采用一分钟以后的读数为准,当被测物电容量较大时,应延长时间,以指针稳定不变时为准。

（7）拆线:在兆欧表没停止转动和被测物没有放电以前,不能用手触及被测物和进行拆线工作,必须先将被测物对地短路放电,然后再停止兆欧表的转动,防止电容放电损坏兆欧表。

（四）测量电缆的绝缘电阻时兆欧表使用方法

兆欧表有三个接线柱:一个为"L",一个为"E",还有一个为"G"(屏蔽)。测量电力线路或照明线路的绝缘电阻时"L"接被测线路上,"E"接地线。测量电缆的绝缘电阻时,为使测量结果精确,消除线芯绝缘层表面漏电所引起的测量误差,还应将"G"接到电缆的绝缘纸上。在测量时要注意以下几点:

（1）测量电气设备的绝缘电阻,必须先切断电源,遇到有电容性质的设备,例如电缆,线路必须先进行放电。

（2）兆欧表使用时,必须平放。

（3）兆欧表在使用之前要先转动几下,看看指针是否在最大处的位置,然后再将"L"和"E"两个接线柱短路,慢慢地转动兆欧表手柄,查看指针是否在"零"处。

（4）兆欧表引线必须绝缘良好,两根线不要绞在一起。

（5）兆欧表进行测量时,要以转动一分钟后的读数为准。

（6）在测量时,应使兆欧表转数达到120r/min。

（7）兆欧表的量程往往达几千兆欧,最小刻度在1Ω左右,因而不适合测量100kΩ以下的电阻。

（五）兆欧表使用注意事项

（1）禁止在雷电时或高压设备附近测绝缘电阻,只能在设备不带电,也没有感应电的情况下测量。

（2）摇测过程中,被测设备上不能有人工作。

（3）摇表线不能绞在一起，要分开。

（4）摇表未停止转动之前或被测设备未放电之前，严禁用手触及。拆线时，也不要触及引线的金属部分。

（5）测量结束时，对于大电容设备要放电。

（6）要定期校验其准确度。

二、数字兆欧表

数字兆欧表是测量绝缘电阻的专用仪表。数字兆欧表具有容量大、抗干扰强、指针与数字同步显示、交直流两用、操作简单、自动计算各种绝缘指标（吸收比、极化指数）、各种测量结果具有防掉电功能等特点（图5-9）。

图5-9　数字兆欧表

数字兆欧表在工作时，自身产生高电压，而测量对象又是电气设备，所以必须正确使用，否则就会造成人身或设备事故。使用前，首先要做好以下各种准备：

（1）测量前必须将被测设备电源切断，并对地短路放电，决不允许设备带电进行测量，以保证人身和设备的安全。

（2）对可能感应出高压电的设备，必须消除这种可能性后，才能进行测量。

（3）被测物表面要清洁，减少接触电阻，确保测量结果的正确性。

（4）测量前要检查数字兆欧表是否处于正常工作状态，主要检查其"0"和"∞"两点。即摇动手柄，使电机达到额定转速，数字兆欧表在短路时应指在"0"位置，开路时应指在"∞"位置。

（5）数字兆欧表使用时应放在平稳、牢固的地方，且远离大的外电流导体和外磁场。

做好上述准备工作后就可以进行测量了，在测量时，还要注意数字兆欧表的正确接线，否则将引起不必要的误差甚至错误。

数字兆欧表的接线柱共有三个：一个为"L"即线端，一个"E"即为地端，再一个"G"即屏蔽端（也叫作保护环），一般被测绝缘电阻都接在"L""E"端之间，但当被测绝缘体表面漏电严重时，必须将被测物的屏蔽环或不须测量的部分和"G"端相连接。这样漏电流就经由屏蔽端"G"直接流回发电机的负端形成回路，而不在流过数字兆欧表的测量机构。这样就从根本上消除了表面漏电流的影响，特别应该注意的是测量电缆线芯和外表之间的绝缘电阻时，一定要接好屏蔽端钮"G"，因为当空气湿度大或电缆绝缘表面又不干净时，其表面的漏电流将很大，为防止被测物因漏电而对其内部绝缘测量所造成的影响，一般在电缆外表加一个金属屏蔽环，和数字兆欧表的"G"端相连。当用数字兆欧表摇测电器设备的绝缘电阻时，一定要注意"L"和"E"端不能接反，正确的接法 是："L"线端钮接被测设备导体，"E"地端钮接地的设备外壳，"G"屏蔽端接被测设备的绝缘部分。如果将"L"和"E"接反，流过绝缘体内及表面的漏电流经外壳汇集到地，由地经"L"流进测量线圈，使"G"失去屏蔽作用而给测量带来很大误差。另外，因为"E"端内部引线同外壳的绝缘程度比"L"端和外壳的绝缘程度要低，当数字兆欧表放在地上使用时，采用正确接线方式时，"E"端对仪表外壳和外壳对地的绝缘电阻，相当于短路，不会造成误差，而当"L"和"E"接反时，"E"对地的绝缘电阻同被测绝缘电阻并联，而使测量结果偏小，给测量带来较大误差。

由此可见，要想准确地测量出电气设备等的绝缘电阻，必须对数字兆欧表进行正确的使用，否则，将失去了测量的准确性和可靠性。

三、光功率计

光功率计（Optical Power Meter）是指用于测量绝对光功率或通过一段光纤的光功率相对损耗的仪器，在光纤系统中，测量光功率是最基本的，非常像电子学中的万用表；在光纤测量中，光功率计是重负荷常用表。通过测量发射端机或光网络的绝对功率，一台光功率计就能够评价光端设备的性能，用光功率计与稳定光源组合使用，则能够测量连接损耗、检验连续性，并帮助评估光纤链路传输质量（图5-10）。

光功率计的使用要和光源配合使用，要想知道光源发出的光是多少个 DB[dB（Decibel，分贝）是一个纯计数单位，本意是表示两个量的比值大小，没有单位]，就用一条尾纤的 A 端链接光源 B 端连接光功率计计，显示在光功率计的数值，就是光源发出的光是多少个 DB，一般光源发出的光是 5 个 DB 左右，值得注意的是光源和光功率计要选择同样的波长测试。例如，光源选择的是 1310nm，光功率计要选择同样的。

图 5-10 光功率计

四、蓄电池内阻测试仪

（一）用途

蓄电池内阻测试仪是不间断电源蓄电池组测量、检修时用到的仪器。

（二）测量方法

（1）首先将仪器和测试架放置于水平的工作台上。
（2）将测试接线端子插入仪器面板的插座上。

(3)将仪器电源线插入220V/50Hz的电源插座上。

(4)把电池的正极和负极分别用正极测试针与负极测试针上顶住,使电池的中心与测试针的中心保持一致,且电池与测试针正负极完全相接触。

(5)打开仪器的电源开关,显示屏读数会跳动数次,约100ms后其读数会自动稳定下来。

(6)根据所测电池内阻的大小按切换键,选择适当的量程(如量程太大或太小其读数都会不准确)。记下其准确的读数。

(三)保养方法

蓄电池内阻测试仪在使用一定时间后要送到专门的仪表检修所进行校验、检修,以保证数据准确,为了避免蓄电池内阻测试仪或被测电池受到损坏,请遵守以下注意事项:

(1)使用前,请先检查仪器的外壳是否有断裂或缺少配件。特别注意连接器附近的绝缘。

(2)检查测试针是否导通,如果测试针有损坏或断线现象,请更换后再使用仪器。

(3)**两个测试针不得相接触,以防短路。**

(4)**切勿在爆炸性的气体、蒸汽、酸性环境或灰尘附近使用蓄电池内阻测试仪。**

(5)**测量时,电池的内阻和电压必须在仪器所测量的范围之内,否则读数不准,超过额定电压会烧坏仪器。**

(6)通过测量已知电阻的方式确认仪器的工作正常。如果仪器工作不正常,按仪器说明书指定的方法进行校验。如仍有疑问,应把仪器送去维修。

(7)**把连线端子插入仪器端口以前,应先将仪器的电源关闭。**

五、万用表

(一)用途

万用表是设备维护检修及故障排查中最常用的仪表,它可以测量电路中的电压、电路、导体的电阻值,有些还可以测量频率、电容值、电感值、三极管的放大倍数β值、温度等,根据这些测试数值,可以方便判断电路特性、故障位置、元件质量。

万用表可以分为机械式万用表和数字式万用表。

(二)万用表的基本原理

万用表的基本原理是利用一只灵敏的磁电式直流电流表(微安表)做表头,当微小电流通过表头,就会有电流指示,但表头不能通过大电流,所以,必须在表头上并联与串联一些电阻进行分流或降压,从而测出电路中的电流、电压和电阻,下面以图示的方式分别介绍。

(1)测直流电流原理。

如图5-11a)所示,在表头上并联一个适当的电阻(叫作分流电阻)进行分流,就可以扩展电流量程。改变分流电阻的阻值,就能改变电流测量范围。

(2)测直流电压原理。

如图 5-11b)所示,在表头上串联一个适当的电阻(叫倍增电阻)进行降压,就可以扩展电压量程。改变倍增电阻的阻值,就能改变电压的测量范围。

(3)测交流电压原理。

如图 5-11c)所示,因为表头是直流表,所以测量交流时,需加装一个并、串式半波整流电路,将交流进行整流变成直流后再通过表头,这样就可以根据直流电的大小来测量交流电压。扩展交流电压量程的方法与直流电压量程相似。

(4)测电阻原理。

如图 5-11d)所示,在表头上并联和串联适当的电阻,同时串接一节电池,使电流通过被测电阻,根据电流的大小,就可测量出电阻值。改变分流电阻的阻值,就能改变电阻的量程。

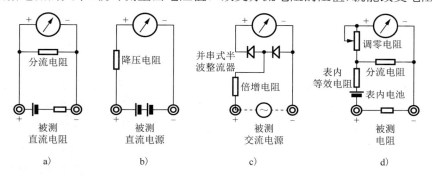

图 5-11　万用表的基本原理

(三)指针式万用表的使用与原理

万用表能测量电流、电压、电阻、有的还可以测量三极管的放大倍数,频率、电容值、逻辑电位、分贝值等。万用表有很多种,现在最流行的有机械指针式的和数字式的万用表。它们各有优点。对于电子初学者,建议使用指针式万用表,因为它对我们熟悉一些电子知识原理很有帮助。

(四)万用表的使用(图 5-12)

万用表(以 105 型为例)的表盘如图 5-12 所示。通过转换开关的旋钮来改变测量项目和测量量程。机械调零旋钮用来保持指针在静止处在左零位。"Ω"调零旋钮是用来测量电阻时使指针对准右零位,以保证测量数值准确。

万用表的测量范围如下:

- 直流电压:分 5 挡—0～6V;0～30V;0～150V;0～300V;0～600V。
- 交流电压:分 5 挡—0～6V;0～30V;0～150V;0～300V;0～600V。
- 直流电流:分 3 挡—0～3mA;0～30mA;0～300mA。

- 电阻：分5挡——R×1；R×10；R×100；R×1K；R×10K。

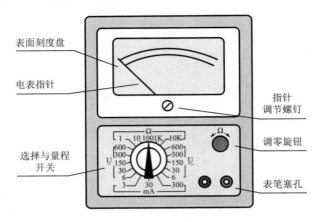

图 5-12　万用表的使用

（五）测量电阻

先将表棒搭在一起短路，使指针向右偏转转，随即调整"Ω"调零旋钮，使指针恰好指到 0。然后将两根表棒分别接触被测电阻（或电路）两端，读出指针在欧姆刻度线（第一条线）上的读数，再乘以该挡标的数字，就是所测电阻的阻值。例如用 R×100 挡测量电阻，指针指在 80，则所测得的电阻值为 80×100=8K。由于"Ω"刻度线左部读数较密，难于看准，所以测量时应选择适当的欧姆挡。使指针在刻度线的中部或右部，这样读数比较清楚准确。每次换挡，都应重新将两根表棒短接，重新调整指针到零位，才能测准（图 5-13）。

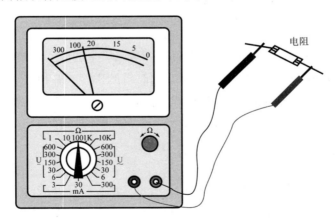

图 5-13　万用表测量电阻

（六）测量直流电压

首先估计一下被测电压的大小，然后将转换开关拨至适当的 V 量程，将正表棒接被测电压"+"端，负表棒接被测量电压"-"端。然后根据该挡量程数字与标直流符号"DC-"刻度线（第二条线）上的指针所指数字，来读出被测电压的大小。如用 V300 伏挡测量，可以直接读 0～300 的指示数值。如用 V30 伏挡测量，只须将刻度线上 300 这个数字去掉一个"0"，看成是 30，再依次把 200、100 等数字看成是 20、10 既可直接读出指针指示数值。例如用 V6 伏挡测量直流电压，指针指在 15，则所测得电压为 1.5V（图 5-14）。

（七）测量直流电流

先估计一下被测电流的大小，然后将转换开关拨至合适的 mA 量程，再把万用表串接在电路中，如图 5-15 所示。同时观察标有直流符号"DC"的刻度线，如电流量程选在 3mA 挡，这时，应把表面刻度线上 300 的数字，去掉两个"0"，看成 3，又依次把 200、100 看成是 2、1，这样就可以读出被测电流数值。例如用直流 3mA 挡测量直流电流，指针在 100，则电流为 1mA。

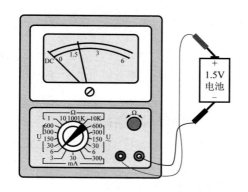 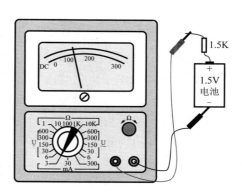

图 5-14　万用表测量直流电压　　　　图 5-15　万用表测量直流电流

（八）八测量交流电压

测交流电压的方法与测量直流电压相似，所不同的是因交流电没有正、负之分，所以测量交流时，表棒也就不需分正、负。读数方法与上述的测量直流电压的读法一样，只是数字应看标有交流符号"AC"的刻度线上的指针位置。

（九）使用万用表的注意事项

万用表是比较精密的仪器，如果使用不当，不仅造成测量不准确且极易损坏。但是，只要我们掌握万用表的使用方法和注意事项，谨慎从事，那么万用表就能经久耐用。使用万用表是应注意以下事项：

（1）**测量电流与电压不能旋错挡位**。如果误将电阻挡或电流挡去测电压，就极易烧坏电表。万用表不用时，最好将挡位旋至交流电压最高挡，避免因使用不当而损坏。

（2）**测量直流电压和直流电流时，注意"+" "−"极性**，不要接错。如发现指针开反转，既应立即调换表棒，以免损坏指针及表头。

(3) 如果不知道被测电压或电流的大小，应先用最高挡，而后再选用合适的挡位来测试，以免表针偏转过度而损坏表头。所选用的挡位愈靠近被测值，测量的数值就愈准确。

(4) 测量电阻时，不要用手触及元件的裸体的两端（或两支表棒的金属部分），以免人体电阻与被测电阻并联，使测量结果不准确。

(5) 测量电阻时，如将两支表棒短接，调"零欧姆"旋钮至最大，指针仍然达不到 0 点，这种现象通常是由于表内电池电压不足造成的，应换上新电池方能准确测量。

(6) 万用表不用时，不要旋在电阻挡，因为内有电池，如不小心易使两根表棒相碰短路，不仅耗费电池，严重时甚至会损坏表头。

六、数字钳表

钳表是一种用于测量正在运行的设备线路的电流大小的仪表，可在不断电的情况下测量电流，有些钳表还可以测试电压，可分为机械式和数字式。

钳表实质上是由一只电流互感器、钳形扳手和一只整流式磁电系有反作用力仪表所组成，通常用普通电流表测量电流时，需要将电路切断后才能将电流表接入进行测量，使用钳形电流表就显得方便多了，可以在不切断电路的情况下来测量电流。用钳形电流表检测电流时，一定要夹住一根被测导线（电线），夹住两根（平行线），则不能检测电流。另外，使用钳形电流表中心（铁芯）检测时，检测误差小，用直流钳形电流表检测直流电流（DCA）时。如果电流的流向相反，则显示出负数（图 5-16）。

图 5-16 数字钳表

首先是根据被测电流的种类电压等级正确选择钳形电流表，被测线路的电压要低于钳表的额定电压。测量高压线路的电流时，应选用与其电压等级相符的高压钳形电流表。低电压等级的钳形电流表只能测低压系统中的电流，不能测量高压系统中的电流。其次是在使用前要正确检查钳形电流表的外观情况，一定要检查表的绝缘性能是否良好，外壳应无破损，手柄应清洁干燥。若指针没在零位，应进行机械调零。钳形电流表的钳口应紧密接合，若指针抖晃，可重新开闭一次钳口，如果抖晃仍然存在，应仔细检查，注意清除钳口杂物、污垢，然后进行测量。由于钳形电流表要接触被测线路，所以钳形电流表不能测量裸导体的电流。用高压钳形表测量时，应由两人操作，测量时应戴绝缘手套，站在绝缘垫上，不得触及其他设备，以防止短路或接地。测量时，首先是在使用时应按紧扳手，使钳口张开，将被测导线放入钳口中央，然后松开扳手并使钳口闭合紧密。钳口的结合面如有杂声，应重新开合一次，仍有杂声，应处理结合面，以使读数准确。另外，不可同时钳住两根导线。读数后，将钳口张开，将被测导线退出，将挡位置于电流高挡或 Off 挡。其次要根据被测电流大小来选择合适的钳型电流表的量程。选择的量程应稍大于被测电流数值，若无法估计，为防止损坏钳形电流表，应从大量程开始测量，逐步变换挡位直至量程合适。严禁在测量进行过程中切换钳形电流表的挡位,换挡时应先将被测导线从钳口退出再更换挡位。当测量小于 5A 以下的电流时,为使读数更准确,在条件允许时,可将被测载流导线绕数圈后放入钳口进行测量。此时被测导线实际电流值应等于仪表读数值除以放入钳口的导线圈数。测量时应注意身体各部分与带电体保持安全距离,低压系统安全距离为 0.1～0.3m。测量高压电缆各相电流时,电缆头线间距离应在 300mm 以上,且绝缘良好,待认为测量方便时,方能进行。观测表计时,要特别注意保持头部与带电部分的安全距离,人体任何部分与带电体的距离不得小于钳形表的整个长度。测量低压可熔保险器或水平排列低压母线电流时,应在测量前将各相可熔保险或母线用绝缘材料加以保护隔离,以免引起相间短路。当电缆有一相接地时,严禁测量,防止出现因电缆头的绝缘水平低发生对地击穿爆炸而危及人身安全。测量结束后钳形电流表的钳形电流表,如果采用一般常见的磁电系钳形表测量时,指示值与被测量的实际值会有很大的出入,甚至没有指示,其原因是磁电系钳形表的表头与互感器二次线圈连接,表头电压是由二次线圈得到的。根据电磁感应原理可知,互感电动势为 $E_2 = 4.44fW\Phi m$,由公示不难看出,互感电动势的大小与频率成正比。当采用此种钳形表测量转子电流时,由于转子上的频率较低,表头上得到的电压将比测量同样工频电流时的电压小的多(因为这种表头是按交流 50Hz 的工频设计的)。有时电流很小,甚至不能使表头中的整流元件导通,所以钳形表没有指示,或指示值与实际值有很大出入。如果选用电磁系的钳形表,由于测量机构没有二次线圈与整流元件,被测电流产生的磁通通过表头,磁化表头的静、动铁片,使表头指针偏转,与被测电流的频率没有关系,所以能够正确指示出转子电流的数值。

七、红外测温仪

红外测温仪是通过接收目标物体发射、反射和传导的能量来测量其表面温度。它可以远距离测量目标物体的温度,具有响应时间快、非接触、使用安全等优点。为了获得精确的温度读数,测温仪与测试目标之间的距离必须在合适的范围之内。如果长期不使用测距仪时请将电池取出以免电池液漏出而损坏仪器。 测距仪对环境温度和环境湿度比较敏感,请将测距仪放置在测量环境中 15min 后再使用(图 5-17)。

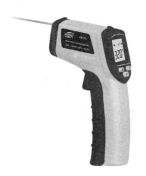

图 5-17　红外测温仪

八、网线钳及测试仪

网络电缆测试仪,可以对双绞线 1、2、3、4、5、6、7、8、G 线对逐根(对)测试,并可区分判定哪一根(对)错线,短路和开路。网线钳是用来压接网线或电话线和水晶头的工具。

(一)使用网线钳制作水晶头简单六步骤(图5-18)

(1)把线放在网线钳有个缺口的地方转一周,把外壳去掉。
(2)按顺序排好线,白橙,橙,白绿,蓝,白蓝,绿,白棕,棕。剪剩下1cm长度。
(3)排好线后,拿着水晶头正面向上(没有扣的一面)。
(4)顺着水晶头线槽用力把排好的线插到位压实。
(5)再将水晶头放到网线钳内,用力压下去便完成制作。
(6)制作完成后需用测线仪进行测试灯全亮制作完成。

图5-18 网线钳制作水晶头

(二)测线仪的使用

将网线的两端水晶头插入测线仪RJ45端口,一段发射信号,一段反馈信号,信号灯将依次闪过,如果有间隔灯未亮过说明网线两边序列不一样。568B标准(通常都用此种接线顺序):橙白——1,橙——2,绿白——3,蓝——4,蓝白——5,绿——6,棕白——7,棕——8。

第六章　综合监控专业模拟平台的搭建

岗位应知应会

1. ISCS 平台：实现综合监控系统服务器、交换机、FEP 及工作站的连接，在搭建的系统平台上，为服务器、工作站系统安装，交换机、FEP、服务器的配置提供培训平台。
2. BAS 平台：BAS 的 PLC 及各模块连接的搭建，实现 PLC 内程序的读取及写入修改查看，为各模块的认知、连接原理及硬件更换方法提供培训平台。
3. ACS 平台：完成门禁系统就地级设备的连接，并实现门禁工作站软件的安装配置，为门禁系统硬件更换、结构原理认知、工作站软件配置提供培训平台。

重难点

重点：各系统仿真平台搭建原理，网络架构及接线工艺。
难点：综合监控系统、BAS、门禁系统软件安装及仿真平台的软件组态。

第一节　综合监控系统模拟平台

一、所需备件及材料清单（表 6-1）

所需材料清单　　　　表 6-1

名　称	个　数	名　称	个　数
工作站	1	FEP	1
M4000/SUN T4-2 服务器	1	交换机	1
普通网线（水晶头）	若干	服务器硬盘	2
串口转网口接头	1	电源线	若干

二、图纸方案(图 6-1)

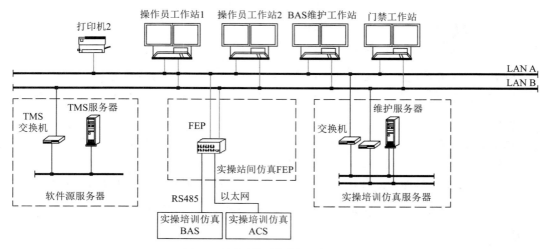

图 6-1　综合监控系统模拟平台搭建图纸

三、效果与目的

ISCS 模拟平台的搭建,实现了综合监控系统服务器、交换机、FEP 及工作站的连接,利用现有 DMS 系统平台,为服务器、工作站系统安装,交换机、FEP、服务器的配置提供培训平台。

第二节　BAS 模拟平台

一、所需备件及材料清单(表 6-2)

所需材料清单　　　　　　　　表 6-2

名　称	规格型号	个　数
工作站		1
Quantum 电源模块	140CPS11420	1
QUANTUM PLC 控制器模块	140CPU67160	1
MB+ 网络适配器模块	140NOM21200	1
Quantum PLC 背板	140XBP01000	1

续上表

名　　称	规格型号	个　数
Unity V2 PCMCIA 存储扩展卡	TSXMRPF004M	1
MB+ 站电缆	990NAD21110	4
MB+ TAP 接头	990NAD23000	4
M340 系列 12 槽机架	BM××BP1200	1
RS485 串口通信模块	BMXNOM0200	1
M340 外围远程 I/O 适配器模块	BMXPRA0100	1
MB+ 网络适配器	TCSEGDB23F24FA	1
16 点开关量输入模块	BMXDDI1602	1
16 点开关量输出模块	BMXDDO1602	1
8 点模拟量输入模块	BMXAMI0810	1
螺钉端子块(20 点)	BMXFTB2010	1
PTO 模块端子块(28 点)	BMXFTB2820	1
标准电源模块 20W	BMXCPS2000	1
控制线缆		若干

二、图纸方案（图 6-2）

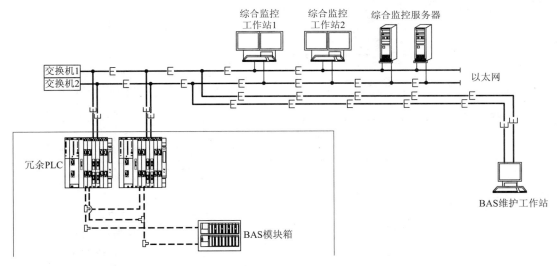

图 6-2　BAS 模拟平台搭建图纸

三、效果与目的

BAS 模拟平台的搭建，实现了 BAS 的 PLC 与各模块的连接，可通过 PLC 内程序的读取及写入修改，实现开关量设备继电器的动作，为各模块的认知、连接原理及硬件更换方法提供培训平台。

第三节　门禁系统模拟平台

一、所需备件及材料清单（表6-3）

所需材料清单　　　　　　　表6-3

名　称	个　数	名　称	个　数
工作站	1	紧急出门按钮	1
就地控制器	1	开关电源	1
单门电磁锁	1	电源线	若干
读卡器	1	控制线缆	若干
出门按钮	1		

二、图纸方案（图6-3）

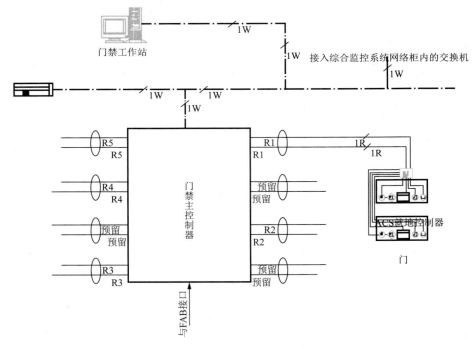

图6-3　门禁系统模拟平台搭建图纸

三、效果与目的（图6-4）

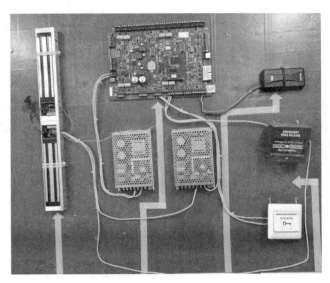

图6-4　ACS模拟平台的搭建效果

ACS模拟平台的搭建，实现了门禁系统就地级设备的连接，并实现门禁工作站软件的安装配置，为门禁系统硬件更换、硬件接线、结构原理认知、工作站软件配置提供培训平台。

第七章 综合监控专业设备典型故障

> **岗位应知应会**
>
> 1. 掌握综合监控系统与子专业接口原理,掌握专业内部设备工作原理。
> 2. 了解综合监控系统常见典型故障及处理方法。
> 3. 通过与其他专业接口及设备工作原理能够处理简单综合监控系统专业故障。
>
> **重难点**
>
> 重点:综合监控系统与其他专业接口位置及常见故障处理方法。
> 难点:综合监控系统设备工作原理及软件故障处理。

第一节 综合监控系统典型故障分析

一、CCTV 在综合监控界面不可控

(一)故障现象及处理经过

生产调度报某站 CCTV 在综合监控界面不可控,通知通信值班员。

通信值班员回复:通信设备正常,通知综合监控值班员。

综合监控值班员检查设备后回复:综合监控配电箱的两根 CCTV 线,只能单线使用,现已单线使用,设备恢复正常;综合监控值班员回复生产调度。

(二)故障分析

在车站,CCTV 由 CCTV.ISCS.3 接口接入 ISCS,由 CCTV.ISCS.4 接口接入 ISCS 工作站。ISCS 对 CCTV 子系统的直接接口设备为 ISCS 提供的两台 FEP,同时 CCTV 须为 ISCS 提供两路独立的 100Mb/s 以太网接口。CCTV.ISCS.4 传输的信号是 VGA,传输线缆选择视频线缆车站综合监控系统(ISCS)工作站电视监控功能(图 7-1)。

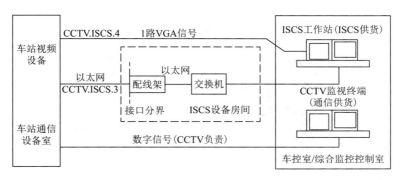

图 7-1　CCTV 与综合监控接口图

（三）解决方案

（1）查看 ISCS 工作站状态，尝试切换至其他系统，查看监控功能是否正常，排除工作站故障。

（2）检查通信接口，查看有没有数据收发，提示超时表示数据不通。

二、屏蔽门系统脱离扫描

（一）故障现象及处理经过

环调报综合监控界面显示屏蔽门系统脱离扫描。

综合监控值班人员与屏蔽门专业人员在屏蔽门控制室查看其工控机状态，发现其界面无法操作。

经重启屏蔽门工控机后查看综合监控界面已恢复正常。

（二）故障分析及处理

综合监控专业与屏蔽门专业接口为屏蔽门工控机，如发生屏蔽专业工控机卡死或界面无法操作的情况，会导致综合监控无法接收到屏蔽门通信信息，出现脱离扫描通信失败故障。

（三）故障原因

由于屏蔽门工控机界面无法操作导致综合监控界面通信失败。

（四）解决方案

由于屏蔽门工控机界面无法操作导致综合监控界面通信失败造成，经重启工控机后恢复，综合监控与 PSD 接口结构如图 7-2 所示。

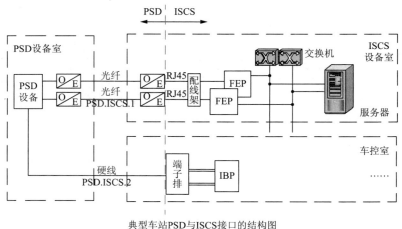

典型车站PSD与ISCS接口的结构图

图 7-2　PSD 与综合监控接口图

(五) 经验总结

(1) ISCS 与 PSD 子系统在各个车站相连，接口分界点在每个车站综合监控设备室 ISCS 配线架外侧。

(2) ISCS 的直接接口设备为两台 FEP，两台车站 FEP 为 ISCS 对 PSD 的接入设备，负责通信协议转换，数据初步处理；处理后的 PSD 数据送给 ISCS 车站服务器。

(3) PSD 负责提供 PSD 机柜到 ISCS 配线架的通信电缆，并负责敷设、接头制作及连接。

三、控制中心大屏 10 块屏幕黑屏故障处理及故障分析

(一) 故障现象及处理经过

综合监控控制中心工班值班人员接生产调度报告控制中心大屏故障，有 10 块屏幕黑屏，影响 PSCADA 和 ATS 部分画面正常显示。

经值班人员确认故障大屏为 00-04，00-05，01-04，01-05，01-06，01-07，02-04，02-05，02-06，02-07 黑屏(见故障分析中图片红色框内大屏)。其中 00-04，00-05，01-04，01-05，02-04，02-05 影响 PSCADA 显示，01-06，01-07，02-06，02-07 影响 ATS 画面显示。

进一步查看大屏控制柜 B 柜第二个 ARK 处理器故障，重启该处理器后故障没有恢复。

查看 ARK 处理器 2 的板卡指示灯，未发现异常。

检查 ARK 处理器 2 与大屏的连接线，未发现异常。

检查 ARK 处理器 2 与大屏处理器之间的接线，未发现异常。

查看大屏管理工作站，未发现异常。

现场人员将大屏桌面处理器键盘、鼠标安装，想查看大屏桌面处理器，发现鼠标、键盘点

击无反应；然后确认键盘、鼠标指示灯正常，说明鼠标、键盘带电。初步判断大屏处理器可能有问题。但不排除其他地方有问题，决定先保留现场，不重启设备，等厂家到了看能否发现其他问题。

排查大屏控制柜 B 柜第二个 ARK 处理器的主处理板卡故障、大屏处理器故障。由于大屏处理器重启会影响整个大屏的显示，从备用 A 柜拆除同样板卡替换 B 柜 ARK 处理器板卡，故障依旧。

经重启大屏处理器，黑屏的 10 块大屏有状态显示。

现场人员对大屏控制器运行软件进行启动，并进行相应调整设置。

故障恢复。

（二）故障原因分析

ARK 处理器的作用：完成拼接显示墙系统的各类输入信号源信号处理及超高分辨率计算机图形显示信号（又称为桌面信号）处理，包括标清和高清信号的采集、交换、缩放和叠加以及桌面信号等处理。

大屏系统每台控制机柜配置 3 台 ARK 处理器，ARK 处理器 1～ARK 处理器 3 分别对应连接左边 12 块屏幕，中间 12 块屏幕以及右边 12 块屏幕（图 7-3）。

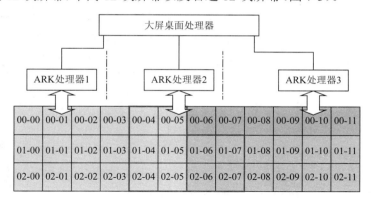

图 7-3　大屏系统原理及现场故障示意图

注：00-00～00-05、01-00～01-05、02-00～02-05 为 PSCADA；00-06～00-11 为 CCTV；01-06～01-11、02-06～02-11 为 ATS。

桌面处理器的作用：大屏系统每套控制机柜配置一台桌面处理器，其为工业计算机标准配置，安装 windows 操作系统，安装有 X-ming，X-manager，potplayer 等软件分别用来调取电力监控、ATS 信号、大屏安全运营天数等专业接口的画面信息。

（三）解决方案

（1）根据故障现象，只有中间 10 块屏幕黑屏，可怀疑为 ARK 处理器 2 的问题。可查看 ARK 处理器 2 的板卡指示灯、大屏连接线未发现问题，更换板卡未能解决故障，可排除

ARK 处理器问题。

（2）点击大屏桌面处理器的键盘、鼠标未能调出桌面，初步判断为桌面处理器处于死机状态。

（3）现场查看桌面处理器，未发现指示灯异常，机器无严重发热现象。

（4）由于大屏处理器不能就地连接显示器，远程无法调出桌面，点击鼠标、键盘无效，所以无法查看具体导致死机的原因。

（5）初步判断原因为操作系统长期运行导致内存及缓存占用太多，机器运行内存不足，造成死机。

四、UPS 电源模块故障导致综合监控故障的分析

（一）故障现象及处理经过

××站车控室广播盒冒烟，车站综合监控工作站重启，车站公共区无通风。环调综合监控工作站显示该站所有机电设备通信中断、电调工作站显示该站通信中断。

综合监控值班员接到部门生产调度通知后，立即赶到现场。

经现场检查发现，车控室综合监控系统工作站、门禁系统工作站处于关机状态；弱电综合室综合监控系统服务器为关机状态，门禁主控制器处于掉电状态，门禁系统无法正常使用；环控电控室 BAS 控制柜一体机处于关机状态，PLC 处于失电状态，BAS 配电箱、模块箱的送电空开处于合闸状态，模块指示灯显示失电。

（二）故障分析及处理

经进一步对现场情况查看及分析，找出故障原因为综合监控系统遭到短时瞬间高电压冲击干扰，冲击电流过大，致使综合监控系统服务器、前置机、工作站等设备非正常关闭，BAS 中多个模块烧毁、远程 I/O 电源模块自动保护。

根据现场情况，将 UPS 故障处理完毕后，确认 UPS 来的电源正常后，综合监控抢修人员立即组织分为三组：分别对综合监控系统、BAS、门禁系统设备故障排除并恢复。综合监控服务器、工作站上电后功能、网络正常，服务器有故障指示，经确认暂不影响系统功能。经过逐一断电重启，门禁系统恢复正常，BAS 仍有 7 个远程 I/O 模块箱通信故障，详细排查后，确认远程 I/O 箱 BB-24 与 BB-21 之间的光纤中继器 NRP 损坏（冗余配置，两个全部损坏），经抢修人员调取并更换备件光纤中继器 NRP 后，通信故障的模块箱均可正常运行。但是 A 端主 PLC 仍有一套损坏，无法实现双机冗余，但是此故障暂时不影响综合监控系统功能。

综合监控系统功能已经恢复正常，控制中心调度工作站对出现故障的车站的监控功能也恢复正常，并回复部门生产调度、环调。

电话询问×××站详情，值班站长告知通信专业正在切换 UPS，切换后导致综合监控

专业设备失电,车站回复待通信专业 UPS 切换完毕后,再告知综合监控设备是否恢复供电;

该站值班站长电话回复,综合监控设备已恢复供电,但门禁设备还未恢复,告知值站临时用机械钥匙锁闭通道门;

综合监控专业值班人员到达站厅分别查看 A、B 端门禁是否正常,经排查,发现所有门禁设备均无电,初步断定门禁供电回路无电。

综合监控专业值班人员到达弱电综合室,打开 ACS 配电箱,查看所有空气开关均为合闸状态,然后打开综合监控配电箱查看,发现门禁空气开关跳闸,直接送电,发现空气开关无法合闸,判断因负荷过大,导致无法送电,断开 ACS 配电箱内的各支路空气开关,然后在综合监控配电箱合闸,合闸成功,然后在 ACS 配电箱合闸。

综合监控专业值班人员查看所有 ACS 设备均已恢复正常。出清现场,工器具。

综合监控专业值班人员回复生产调度故障已修复,设备恢复正常。

(三)故障原因

(1)两个故障原因均为通讯专业的 UPS 故障导致车站综合监控系统相关设备断电,综合监控系统的电源由通信专业的 UPS 提供,接口关系如图 7-4 所示。

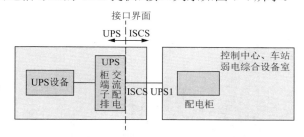

图 7-4 ISCS 与 UPS 的接口分界图

(2)外部电源中断,造成综合监控系统设备非正常停机,致使所有机电设备。

(3)电源短时瞬间高电压冲击干扰,BAS 电源模块保护,需要逐个断电重启。

(4)通信专业切换 UPS 电源,在切换失败后产生大电流导致综合监控设备断电。

(四)经验总结

(1)对本专业管辖的 UPS 电源,应彻底排查是否会有类似安全隐患。

(2)瞬间高电压导致 BAS 电源模块保护的情况,可以在弱电综合室对 BAS 总电源断电,重启设备,如还有不能恢复的模块,再逐一排查,省时省力,高效快捷。

(3)重点关注光纤中继器,特别是其保险的好坏,准备好备件,先换保险,如还是不正常再更换整个中继器。

(4)出现故障时,首先了解故障原因。

(5)当门禁总电源空开跳闸时,先断开每一个回路的空开,合上总电源空开后,再逐个合上支路空开送电。

第二节 BAS 典型故障分析

一、X 站 IBP 盘 PLC 电源模块故障分析

(一)故障现象

调度报 X 站 IBP 盘上环控触摸屏显示 PLC 连接中断。

综合监控值班人员到达后,经查看现场情况,IBP 盘触摸屏显示 PLC 连接中断,设备脱离扫描。随后查看 IBP 盘内部,PLC 部分处于失电状态。

(二)故障分析及处理经过

IBP 盘 PLC 电源模块(图 7-5)损坏,PLC 系统处于失电状态,导致环控触摸屏上显示 PLC 连接中断。

用万用表测试 IBP 盘空开上部,电源正常,下部电源正常,PLC 电源模块供电端子处电源正常,但是电源模块指示灯不亮,由此可确认 PLC 电源模块已坏。随后更换电源模块,送电后设备恢复正常。

图 7-5　IBP 盘内 RI/O 箱及提供 24V 直流的电源模块

(三)故障原因

(1)电源模块损坏是造成此故障的原因。

(2)当时多发供电电压不稳定,频繁的造成设备故障譬如电扶梯突然掉电停机,推测由于电压波动造成了电源模块损坏。

(四)解决方案(表7-1)

常见的问题及处理方法　　　　　　表7-1

故障描述	问题原因	处理办法
IBP盘上EGD模块显示Error A/B 的指示灯为红色常亮	MB+通信故障	参考MB+通信问题的处理方法
触摸屏模式执行过程中指示灯的含义	模式运行指示灯含义	模式未执行：显示位灰色； 模式执行中：绿色闪烁； 模式执行成功：绿色常亮； 模式执行失败：黄色常亮
触摸屏界面设备虚线框显示	触摸屏脱离扫描	检查触摸屏指IBP模块之间的网线连接及电源模块是否正常

(五)经验总结

(1)日常巡检应加强对IBP盘的检查。

(2)车站综合后备盘(IBP)作为紧急情况下的后备设备,具有最高的控制级别,在BAS钥匙开关置于开的时候可以进行火灾和阻塞模式的下发,当钥匙开关处于关状态的时候只能查看模式状态,不能进行模式下发。

二、X站机电设备脱离扫描

(一)故障现象

接生产调度电话,×站部分机电设备脱离扫描。

综合监控专业值班人员到达该站车控室查看网络结构BB-21模块箱闪红,部分防火阀脱离扫描,查看脱离扫描防火阀所对应模块箱为BB-21,位置为站台B端照明配电室。

到达站台B端照明配电室查看,BB-21模块箱EGD模块ERR-A、ERR-B亮红灯,EGD断电恢复后仍然闪红。

(二)故障分析及处理

经查看,将MB+A进线端接线拆下后,MB+B网恢复正常,经车控室查看网络结构该模块箱及脱离扫描设备均恢复正常,装上后B网又不正常,判断为该端MB+线缆问题(此时所有模块箱及PLC机柜MB+A网均通信不正常),将MB+A出线端短接后,即将BB-21模块箱甩掉查看其他模块箱A网通信状态,也不正常,此时经测量MB+A网电阻,发现电阻为0,判断为BB-21至最后一个模块箱BB-22模块箱连接线缆问题,经查看BB-22模块箱内MB+A进线端处屏蔽线与通信线短接,造成测量电阻为0(应该为120Ω),将短接处分开隔离,再将BB-21出线端恢复后A网状态正常。

回复生产调度 MB+ 通信线松动,紧固后恢复正常(图 7-6)。

图 7-6　模块箱 TAP 头连接及电阻测量

（三）故障原因

模块箱进线端处屏蔽线与通信线短接造成。

（四）解决方案

（1）模块箱通过 EGD 模块 MB+ 网络与其他模块箱及 PLC 通信,采用双网络冗余,配线中 EGD 到 TAP 头之间的线缆使用一根 MB+ 电缆,TAP 头的左右分支到菲尼克斯端子上,线缆使用屏蔽 3 芯双绞线,其中屏蔽双绞线的红、白、黑分别与 TAP 头上对应的 BLK、W、GND 连接。在 TAP 头作为网络的首端或末端接入网络时并入 120Ω 电阻,将 TAP 头的 J1 与右侧 W 短接,J2 与右侧 BLK 短接。

（2）可通过检查总线物理链路电阻可进一步判断故障所在,见表 7-2。

常见的问题及处理　　　　　　　　表 7-2

测试内容	预期阻值	实际阻值	问题原因	处理方法
A 线,B 线间阻值	60~85Ω	大于 120Ω	A 线断路,或 B 线断路	检查链路上的 TAP 头通知施工方校线处理
A 线,B 线间阻值	60~85Ω	小于 60Ω	A 线和 B 线间短路	检查链路上的 TAP 头通知施工方校线处理
A 线,屏蔽线间阻值	无穷大	几百欧姆	A 线和屏蔽线短路	查链路上的 TAP 头通知施工方校线处理
B 线,屏蔽线间阻值	无穷大	几百欧姆	B 线和屏蔽线短路	检查链路上的 TAP 头通知施工方校线处理

（五）经验总结

（1）如果是首次调试发现 MB+ 网络问题,应首先检查总线物理链路（接线端子是否松动）以及首末 120Ω 电阻是否并入电路中焊接是否良好,再依据 IO 通道点表检查相关节点的通信地址设置。如果之前通信正常,突然发现通信中断,需要先确认 Quantum 槽架已加电,再测量总线物理链路,最后检查程序。

（2）工班人员在日常巡检过程中需重点关注车站综合监控工作站"车站网络"画面,并定期查看模块箱 MB+ 网络通信状态,发现异常及时排除处理。

三、X 站照明回路 WMZ3-2 无状态反馈故障

（一）故障现象

生产调度报 × 站照明回路 WMZ3-2 无法远程控制,经现场查看综合监控界面显示该回路为关,现场照明配电箱显示该回路正常开启。

经进一步查看该回路所在模块箱 BA-21,控制模块 DDO 显示该回路指示灯正常,同时该回路继电器指示灯为熄灭(表示已对该回路下发控制开命令)该模块所控制的各回路控制正常。

发现 DDI-2 模块 I/O 指示灯红色,各通道无回路点亮。表明该 DDI 模块所监控的各照明回路无状态反馈,表现为综合监控界面无法远控(图 7-7)。

图 7-7　DDI 模块 I/O 指示灯红灯

(二)故障影响

因该照明回路无状态反馈,该故障现象导致调度及车站无法确认该回路照明是否开启,所以环调及车站认为该回路无法远控,现场该回路照明已正常开启。

(三)处理过程

经现场查看及端子排右侧端子电压测量,为该模块提供电源的 INDC24V 供电回路无电压,导致该模块 I/O 指示灯红色故障,左侧端子 24V 电压正常,如图 7-8 所示。

经对该供电回路右侧端子紧固故障仍未消除,故判断该回路电源供电的保险管烧坏(图 7-9)。

图 7-8　提供电源的 INDC24V 供电回路无电压　　图 7-9　供电回路所在位置及保险管所在位置

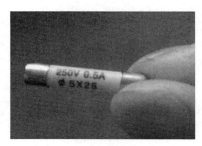

图 7-10　24V 电源供电保险管

与环调沟通并告知其现场情况,经环调允许对该供电回路保险管取下查看,发现保险管丝断(使用万用表侧通断即可),重新更换保险管后正常,该 DDI 模块 I/O 指示灯正常,各通道显示正常。保险管如图 7-10 所示。

经询问环调该回路状态反馈正常,车控室查看该回路状态正常。

回复生产调度故障原因为模块箱内供电回路保险管

烧坏,更换后恢复正常。

(四)原因分析

该故障原因为保险管烧坏导致为 DDI-2 模块提供 24V 电源消失,进而导致该模块所反馈的各照明回路的状态无。

(五)采取措施

(1)用万用表检查该模块供电电源无电压,判断为无供电导致该情况,经端子紧固仍未修复。

(2)经更换该供电回路保险管后状态反馈正常。

(六)故障点评

(1)故障现象查看及初步判断故障原因后,应明确故障查看影响范围,因该模块箱内有通过 DDO 模块及继电器完成自动垂梯的控制消防动作回路,如果故障排除过程中导致 DDO 模块失电后将导致自动垂梯执行火灾模式,将对运营造成影响。

(2)在故障处理过程中将影响范围明确告知环调,在环调同意后方可进行故障处理。

(3)更换保险管时明确供电回路,在卡扣取下时应小心,勿碰触其他供电回路造成不必要的影响。

(4)故障处理完毕后认真查看各回路是否正常并及时回复环调,生产调度。

第三节 门禁系统典型故障分析

一、车站门禁无法刷卡进入的故障分析

(一)故障经过及处理

生产调度报 × 站消防疏散通道西侧门无法刷卡进入。

综合监控值班人员到达该站查看故障情况,经现场查看,门禁读卡器指示灯正常,刷卡后读卡器反应正常,但无法进入。

值班人员将读卡器拆下,查看读卡器内接线,读卡器内接线(红、黑、白、绿)均良好。

查看就地控制箱内接线,经查看,发现就地控制箱内读卡器接线端子损坏,经更换后恢复正常,该门可正常刷卡进入。

(二)故障原因分析

(1)通过故障现场及现场查看,读卡器功能正常,但无法刷卡进入。

(2)读卡器的接线是通过门禁就地控制箱的就地控制器内接入,读卡器内用到四根接线,其中红、黑线为电源线,白、绿线为信号控制线,此故障原因也是由于接入就地控制器的信号控制线的端子块损坏造成。

(三)经验总结

(1)门禁系统读卡器无法刷卡进入主要原因有读卡器本身问题、读卡器接线问题、就地控制器死机、就地控制器内读卡器接线问题等,诸多因素均可导致门禁无法刷卡进入。

(2)各站门禁系统就地控制器设计可控制两个门禁,车站门禁系统接线及就地控制器接线如图 7-11、图 7-12 所示;明确了接线原理图后对于故障原因的查找将起到很好的作用。

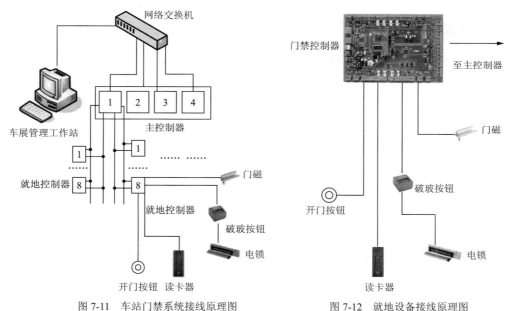

图 7-11　车站门禁系统接线原理图　　　图 7-12　就地设备接线原理图

二、X 站弱电综合室门禁无法使用

(一)故障经过

综合监控值班员接生产调度通知 X 站站厅 B 端弱电综合室门禁无法正常打开。

经现场查看发现弱电综合室内门禁就地控制器通信中断,无法通过刷卡正常打开门禁。门禁配电箱在该弱电综合室内,但无法进入断电。

(二)故障处理

(1)在运营结束后得到调度的批准,将该站 IBP 盘门禁紧急释放按钮按下。

(2)IBP 盘门禁紧急释放按钮按下后,发现接线错误导致该回路门禁电锁未断电,而读卡器断电(即就地控制器回路断电),判定就地控制器回路与电锁供电回路接反导致 IBP 盘门禁紧急释放按钮按下无法使电锁断电打开门禁。

(3)经申请临时抢修计划,在通信电源室对该站 ISCS 进行断电,进入弱电综合室后对秦岭路站 ISCS 进行上电,并恢复全站 ISCS、BAS 功能。进入弱电综合室后重启弱电综合室就地门禁控制器,弱电综合室门禁恢复正常。

(4)经排查门禁接线错误点,进行重新接线并复查试验 IBP 盘门禁紧急释放功能,秦岭路 IBP 盘门禁紧急释放功能恢复正常;

(5)弱电综合室门禁功能恢复正常,可以刷卡正常进入,该站 IBP 盘门禁紧急释放功能恢复正常。

(三)故障分析

(1)因该门禁就地控制器问题,导致无法正常刷卡,经 IBP 盘断电后发现供电回路接线错误。

(2)门禁系统电源由 ISCS 提供,而综合监控系统电源由位于通信电源室内的 UPS 提供。

(3)经断开整个 ISCS 电源,进入该站弱电综合室内,排查该回路门禁接线问题,整改后,并对该门禁就地控制器重启后,设备恢复正常。

(四)经验总结

(1)通过刷卡无法打开该门禁,判断为就地控制器故障,但无法进入。

(2)因门禁配电箱在该房间内,只可用 IBP 盘门禁紧急释放按钮进行释放,又发现门禁供电回路接错,经断开整个综合监控系统电源后,才可进入该房间内。

(3)该类似问题应在运营开通前调试测试需进行逐点测试,避免供电回路接错问题。

结 束 语

作为以计算机为基础的生产过程控制与调度综合监控系统,可以对现场的运行设备进行监视和控制,以实现数据采集、设备控制、测量、参数调节以及各类信号报警等各项功能。综合监控系统具有信息完整、提高效率、正确掌握系统运行状态、加快决策、能帮助快速诊断出系统故障状态等优势,现已经成为监控调度中心和车站级监控不可缺少的工具。

通过该系统提供的统一软硬件平台,将中央调度人员和车站值班人员所关心的监控信息汇集在一起,在功能强大的集成软件开发平台的支持下,用户可通过图形化人机界面,方便有效地监控管理整条线路相关机电系统的运作情况。该系统实现了各底层系统之间信息共享和协调互动,推动了地铁综合监控整体水平迈上了一个新的台阶。

希望通过本教材的学习,提高广大学员的专业理论知识水平和业务技能,熟悉城市轨道交通综合监控专业生产检修、作业流程及故障处理,为轨道交通的发展添砖加瓦,共创辉煌。

附录　城市轨道交通综合监控检修工考核大纲

城市轨道交通

序号	分类	编号	考核内容	掌握程度	考核形式
1	基础知识篇	1.1	城市轨道交通综合监控系统概述	了解	笔试
		1.2	城市轨道交通综合监控系统主要技术标准	了解	笔试
		1.3	城市轨道交通综合监控系统功能及实现	熟悉	笔试
		1.4	我国城市轨道交通综合监控技术的发展趋势	了解	笔试
		2.1	综合监控系统硬件设备	掌握	笔试
		2.2	综合监控系统软件操作	掌握	笔试
		2.3	BAS 硬件设备	掌握	笔试
		2.4	BAS 软件框架结构	掌握	笔试
		2.5	门禁系统硬件设备	掌握	笔试
		2.6	门禁系统软件	掌握	笔试
2	实务篇	3.1	综合监控专业设备巡检流程及方法	熟悉	笔试
		3.2	综合监控设备维护	精通	笔试
		3.3	BAS 设备维护	精通	笔试
		3.4	门禁设备维护	熟悉	笔试
		3.5	IBP 盘设备维护	熟悉	笔试
		4.1	综合监控设备常见故障及处理方法	精通	笔试
		4.2	BAS 设备常见故障及处理方法	精通	实操
		4.3	门禁设备常见故障及处理方法	精通	笔试
		5	常用工器具及仪器仪表的使用	熟悉	实操
		6	综合监控模拟平台搭建	掌握	实操
		7.1	综合监控设备典型故障	熟悉	笔试+实操
		7.2	BAS 典型故障	熟悉	笔试+实操
		7.3	门禁设备典型故障	熟悉	笔试+实操

参 考 文 献

[1] 李天辉. 城市轨道交通综合监控系统的技术发展[J]. 自动化博览, 2013（10）: 80-84.
[2] 王建文, 唐敏. 新一代城市轨道交通综合监控系统的发展[J]. 城市轨道交通研究, 2014（17）: 23-26.

图 2-4　M4000 服务器

图 2-13　C306L 前视图

图 2-14　C306L 后视图

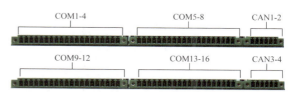
图 2-16　C306L 的串口模件图

图 2-18　C306L 的 ETH 模件图

图 2-15　C306L 的 CPU 模件图

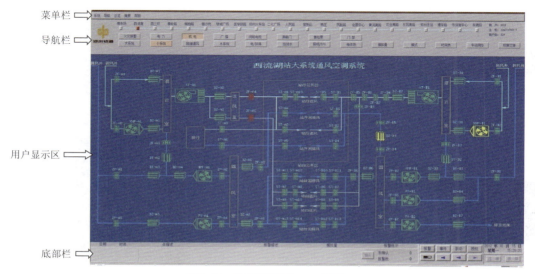
图 2-26　用户类默认的 HMI 画面

图 2-91 桌面处理器

图 2-92 ARK 处理器前视图

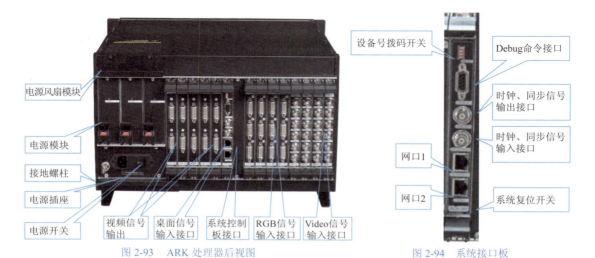

图 2-93 ARK 处理器后视图

图 2-94 系统接口板

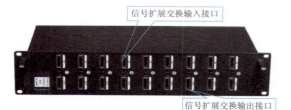

图 2-95 ARK3300EP

图 2-97 机芯

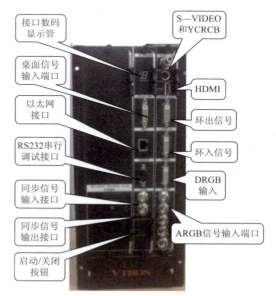

图 2-96 接口机

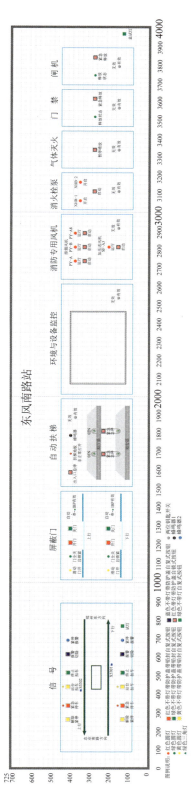

图 2-109 非集中站盘面布置图

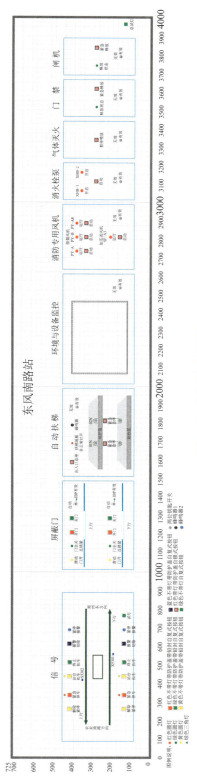

图 2-110 集中站盘面布置图

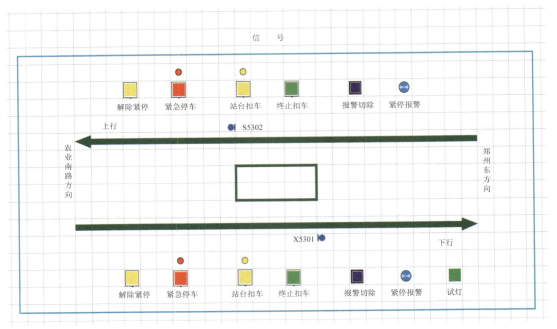

图 2-111　非信号集中站

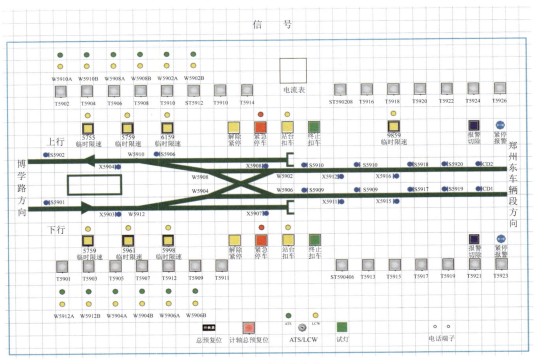

图 2-112　信号集中站

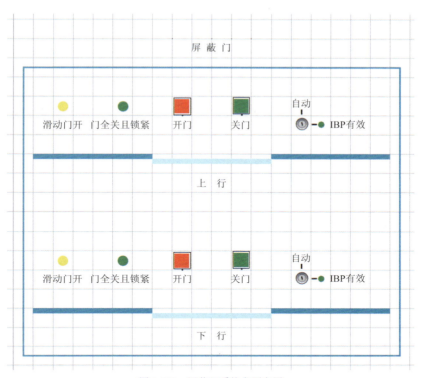

图 2-113　屏蔽门系统盘面布置

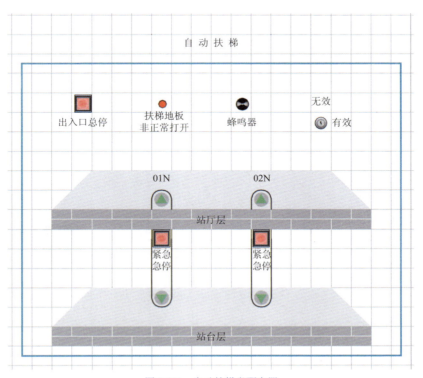

图 2-114　自动扶梯盘面布置

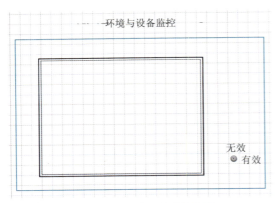

图 2-115　环境与设备监控盘面

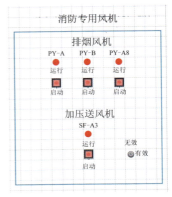

图 2-116　消防专用风机盘面

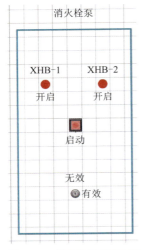

图 2-117　消火栓泵盘面布置

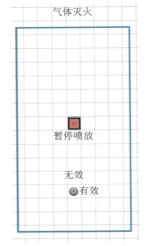

图 2-118　气体灭火盘面布置

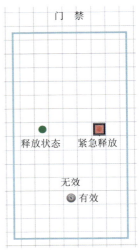

图 2-119　门禁系统盘面布置

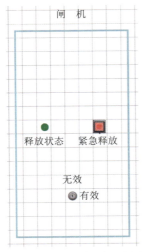

图 2-120　闸机系统盘面布置

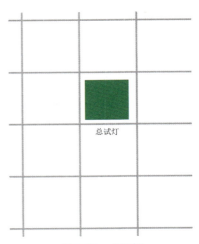

图 2-121　总试灯

图 2-123 Unity Quantum CPU 模板

图 2-136 RS485 通信模块 BMX NOM 0200

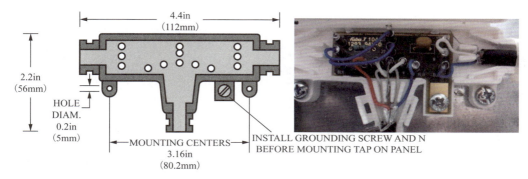

图 2-137 TAP 头内部视图及实物接线图

图 2-205 停车场 ISCS 设备室

图 2-215 两种读卡器

图 2-216 出门按钮

图 2-217 紧急出门按钮

图 3-4 服务器

图 3-5　工作状态

图 3-6　工作状态

图 3-7　设备表面清洁

图 3-8　服务器半年检

图 3-13　交换机

图 3-14　交换机巡检

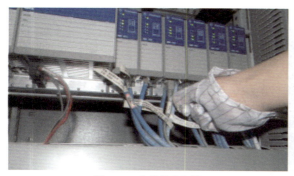

图 3-18　交换机半年检

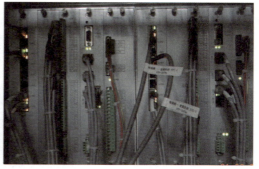

图 3-21　FEP 巡检

图 3-22　FEP 巡检

图 3-27　电源模块指示灯状态

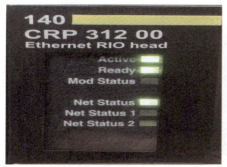

图 3-28　冗余模块指示灯状态

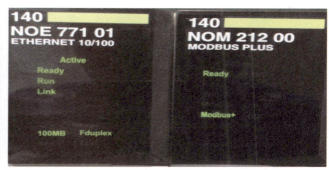

图 3-29　NOE 模块、NOM 模块指示灯状态

图 3-30　冗余切换状态

图 3-31　冗余切换状态

图 3-39　光电转换器指示灯状态

图 3-41　电源箱工作指示灯

图 3-42　电源箱工作指示灯

图 3-43　门禁服务器工作状态指示灯

图 3-50　门禁交换机工作状态指示灯

图 3-55　IBP 环控区域盘面

图 3-56　IBP 盘 PLC 状态

图 5-1　电烙铁

图 5-2　吸锡器

图 5-3　电钻

图 5-8　兆欧表

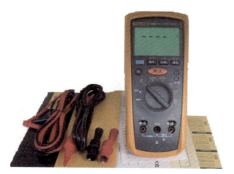
图 5-9　数字兆欧表

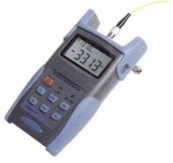
图 5-10　光功率计

图 5-16　数字钳表

图 5-17　红外测温仪

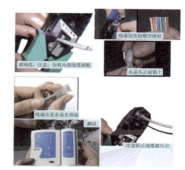
图 5-18　网线钳制作水晶头

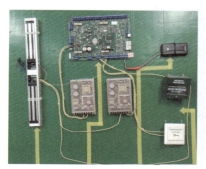
图 6-4　ACS 模拟平台的搭建效果

图 7-5　IBP 盘内 RI/O 箱及提供 24V 直流的电源模块

图 7-6　模块箱 TAP 头连接及电阻测量

图 7-7　DDI 模块 I/O 指示灯红灯

图 7-8　提供电源的 INDC24V 供电回路无电压

图 7-9　供电回路所在位置及保险管所在位置

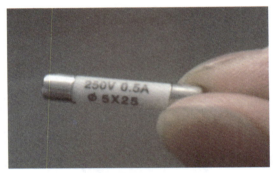
图 7-10　24V 电源供电保险管